U0449968

广州城市智库丛书

# 广州
# 建设全球城市的人口发展及战略选择

黄石鼎 宁超乔 邹波 ◎著

中国社会科学出版社

## 图书在版编目(CIP)数据

广州建设全球城市的人口发展及战略选择 / 黄石鼎，宁超乔，邹波著. —北京：中国社会科学出版社，2019.12

(广州城市智库丛书)

ISBN 978 - 7 - 5203 - 4868 - 3

Ⅰ.①广… Ⅱ.①黄…②宁…③邹… Ⅲ.①城市人口—发展战略—研究—广州 Ⅳ.①C924.24

中国版本图书馆 CIP 数据核字（2019）第 296316 号

| 出 版 人 | 赵剑英 |
|---|---|
| 责任编辑 | 喻 苗 |
| 责任校对 | 王 龙 |
| 责任印制 | 王 超 |

| 出　　版 | 中国社会科学出版社 |
|---|---|
| 社　　址 | 北京鼓楼西大街甲 158 号 |
| 邮　　编 | 100720 |
| 网　　址 | http://www.csspw.cn |
| 发 行 部 | 010 - 84083685 |
| 门 市 部 | 010 - 84029450 |
| 经　　销 | 新华书店及其他书店 |
| 印　　刷 | 北京明恒达印务有限公司 |
| 装　　订 | 廊坊市广阳区广增装订厂 |
| 版　　次 | 2019 年 12 月第 1 版 |
| 印　　次 | 2019 年 12 月第 1 次印刷 |
| 开　　本 | 710×1000 1/16 |
| 印　　张 | 18.25 |
| 字　　数 | 237 千字 |
| 定　　价 | 86.00 元 |

凡购买中国社会科学出版社图书，如有质量问题请与本社营销中心联系调换
电话：010 - 84083683
版权所有　侵权必究

# 《广州城市智库丛书》
# 编审委员会

**主　任**　张跃国
**副主任**　朱名宏　杨再高　尹　涛　许　鹏

**委　员**（按拼音排序）
　　　　白国强　杜家元　郭昂伟　郭艳华　何　江　黄石鼎
　　　　黄　玉　刘碧坚　欧江波　覃　剑　王美怡　伍　庆
　　　　胥东明　杨代友　叶志民　殷　俊　于　静　张　强
　　　　张赛飞　曾德雄　曾俊良

# 总　　序

　　何谓智库？一般理解，智库是生产思想和传播智慧的专门机构。但是，生产思想产品的机构和行业还有不少，智库因何而存在，它的独特价值和主体功能体现在哪里？再深一层说，同为生产思想产品，每家智库的性质、定位、结构、功能各不相同，一家智库的生产方式、组织形式、产品内容和传播渠道又该如何界定？这些问题看似简单，实际上直接决定着一家智库的立身之本和发展之道，是必须首先回答清楚的根本问题。

　　从属性和功能上说，智库不是一般意义上的学术团体，也不是传统意义上的哲学社会科学研究机构，更不是所谓的"出点子""眉头一皱，计上心来"的术士俱乐部。概括起来，智库应具备三个基本要素：第一，要有明确目标，就是出思想、出成果，影响决策、服务决策，它是奔着决策去的；第二，要有主攻方向，就是某一领域、某个区域的重大理论和现实问题，它是直面重大问题的；第三，要有具体服务对象，就是某个层级、某个方面的决策者和政策制定者，它是择木而栖的。当然，智库的功能具有延展性、价值具有外溢性，但如果背离本质属性、偏离基本航向，智库必然惘然自失，甚至可有可无。因此，推动智库建设，既要遵循智库发展的一般规律，又要突出个体存在的特殊价值。也就是说，智库要区别于搞学科建设和教材体系的大学和一般学术研究机构，它重在综合运用理论和知识分析研判重大问题，这是对智库建设的一般要求；同时，具体到一家智库个体，又要依据自身独一无二的性质、类型和定位，塑造独特个性和鲜明风格，占据真正属于自己的空间和制高点，这是智库独立和自立的根本标志。当前，智库建设的理论和政策不一而足，实践探索也呈现出八仙过海之势，这当然有利于形成智库界的时代标签和身份识别，但在热情高涨、高歌猛进的大时代，也容易盲目跟风、漫天飞舞，以致破坏本就脆弱的智库生态。所以，我们可能还要保持一点冷静，从战略上认真思考智库到底应该怎么建，社科院智库应该怎么建，城市社科院智库又应该怎么建。

广州市社会科学院建院时间不短，在改革发展上也曾历经曲折艰难探索，但对于如何建设一所拿得起、顶得上、叫得响的新型城市智库，仍是一个崭新的时代课题。近几年，我们全面分析研判新型智库发展方向、趋势和规律，认真学习借鉴国内外智库建设的有益经验，对标全球城市未来演变态势和广州重大战略需求，深刻检视自身发展阶段和先天禀赋、后天条件，确定了建成市委市政府用得上、人民群众信得过、具有一定国际影响力和品牌知名度的新型城市智库的战略目标。围绕实现这个目标，边探索边思考、边实践边总结，初步形成了"1122335"的一套工作思路：明确一个立院之本，即坚持研究广州、服务决策的宗旨；明确一个主攻方向，即以决策研究咨询为主攻方向；坚持两个导向，即研究的目标导向和问题导向；提升两个能力，即综合研判能力和战略谋划能力；确立三个定位，即马克思主义重要理论阵地、党的意识形态工作重镇和新型城市智库；瞄准三大发展愿景，即创造战略性思想、构建枢纽型格局和打造国际化平台；发挥五大功能，即咨政建言、理论创新、舆论引导、公众服务、国际交往。很显然，未来，面对世界高度分化又高度整合的时代矛盾，我们跟不上、不适应的感觉将长期存在。由于世界变化的不确定性，没有耐力的人们常会感到身不由己、力不从心，唯有坚信事在人为、功在不舍的自觉自愿者，才会一直追逐梦想直至抵达理想的彼岸。正如习近平总书记在哲学社会科学工作座谈会上的讲话中指出的,"这是一个需要理论而且一定能够产生理论的时代,这是一个需要思想而且一定能够产生思想的时代。我们不能辜负了这个时代"。作为以生产思想和知识自期自许的智库,我们确实应该树立起具有标杆意义的目标,并且为之不懈努力。

智库风采千姿百态,但立足点还是在提高研究质量、推动内容创新上。有组织地开展重大课题研究,是广州市社会科学院提高研究质量、推动内容创新的尝试,也算是一个创举。总的考虑是,加强顶层设计、统筹协调和分类指导,突出优势和特色,形成系统化设计、专业化支撑、特色化配套、集成化创新的重大课题研究体系。这项工作由院统筹组织。在课题选项上,每个研究团队围绕广州城市发展战略需求和经济社会发展中重大理论与现实问题,结合各自业务专长和学术积累,每年初提出一个重大课题项目,经院内外专家三轮论证评析后,院里正式决定立项。在课题管理上,要求从基本逻辑与文字表达、基础理论与实践探索、实地调研与方法集成、综合研判与战略谋划等方面反复打磨锤炼,结项仍然要经过三轮评审,并集中举行重大课题成果发布会。在成果转化应用上,建设"研究专报+刊物发表+成果发布+媒体宣传+著作出版"组合式转化传播平台,形成延伸转化、彼此补充、互相支撑的系列成果。自2016年以来,广州市社会科学院已组织开展40多项重大课题研究,积累了一批具有一定学术价值和应用价值的研究成果,这些成果绝大部分以专报方式呈送市委、市政府作为决策参考,对广州城市发展产生了积极影响,有些内容经媒体宣传报道,也产生了一定的社会影响。我们认为,遴选一些质量较高、符合出版要求的研究成果统一出版,既可以记录我们成长的足迹,也能为关注城市问题和广州实践的各界人士提供一个观察窗口,应该是很有意义的一件事情。因此,我们充满底气地策划出版这套智库丛书，并且希望将这项工作常态化、制度化，在智库建设实践中形成一条兼具地方特色和时代特点的景观带。

感谢同事们的辛勤劳作。他们的执着和奉献不单升华了自我，也点亮了一座城市通向未来的智慧之光。

广州市社会科学院党组书记、院长

2018 年 12 月 3 日

# 前　言

2008年以来，受国际金融危机、欧洲债务危机等影响，世界经济的重心正转向亚洲、转向中国。根据英国拉夫堡大学全球化与世界城市研究中心（GaWC）历次发布的世界级城市排名，香港和新加坡名次均列前茅，与纽约、伦敦等城市共同位于世界城市体系顶端。而作为中国经济转型的领跑者，广州也在努力向全球城市迈进，2018年提出要逐步建设成为中国特色社会主义引领型全球城市。2017年，在GaWC的2016年世界级城市排名中，他们将全球城市分为10档：广州首次跻身世界城市体系中的Alpha级别（一线弱、第四等级），正式迈向全球城市第一梯队。而在1999年比弗斯托克等人（Beaverstock et al., 1999）对55个全球城市的等级排名中，广州仅是迈向全球城市，仅"具有成长为'全球城市'的很少证据"的城市，排在第六梯队。"全球城市"的序列排名，反映的是城市在国际知名度、对国际事务的影响力、人口规模、国际机场、国际港口、先进的交通系统与通信设备、对外资的吸引力、金融业与总部经济发展水平、蜚声国际的文化影响力、有影响力的传媒与体育社群等多纬度指标上的总和竞争力。广州城市等级排名的提升，说明尽管广州在很多方面还与前三等级的全球城市存在显著差距，但近年来在很多全球化多纬度指标上有了很大进步和提升。

当前，广州提出到2035年，把广州建设成为"'美丽宜居花城活力全球城市'的目标愿景"。"全球城市"的定位，必将引领广州进一步在全球提升城市能级和影响力，为企业带来更多的发展机会，创造更大的市场空间。此战略目标能否顺利实现，取决于众多因素，其中人口及人力资源具有举足轻重的作用。一方面，城市人口的规模、结构和质量是衡量城市发展水平的重要指标；另一方面，人口是城市发展的重要投入要素，其规模和质量深刻影响到一个城市的发展前景。

本书从2035年广州建设全球城市的目标愿景出发，立足全球城市人口发展需求，以纽约、伦敦、东京、香港和新加坡五个全球城市形成过程中人口发展历程规律为参照，考察广州人口的发展趋势；研究影响城市成长为全球城市的主要人口特征，查找广州与全球城市的差距进行实证分析，根据当前广州所面临的人口发展形势和挑战，对广州未来的人口发展战略和当前应对提出综合性的指引和决策参考。

本书是在2018年广州市社会科学院城市管理研究所完成的重大课题成果的基础上进一步修改完善而成。黄石鼎为课题组组长，负责框架设计和最终把关。宁超乔、邹波负责全书章节的撰写。

全书在研究立项和写作过程中得到了院领导、院学术委员、科研处的大力支持和帮助。院党组书记、院长张跃国在本书研究选题的方向上提出了十分宝贵的意见；院党组成员、副院长杨再高在课题完成过程中提出了许多指导意见，在此表示感谢。

由于水平有限，书中难免有失误和遗漏之处，恳请各位读者批评指正。

作　者
2019年6月

# 目　　录

**第一章　全球城市的人口发展历程及规律** …………… (1)
　一　全球城市的定义和特征 ………………………… (1)
　二　主要全球城市的人口发展历程 ………………… (16)
　三　全球城市的人口发展规律及启示 ……………… (31)

**第二章　全球化背景下广州中长期人口发展趋势分析** …… (36)
　一　广州的人口集聚趋势分析 ……………………… (37)
　二　广州的人口劳动力结构发展趋势分析 ………… (42)
　三　广州的人口素质及人才培养发展趋势分析 …… (70)
　四　小结 ……………………………………………… (74)

**第三章　全球城市的人口特征与广州对比** ……………… (76)
　一　全球城市的人口积聚性特征与广州对比 ……… (76)
　二　全球城市的人口年龄特征与广州对比 ………… (80)
　三　影响全球城市发展的人口产业结构特征与
　　　广州对比 ……………………………………… (84)
　四　全球城市的人口特征对广州的启示 …………… (93)

**第四章　全球城市发展过程中面临的人口问题及
　　　　　经验启示** ……………………………………… (98)
　一　全球城市发展过程中面临的人口问题 ………… (98)

二　全球城市应对人口发展问题的经验总结 ………（106）
　　三　小结…………………………………………………（115）

第五章　广州人口发展面临的国内竞争形势分析 ………（117）
　　一　全国各地兴起的"抢人大战"情况及分析 ……（117）
　　二　国内其他主要全球城市的人口发展战略 ………（122）
　　三　国内其他城市的人口发展战略经验借鉴 ………（138）

第六章　我国、广东及广州人口发展的政策轨迹 ………（159）
　　一　我国生育政策的变迁 ………………………………（159）
　　二　流动人口政策变迁 …………………………………（165）
　　三　老年人口政策变迁 …………………………………（172）
　　四　人口发展政策评述 …………………………………（183）

第七章　粤港澳大湾区人口特征及广州定位 ……………（186）
　　一　粤港澳大湾区人口与发展背景 ……………………（186）
　　二　粤港澳大湾区人口发展情况及特征 ………………（195）
　　三　广州在粤港澳大湾区中的人口定位 ………………（213）

第八章　建设全球城市背景下的广州人口战略及
　　　　对策建议……………………………………………（215）
　　一　人口发展战略的文献综述 …………………………（215）
　　二　广州人口发展现状及形势对建设全球城市的
　　　　SWOT 分析 …………………………………………（237）
　　三　建设全球城市背景下广州人口发展阶段和
　　　　需求分析……………………………………………（247）
　　四　建设全球城市背景下广州人口发展战略目标
　　　　和战略思想…………………………………………（248）

五 建设全球城市背景下广州人口发展战略举措及
　　对策建议 …………………………………………（250）

附　件 ………………………………………………………（269）

参考文献 ……………………………………………………（273）

# 第一章 全球城市的人口发展历程及规律

工业化是一个以城市发展成为国家中心城市，继而成为全球城市的主要推动力量。工业化的进行驱动人口从农村迁往城市，从而推动城市化的发展，推动人类社会的进步。随着人类社会生活的活动空间超越国家主权版图，不同国家的企业和个人间的社会经济交往越发频繁，全球化的进程也逐渐加快。一般认为，全球化是指全球城市之间的全方位的沟通、联系、交流与互动的历史进程与趋势，是政治、文化、经济各领域的共同发展的一个过程（黄卫平，1998）。我们通过对全球化过程中的一些全球城市人口发展过程进行回顾和梳理，以便得到一些启发，有助于我们更好地思考广州在迈向全球城市过程中的人口发展道路。

## 一 全球城市的定义和特征

### （一）全球化进程简述

托马斯·弗里德曼（Thomas L. Friedman）在《世界是平的》一书中将全球化划分为三个阶段。第一阶段从1492年开始，持续至1800年。在这一阶段，全球化的主要参与主体是国家，全球化的进程由国家的实力以及实力的具体表现形态（如国家所拥有的马力、风力和蒸汽动力）决定。在这一阶段，国家和政府利用暴力手段消除国与国之间的贸易壁垒，促进了世界的融合与发展。

第二阶段是从1800年开始，持续至2000年。在这一阶段，全球化的主要参与主体是跨国公司。跨国公司向国外扩张的主要目的在于获取劳动力和开辟新市场。在这一阶段的前半阶段，铁路、蒸汽机等交通技术的发展使得商品、资源和劳动力的运输成本大大降低，加之世界各国致力于进一步消除贸易壁垒，产品和生产要素的国际流动更加频繁，有效地促进了世界经济增长，缩短了参与全球化各国间的差异；在这一阶段的后半阶段，电话、电报、电脑、卫星、光纤电缆和初期互联网等信息通信技术的发展使得世界各国之间的通信成本大大降低，各国之间有了充足的商品和信息流动，出现了真正意义上的全球市场，发展中国家也在这一阶段第一次成功参与了全球化过程。

第三阶段是从2000年开始，直到现在。在这一阶段，全球化的主要参与主体是个人，这是软件和光纤网络发展的结果。软件和光纤网络使得世界各国的人民可以以极高的运转速度、以巨大的运转规模，在全球范围内跨越空间和语言的阻碍实现实时的联系、计算和合作。实际上，在这一阶段中，各种大大小小的公司也在发挥着重要的作用，这对在全球范围内配置生产要素、传播知识和技术、缩小国家之间的发展差距以及构建世界生产网络都有积极意义。

### （二）全球城市的定义

随着全球化的深入发展，一些竞争力强的城市脱颖而出成为全球城市。全球城市的概念最早出现在1915年，帕特里克·盖迪斯（Patrick Geddes）在《进化的城市》一书中将那些在全球经济活动中具有一定影响力的城市称为"全球城市"或"世界城市"（world city）（裴丽岚，2011）。

1966年彼得·霍尔（Peter Hall，1966）出版专著《世界城市》(The World Cities)，在此书中，他从多种角度定义了"世界城市"的概念：世界城市是指在政治、经济、文化等方面对全世界或者大多数国家具有全球影响力的国际一流大都市（武廷海等，2012）。

20世纪80年代以来，全球经济融合程度逐步加深，城市在经济中发挥的作用越发显著，世界城市作为一种特殊的城市类型，受到了越来越多的学者的关注。1986年约翰·弗里德曼（John Friedmann）从新国际劳动分工的视角定义全球城市，提出了"世界城市假说"，并阐述了以下7个著名的论断和假说：(1)一个城市融入世界经济的形式和程度以及它在新国际劳动地域分工中所担当的职能决定了该城市的结构转型；(2)世界范围内的主要城市是全球资本组织协调其生产和市场的基点，各种联系使世界城市逐渐成为一个复杂的空间等级体系；(3)全球城市的全球控制功能直接反映在其生存和就业结构及活力上；(4)全球城市是国际资本汇集的主要地点；(5)全球城市是大量国内和国际移民的目的地；(6)全球城市集中体现在空间和阶级的两极分化；(7)全球城市的增长所产生的社会成本可能超越政府财政的负担能力（金元浦，2010）。

20世纪90年代，美国经济学者萨斯基娅·萨森（Saskia Sassen）又一次定义全球城市。他从企业区位选择的微观角度出发，认为全球城市在提供优良的基础设施和公共服务方面具有强大的竞争优势，从而吸引了大量的跨国企业尤其是高端生产服务业类公司入驻，有效发挥了企业的聚集优势，提升了全球城市在世界经济中的影响力。

### （三）全球城市形成的主要因素

1. 生产活动的变革和产业、资本集聚

城市是人类社会劳动分工的产物，而全球城市出现在后工业革命背景之下。随着第一次和第二次工业革命的推进，生产生活方式发生改变，手工业生产逐渐规模化，劳动密集型产业占据城市经济的主导地位。产业的蓬勃发展推动了城市人口规模的扩大和城市面积的扩张，为城市增添了活力。部分城市在工业化过程中逐渐成为国内重要的经济中心，城市影响力大幅提升。第三次科技革命再一次改变了世界范围内的社会生产关系，劳动分工细化，劳动密集型产业的主导地位逐渐被知识和资本密集型产业所取代。在这一变革之下，以制造业为重心的大都市走向衰落，只有少数成功转型的城市从新的革命中脱颖而出，公司代替了工厂成为生产组织的主要形式，人流、物流和资金流更加集中。产业和资本的聚集进一步扩大了城市在全球经济上的影响力。

2. 经济全球化的影响

20世纪50年代以来，新的世界格局形成，世界贸易的增加以及资本的快速流动在经济全球化的趋势下促成了全球城市的兴起和发展。其中国际货币体系和国家资本政策的变化带来了资本全球化，国际资本的流动又加快了全球性金融市场的形成与发展。金融产业成就了纽约、伦敦和东京三大金融中心的地位，市场的繁荣和资本的聚集也在不断扩大三大城市对全球经济的影响力和控制力。并且随着国际分工与合作日益频繁，以跨国公司为载体的生产全球化迅速扩张，跨国公司总部成为国际生产和服务的协调控制者，跨国公司总部集中分布的地区也逐渐从国际大都市成为全球城市，掌握全球经济命脉。

3. 科技和信息技术发展

随着经济的发展和劳动分工的细化，服务业就业人口占总就业人口的比重以及服务业对GDP的贡献率在不断上升。随着科技的发展，服务业结构快速升级，高端服务业引领世界经济发展。新一代信息通信技术的发展和跨国服务业公司的兴起推动了全球城市在空间上的联系。全球城市凭借先进的信息技术实现跨国业务的统筹和信息流的掌控占据有利形势，进一步巩固全球城市地位。

4. 人口流动的趋利性

人的本性是趋利避害的，人口的流动也是为了追求更好的就业机会、个人发展空间和良好的居住环境。具备全球城市经济基础特征的城市能为广大群体提供足够的个人经济发展空间，但人类的需求是多方面的，在一定的物质基础上对生活品质也产生了更多要求。城市也并非只是个金钱工厂，还是需要人口来为城市创造和谐的社会环境、民主的政治氛围以及丰富多彩的文化艺术来构成城市的发展。因此全球城市在吸引人口迁入的同时也在努力营造良好的城市气氛，不断改善和完备城市交通、教育、医疗和居住条件，以开放的环境展示全球城市在社会、政治和文化等多方面的综合魅力，在"以人为本"的基础上为城市创造经济效益和社会活力，实现全球城市的长期发展。

### （四）全球城市的特征

在判断一个城市是否具有全球性的影响力时，相关衡量指标的选择至关重要。彼得·霍尔认为以下7个指标是判断一个城市具有全球化意义最有价值的指标：从跨国公司总部、财政金融、交通节点、电信、法律、广告的产业集中、重大活动举办这些指标综合考量一个城市在全球城市体系中的位置。[①] 约翰·弗里德曼则认为，在全球化和跨国经济活跃的背景下，认为全球城市应该符合以下7个特征：主要的金融中心、跨国公司总部入驻数量多、国际性组织机构的集中度高、商务服务部门增长快速、重要的制造业中心、主要的交通枢纽、人口规模大（1995年，在上述7个特征的基础上，弗里德曼认为全球城市还必须是人口迁移的主要目的地）。萨斯基娅·萨森（Sassen，1994）的学术理论则认

---

① 参见 Hall P., Is the Greater South East a Mega-city Region?, http://www.ippr.org.uk/uploadedfiles/research/projects/commission_on_sustainable_development_in_the_south_east/peter%20hall%201.pdf。

为全球城市的具体特点又包括以下几点：（1）跨国公司的聚集地；（2）全球经济、金融控制中心；（3）金融行业以及高端服务业中心；（4）高新技术企业为主导；（5）创新产品市场中心。

综合来看，全球城市是在全球化和信息化背景下，以全球城市网络化为基础形成和发展起来的那些具有广泛的经济、政治、科技和文化交流联系，在全球经济协调与组织中扮演超越国家界限的关键角色的现代化国际大都市（周振华，2008）。其关键点是全球影响力和作用力的问题，而这种全球影响力和作用力是以全球经济的协调和组织功能为基础的，后者又以广泛的外部联结性为前提条件的。因此，可以从以下几个方面来衡量全球城市：

1. 在全球劳动分工网络节点中具有重要性和连通性

全球城市是全球化和信息化的产物，其基本内涵及属性也只有在其作为全球城市网络中的基本或主要节点的意义，才能有较为充分的显示，也就是说如果撇开网络，难以突出全球城市的重要功能。泰勒（P. J. Taylor）指出，在对全球城市进行研究时，除了要重视对城市的属性的分析之外，还必须重视对城市体系中城市间的网络性和连通性的分析。在此之后，他所做的一系列关于全球城市的研究都是基于相互交叉的网络分析模式，将城市放到全球城市网络中进行讨论。卡斯特（M. Castells）则在其研究中强调信息化在经济全球化时代的重要性，认为全球城市区域是"流的空间"，是全球网络中的一个过程（陆玘等，2010）。作为区域的主要节点，全球城市承担了大部分对外联系的职能。全球城市构成了全球城市网络体系的基础，这一点是十分重要的。

具体可通过"跨国公司"来衡量全球城市在全球劳动分工中的重要性。跨国公司是经济全球化的微观基础和主要载体，是商品、信息、技术以及生产要素在国家间流动的主要参与主体。20世纪50年代以来，新国际劳动分工的主要特点表现为以跨国公司为主体的全球生产网络主导的产品内分工，通过跨国公司不断将国内市场、国际市场内部化。在此过程中，跨国公司内部的分工得以突破国家边界的限制，成为国际分工的重要部分，其生产网络将分散于全球各地的生产单位卷入同一产品的生产中，并扩展到包括发展中国家在内的大部分国家。由于全球城市在基础设施和公共服务方面具有优势，因此无论是跨国公司总部还是分公司，在选址时，均会优先考虑全球城市。

2. 对全球产业体系具有强支撑性

具体通过"生产性服务业"来衡量全球城市对全球产业体系的支撑。20世纪80年代以来，西方都市区经济增长的核心动力和创新源泉已经由制造业转变为生产性服务业。高级生产性服务业（APS）是全球城市网络的重要构成要素。在跨国公司进行全球布局的背景下，高级生产性服务业获得了极大的发展空间。当前理论认为，高级生产性服务业企业在选择区位时，主要考虑以下几个因素：集聚经济所产生的外部性、与别的企业之间方便快捷的后向联系以及信息密集的环境。因此，高级生产性服务业趋向于在主要城市集中，特别是专业化程度较高的高级生产性服务业，例如银行、金融、会计、法律、广告等行业，由于具有全球服务导向，在主要城市（城市区）集聚的动机更强烈。高级生产性服务业在空间上的接近能够使彼此受益，它们在主要城市区集聚，形成生产性服务综合体。彼得·霍尔进一步指出，可以通过国际组织、金融服务、休闲与商务旅游以及文化和创意产业这四种高级生产性服务业的集聚程度来判断高层次的全球城市（陆玼等，2010）。

### （五）影响全球城市发展的人口要素

从全球城市的定义和特征出发，基于全球城市对"在全球劳动分工中的重要性和网络性"和"对全球产业体系的支撑性"

两个方面。本书研究的全球城市的人口发展，主要从城市人口规模、人口产业分布、人口劳动力结构三个方面的现状特征和发展趋势来进行，从而作为制定全球城市背景下广州人口发展战略的基础。

### （六）国内学者对全球城市的研究

随着全球城市的战略性地位以及中国城市在世界城市体系中影响力的提升，国内学者对全球城市的研究成果也日益增多。周振华（2008）在《崛起中的全球城市》一书中分析了全球城市的战略目标定位以及发展路径，并回答了我国当前建设全球城市应选择的发展模式和实现路径。陈建华（2018）指出空间二元结构是全球城市不可持续发展的重要阻力，并分析了纽约等全球城市的空间二元化的形成机理。邱灵和方创琳（2012）从基础设施、制度环境、人力资源和市场腹地四个方面讨论了生产性服务业在全球城市聚集的条件。都阳和屈小博（2013）总结了美日欧等发达国家的典型国际大城市在城市产业分布、劳动力就业状况和人口聚集方面的一般规律和特征。苏念等（2011）从城市职能和基础设施等方面对广州与其他全球城市进行比较研究。王世福等（2018）将广州置于粤港澳大湾区的背景中对比分析全球四大湾区主导城市在全球城市体系的排名，提出了广州迈向全球城市的战略路径。然而当前把广州与全球城市从产业结构和人口方面的对比研究尚未多见。因此通过探索当下主流的全球城市在人口产业结构的演变过程中的一般规律，准确把握全球城市人口产业结构的发展方向，这对广州推进全球城市建设而言，具有十分重要的参考意义。

### （七）全球城市的等级及广州的位置

在全球城市体系的理论体系形成之后，全球城市的排名也在不断地发生变化。特别是20世纪下半叶，全球城市化进程加快，至 2000 年全球共有 30 亿居民生活在城市之中，世界城市化率接近 50%。进入 21 世纪以后，人口大规模迁往城市的趋势大增，世界人口总规模的扩大和城市人口比例的上升也催生了许多特大城市，至 2018 年全球共有 33 个人口超过千万的特大城市，比 2014 年增加了 5 个。在全球化和信息化的时代特征下，人流、物流、资金流的速度加快并打破国家界限，城市之间密切联系逐渐构成了全球城市网络体系，同时也涌现了一些拥有超大影响力的全球城市，在全球城市网络体系中占据重要的战略地位。

1. 彼得·霍尔（Peter Hall）的世界城市层级

本质上，"全球城市"是用功能研究的方法来定义某个城市。从功能分析的角度研究全球城市，最早可以追溯到英国学者彼得·霍尔。他在 1966 年出版的《世界城市》（《The World Cities》）一书中，对伦敦、巴黎、兰斯塔德、莱茵河地区、莫斯科、纽约以及东京的分析通常被认为是"全球城市"等级研究的起点。[①] 彼得·霍尔一直都专注于全球城市研究，尤其是对全球城市层级的分类有新的研究成果。2005 年彼得·霍尔接受东南大学建筑学院和南京大学城市与资源学系的联合邀请来中国进行访问交流，10 月 21 日，他在东南大学大礼堂作了题为"21 世纪中、欧城市间的相互学习"的学术报告。在此次报告中，彼得·霍尔将新型世界城市划分为三个等级：最高级别是伦敦、巴黎、纽约、东京四大城市以及在其之后包括中国香港在内的六大城市；第二级别包括北美、拉美、欧洲的一些城市，这一级别中没有中国的城市；第三级别包括了东亚的一些城市，这一级别中包含有中国的北京和上海两个城市，其中北京在前，上海在后。[②]

---

[①] 参见 Peter Hall, *The World Cities*, London: Weidenfeld and Nicolson, 1966。

[②] 源自于：2005 年彼得·霍尔在东南大学题为《21 世纪中、欧城市间的相互学习》的学术演讲。

2. 约翰·弗里德曼（John Friedmann）的世界城市层级体系

20世纪80年代以来，跨国公司在国际劳动分工中发挥着越来越重要的作用，因此，一些学者尝试从跨国公司的作用力以及活动决策的视角分析世界城市等级排序问题。其中的主要代表就是约翰·弗里德曼。他在构建世界城市层次体系时，特别设定了跨国公司总部（包括地区总部）、国际机构两个标准，然后结合金融中心、快速增长的商业服务部门、重要的制造业中心、主要的运输节点以及人口规模等标准对世界城市的等级结构进行了划分。约翰·弗里德曼（Friedmann，1986）认为："并非每个世界城市都必须符合所有标准，但能够成为某一等级的世界城市一定满足了上述几项标准。"[1] 按照约翰·弗里德曼的理论，世界城市只存在于核心国家（core countries）和半外围区国家（semi-periphery countries）。

约翰·弗里德曼本人认为构建一个可靠的世界城市等级体系是困难的。然而，1995年，他仍然根据城市在全球经济中的节点作用，对30个世界城市进行了排序，并把这些城市按照全球金融节点、跨国节点、国家节点、地区节点进行了四个等级的分类。[2] 约翰·弗里德曼对伦敦、巴黎、莫斯科、纽约、东京等7个具有国际影响力的城市从政治、贸易、文化、金融等多方面进行描述，他认为这些城市位于世界城市体系的最顶端（金元浦，2010）。作为约翰·弗里德曼全球城市体系中的最高层次，纽约、伦敦和东京在各方面均体现了其作为全球城市的实力：纽约、伦敦、东京作为全球金融中心，有大量的银行、证券、保险公司等金融机构，金融市场繁荣，其中纽约在股票

---

[1] 参见 John Friedmann, "The World City Hypothesis", *Development and Chang*, 1986, p. 72。

[2] 参见 John Friedmann, "The World City Hypothesis", Paul L. Knox and Peter J. Taylor, *World Cities in a World-System*, Cambridge: Cambridge University Press, 1995, pp. 317–331。

交易方面常居世界一二，伦敦拥有世界上最大的保险市场，具备成熟健全的金融监管体系。东京领军亚洲金融市场，民间金融资本活跃。

3. 萨斯基娅·萨森（Saskia Sassen）的顶级全球城市重要标尺

20世纪七八十年代开始，尤其是90年代以后，随着外国直接投资（FDI）流向的转变以及国际贸易的发展，全球服务业和金融业的规模迅速扩大。由于政府管制的放松以及通信与运输行业的变革，一些基础设施的优越、市场环境良好的城市吸引了越来越多的跨国公司总部和专业化服务部门的集中。而跨国公司总部和专业化服务部门的集中也使得这些城市在掌控资本、服务与信息的能力方面越来越强，成为全球城市体系中的重要节点，并对全球经济的运行和发展起着举足轻重的作用。随着经济全球化的不断深入，发达国家主要城市的经济基础和产业结构发生了巨大变化，新一轮国际劳动分工和世界经济的空间重组密切相关。

美国学者萨斯基娅·萨森提出了全球城市模型，试图对全球化背景下城市的经济基础、空间组织和社会结构进行进一步分析。萨斯基娅·萨森认为在判别一个城市是否属于全球城市时，一个重要的判别标尺就是服务业的国际化程度、集中度和强度。萨斯基娅·萨森在他的著作《全球城市：纽约、伦敦、东京》当中着重分析了纽约、伦敦和东京三个顶级的全球城市，他认为：中心功能在少数几个城市的集聚程度与经济全球化程度正向相关。在上述三个城市中，其主导经济部门已经从制造业转变为金融业和专业服务业，城市自身的社会秩序和经济秩序得到重塑，而且这些城市也有能力对全球经济进行控制。因此，"全球城市"是世界经济关键部门所在的城市，这些城市既受到新国际劳动分工的影响，又被整合到当代全球化的进程之中。

4. 全球化和世界城市研究网络（GaWC）的全球城市等级

继萨斯基娅·萨森之后，GaWC研究小组（Globalization and World Cities）从生产性服务业角度对世界城市等级位序做出全面研究。GaWC研究小组主要成员比弗斯托克（Beaverstock）、泰勒等人首先根据资料的可得性，将会计、广告、银行（金融）以及法律服务四个行业确定为衡量一个城市高级生产性服务业发展程度的指标；其次选择那些在多个国家、多个城市具有分支机构的全球主要生产性服务企业作为研究对象；再次通过对上述四个不同行业的多家全球生产性服务企业在各个城市的数量以及集聚程度的研究，分别确定全球会计业服务中心、全球广告业服务中心、全球银行（金融）业服务中心以及全球法律服务中心；最后通过汇总各个城市上述四个高级生产性服务行业的发展情况，从而估计出各个城市的"全球性"。1999年，GaWC发布了第一个系统、权威的世界城市体系排名，此后基本上2—4年发布一次最新的排名情况。根据比弗斯托克等人（Beaverstock et al., 1999）的归类，全球55个"全球城市"（或"世界城市"）可以分成三个等级：10个Alpha（最高）等级的"全球城市"、10个Beta（第二）等级的"全球城市"以及35个Gamma（第三）等级的"全球城市"；每一个"全球城市"都有相应的分数，最高分是12分，最低分是3分。另外，比弗斯托克等人也对3分以下的尚未成为"全球城市"的67个城市进行了分析，根据这些城市具有成长为"全球城市"的证据不同，分别给予3分、2分和1分。[①] 具体全球城市的排名情况如表1-1所示。

---

[①] 参见J. V. Beaverstock, P. J. Taylor and R. G. Smith, "A Roster of World Cities", *Cities*, Vol. 16, No. 6, 1999。

表 1-1　全球化和世界城市研究网络（GaWC）的一线全球城市等级排名

| 等级 | 2000 年 | 2004 年 | 2008 年 | 2010 年 | 2016 年 | 2018 年 |
| --- | --- | --- | --- | --- | --- | --- |
| Alpha++（特级） | 伦敦、纽约 | 伦敦、纽约 | 纽约、伦敦 | 伦敦、纽约 | 伦敦、纽约 | 纽约、伦敦 |
| Alpha+（一线强） | 中国香港、巴黎、东京、新加坡 | 中国香港、巴黎、东京、新加坡 | 中国香港、巴黎、新加坡、东京、悉尼、米兰、上海、北京 | 中国香港、巴黎、新加坡、东京、上海、芝加哥、迪拜、悉尼 | 新加坡、中国香港、巴黎、北京、东京、迪拜、上海 | 新加坡、中国香港、巴黎、北京、东京、迪拜、上海 |
| Alpha（一线） | 芝加哥、米兰、洛杉矶、多伦多、马德里、阿姆斯特丹、悉尼、法兰克福、布鲁塞尔、圣保罗、旧金山 | 多伦多、芝加哥、马德里、法兰克福、米兰、阿姆斯特丹、布鲁塞尔、圣保罗、洛杉矶、苏黎世、悉尼 | 芝加哥、马德里、首尔、莫斯科、布鲁塞尔、多伦多、孟买、布宜诺斯艾利斯、吉隆坡 | 米兰、北京、多伦多、圣保罗、马德里、孟买、洛杉矶、莫斯科、法兰克福、墨西哥城、阿姆斯特丹、布宜诺斯艾利斯、吉隆坡、首尔、布鲁塞尔、雅加达、旧金山、华盛顿 | 悉尼、圣保罗、米兰、芝加哥、墨西哥城、孟买、莫斯科、法兰克福、马德里、华沙、约翰内斯堡、多伦多、首尔、伊斯坦布尔、吉隆坡、雅加达、阿姆斯特丹、布鲁塞尔、洛杉矶 | 悉尼、圣保罗、米兰、芝加哥、墨西哥城、孟买、莫斯科、法兰克福、马德里、华沙、约翰内斯堡、多伦多、首尔、伊斯坦布尔、吉隆坡、雅加达、阿姆斯特丹、布鲁塞尔、洛杉矶 |
| Alpha-（一线弱） | 墨西哥城、苏黎世、台北、孟买、雅加达、布宜诺斯艾利斯、墨尔本、迈阿密、吉隆坡、斯德哥尔摩、曼谷、布拉格、都柏林、上海、巴塞罗那、亚特兰大 | 墨西哥城、吉隆坡、布宜诺斯艾利斯、旧金山、北京、上海、首尔、台北、墨尔本、曼谷、雅加达、都柏林、慕尼黑、华沙、斯德哥尔摩、孟买、迈阿密、布达佩斯 | 台北、洛杉矶、雅加达、圣保罗、苏黎世、墨西哥城、都柏林、阿姆斯特丹、曼谷、华沙、罗马、伊斯坦布尔、里斯本、法兰克福、斯德哥尔摩、维也纳、布达佩斯、雅典、布拉格、加拉加斯、奥克兰、圣地亚哥 | 迈阿密、都柏林、墨尔本、苏黎世、新德里、慕尼黑、伊斯坦布尔、波士顿、华沙、达拉斯、维也纳、亚特兰大、巴塞罗那、曼谷、台北、圣地亚哥、里斯本、费城、约翰内斯堡 | 都柏林、墨尔本、华盛顿、新德里、曼谷、苏黎世、维也纳、台北、布宜诺斯艾利斯、斯德哥尔摩、旧金山、广州、马尼拉、圣菲波哥大、迈阿密、卢森堡、利雅得、圣地亚哥、巴塞罗那、特拉维夫、里斯本 | 都柏林、墨尔本、华盛顿、新德里、曼谷、苏黎世、维也纳、台北、布宜诺斯艾利斯、斯德哥尔摩、旧金山、广州、马尼拉、波哥大、卢森堡、利雅得、圣地亚哥、巴塞罗那、特拉维夫、里斯本 |

数据来源：根据历年 GaWC 发布的《世界城市名册》整理。

全球化和世界城市研究网络（GaWC）小组进行的全球城市分级体系适应了全球化进程，尤其是信息技术革命和创新发展的影响。到目前，GaWC已经发布了近十次的全球城市分级和排名报告。随着全球化进程的加快，越来越多的城市开始进入国际舞台参与全球化发展，GaWC也扩大了全球城市入选的数量。总体来看，在一线的全球城市的排名和等级当中位居前列的实力型的特级全球城市例如纽约、伦敦和一线强的全球城市例如东京、中国香港、新加坡和北京、上海等的排名和等级基本保持不变，在一线和一线弱等级的全球城市当中会发生排名的变动，不断有新的全球城市从二线上升进入一线，尤其是亚太发展中国家全球城市，例如中国广州。

5. 广州在全球城市中的位置

GaWC对全球城市分级指标和排名得到了全球的公认，尤其是它的标准对于判断和评价一个城市在全球经济网络中的枢纽地位和资源配置能力具有极大的说服力。因此，GaWC的全球城市排名标准恰恰能解释广州在国内一线城市发展水平和国际竞争力的提升。广州作为改革开放和中国经济转型发展的引领型全球城市，在进入全球城市序列和迈向一线全球城市过程中充分体现了它的地位和实力。

1999年比弗斯托克等人对55个全球城市的等级排名中，广州仅是迈向全球城市，仅"具有成长为'全球城市'的很少证据"的城市，排在第六梯队。在2000年的全球城市等级排名中，广州上升了一个等级成为三线弱（γ-）全球城市，基本入围全球城市，在2004年的排名中继续保持在三线弱全球城市等级。但在2008年排名中直接越过了三线（γ）和三线强（γ+）进入了全球城市的第二梯队，处于二线弱（β-）的位置，在2010年和2012年的两次排名中，每一次排名就上升一个等级。2010年，亚运会的召开极大地提升了广州在全球城市当中的地位。亚运会召开期间，亚奥理事会主席艾哈迈德亲王直言，世界将看到一个作为全球城市的广州（谢弈秋，2010）。在 GaWC 的 2016 年世界城市排名当中，广州进入了第一梯队即一线弱（α-），在 2018 年的排名当中继续保持一线弱全球城市的等级。北京和上海两个内地的全球城市牢牢把握了一线强全球城市位置，广州位列大陆全球城市第三，深圳紧随广州其后，也进入了二线全球城市行列，符合北上广深四个国内一线城市排名事实。广州的具体排名情况如表 1-1 所示。

通过排名情况的变化，说明了广州在保持第一梯队一线全球城市的同时，又确定了新的发展目标，建设成为中国重要中心城市和引领型全球城市。广州建设引领型全球城市的具体优势何在？一是持续发力的政策环境优势。国家的两大纲要和三大战略为广州打造全球城市提供了政策支持，尤其是"一带一路"发展和粤港澳大湾区建设得到强大政策支撑。二是发展基础较好。2016 年联合国发布的《世界城市化前景》报告指出，广州"2010—2015 年的年均发展速度达 5.2%，其市人口 2015 年达 1250 万"，成为"全球发展最快的十座超大城市"之冠。[1] 从作为"千年商都"到国际商贸中心，广州一直保持着长盛不衰的国际影响力。定期筹办广交会等国际展览会，并成功申办 2017 年《财富》全球论坛。三是发展环境不断优化，历史文化底蕴不断开发，国际认同度不断提高。作为全国首批历史文化名城，广州历史底蕴深厚，文化资源丰富，人文生态环境良好，城市开放包容，宜居宜业。近年来，广州在加快城市全球化进程中不断提高国际化水平，更多的国际友人认识广州、了解广州，国际公司总部聚集，总部经济国际影响力提升。

---

[1] 参见《从超大城市到超级城市，广州之变将给珠三角带来什么？》，http://gd.sina.com.cn/city/cs-gz/2016-12-27/city-ifxyxury8799358.shtml。

## 二 主要全球城市的人口发展历程

### (一) 伦敦人口发展历程

1. 海外贸易推动的人口规模原始积累阶段（16世纪中叶到18世纪中叶）

1500年伦敦人口不过5万。16世纪中叶到18世纪中叶，随着英国海外贸易的开展，英国通过对外扩张和殖民政策，奠定了伦敦的全球制造业和贸易中心地位。在此背景下，英国开启了城市化发展，经济社会从传统农业社会逐渐进入城市社会。18世纪前，每年迁入伦敦的人口数量约在8000—10000人之间，1600年人口增加至20万；1700年再增长至70万人；1750年达到75万人，为伦敦奠定了人口规模的原始积累。

2. 圈地革命推动的人口快速增长期（18世纪中叶到19世纪末）

18世纪60年代至19世纪中叶，第一次工业革命在英国兴起并率先完成，随着圈地运动在全国轰轰烈烈的展开，失地农民流入城市，城市人口不断增加，英国进入人口快速增长期。1801年，英国人口数量上升至1634.5万人，比1760年增加约1000万人，40多年间增长了1.5倍；城市化率由25%上升到33.8%，1851年城市化率达到54%。生产力的迅猛发展和商业繁荣使得作为工业革命发生地的首都伦敦成为欧洲的商业和金融中心，1801—1881年80年间伦敦总人口再度增加，从110万到1850年的275万人，增加到1881年的471万人。根据《福布斯》杂志数据，1900年伦敦的人口数量已经达到600万，占全国总人口的12%。

3. 工业革命推动的人口加速增长期（19世纪末到20世纪30年代）

19世纪末的第二次工业革命使英国进入城市化的加速阶段。

之后100多年，人口不断向城市集聚。英国城市化率在1901年达到77%；1901—1991年90多年间，城市化率处于稳定状态，维持在76%—79%之间，波动很小。加速的城市化进程为伦敦吸纳了大量人口。20世纪初伦敦人口达到660万，由一个国家首都发展成为国际性大都市，全球城市的人口规模基本形成。20世纪30年代为英国农村用地转化为城市用地的高峰期，随着滚滚人潮进入伦敦，30年代末达到人口高峰，1939年人口总量达到860万。

4. 人口向外围区疏散阶段（20世纪30年代末至90年代初）

人口过于集中给城市带来了严重的城市病。1938年英国议会通过"绿带法案"，为城市设置边界，控制伦敦城市用地向外蔓延的趋势；第二次世界大战后，英国政府成立了新城委员会，实施"新城镇规划"，引导人口扩散，对城镇人口的区位选择和人口密度进行限制。1946年英国议会通过《新城法》对这一策略进行了法律化，之后在伦敦周边建设了8座新城镇。新城的兴起转移了大量的人口，1973年伦敦人口减少到了728万。到1990年，伦敦市中心的人口都处于略微减少状态，人口分布逐渐均衡。

5. 人口再城市化、年轻化和国际化阶段（20世纪90年代至今）

20世纪80年代，伦敦政府意识到城市空心化所带来的问题，解散新城委员会，人口下降趋势才得到遏制。1991年开始，伦敦城区又呈现人口加速增长的状态。这一阶段人口更趋向于往中心区聚集，中心人口增长快于郊区人口，呈"人口再城市化"的特点；同时出现了人口的"人口国际化"和"人口年轻化"特点。原因有二：一是产业调整。随着第三次经济全球化浪潮的兴起，伦敦城市产业转型促进产业结构调整为以金融业和创意产业为主的格局，国际金融中心吸引国内外人口迁入，创意产业的繁荣推动大量年轻人口与人才向伦敦集聚，促进整体人口的年轻化；二是移民的力量。20世纪80年代后，英国再次放宽移民准入条件，人口来源除了国内，更有大量年轻的国际移民。近10来年，移民主体由工作群体转为留学生，2004—2011年以留学为目的流入伦敦的人数明显上升。2012年到2016年平均每年有19.2万移民进入伦敦，2013年20.4万人从英国的其他地区迁入伦敦。当前伦敦聚集了全英少数族裔人口的1/3，世界城市色彩更为明显。此阶段，伦敦人口自然增长率远高于国内其他城市，2014年伦敦人口突破860万，2016年总人口达到883.2万。在整个英国老龄化程度不断加深的情况下，随着年轻人口大量迁入，伦敦人口结构却呈现年轻化的趋势。

### （二）纽约人口发展历程

纽约的城市人口增长经历了一个从快速发展到基本稳定，再趋向缓慢增长的自组织过程，期间伴随着郊区化和逆城市化的阶段。

1. 移民初期人口缓慢发展时期（17世纪下叶至19世纪20年代）

纽约是一座移民城市，17世纪，300人左右的荷兰人作为第一批移民在此定居。受发现新大陆的影响，大批欧洲人移民美国，实现了人口的初步发展。在城市发展初期，纽约人口发展比较缓慢，1790年仅有3.3万人；到1820年也仅增加至12.4万人。

2. 工业革命推动的人口膨胀式增长阶段（19世纪20年代到20世纪中叶）

从19世纪20年代开始，两次工业革命催生了纽约100多年的大发展，浩浩荡荡的来自世界各地的移民潮，推动了纽约人口的膨胀式增长。

19世纪20年代，连接五大湖的伊利运河通航，加上铁路建设，纽约吸引了大量国内移民。在19世纪20年代到80年代美国实行完全自由的移民政策的背景下，作为美国重要的入境港口，三分之二的国际移民由纽约港入境向美国各地流动，其中大部分在此停留，移民规模迅速扩大。与此同时，席卷欧洲的第一次工业革命，传播到美国，极大地促进了美国城市化进程。1830—1890年60年间，纽约人口增加了约6倍，1890年达到150多万人。到19世纪下半叶相继而来的第二次工业革命时期，纽约成为这一场工业革命爆发的主场城市。电气革命推动了新产业的出现，吸引了劳动力迁往纽约。以企业为生产组织的现代化生产模式的出现吸引了大量企业家的迁入。18世纪90年代至20世纪50年代，纽约人口规模继续快速膨胀。1890—1950年60年间，纽约人口又增加了4倍多（大约640万），1921年人口就已达到618万人，城市化率超过50%，1950年人口达到789.2万人，人口来源也更加国际化和多元化，纽约基本完成了从移民城市向国际城市的转变。

3. 多因素维持的人口稳定增长期（1950—1970年）

1950年之后的20年间，美国开始从工业化阶段向后工业化阶段过渡。一方面，因战争的原因造成了一定的人口减少，但第二次世界大战后美国迎来了婴儿潮，1957年为婴儿潮的顶点，每1000妇女的婴儿出生率高达123名，1946—1964年美国人口出生总量近7600万。1970年纽约总人口达到789.5万人。进入70年代，纽约出生率骤降，1970—1971年仅一年时间，纽约市黑人和白人平均每月减少出生142人和111人，导致1990年纽约人口增长整体呈下降趋势，人口自然增长率减少至7.9‰。另一方面，当时纽约处于产业结构和就业结构调整的过渡阶段，实施了保持城市人口总量不变的前提下，通过市场机制控制人口总量和产业结构相匹配的人口政策。1965年约翰逊总统签署《1952年移民和国籍法修正案》，放宽移民条件，纽约移民数量开始回升，结构也发生了改变，亚、非、拉美国家移民数量增多，1970年非白人人口比重上升，占总人口的23.38%。至70年代末期，纽约的服务业复苏，就业比重增加，逐渐形成以生产性服务业为基础的经济结构，为社会创造大量的发展机会，吸引就业人口的迁入。多种因素的叠加，使纽约人口总量在这一阶段基本保持在780万人左右。（见图1-1）

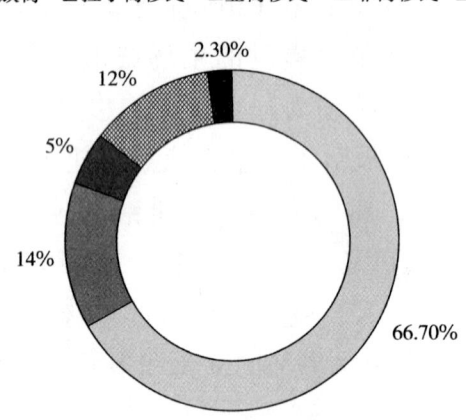

图1-1 2005年纽约的移民结构

4. 短暂的逆城市化时期（1970年到20世纪80年代中叶）

1970年到80年代中叶的十余年间，因纽约中心城区的人口高度聚集，产生了环境污染、交通堵塞等诸多"城市病"问题。随着郊区基础设施的完善，私人汽车的普及、高速公路网络的建设，通勤成本的降低，大量人口从中心城区向郊区迁移。20世纪70年代到80年代中后期，纽约人口开始减少。1980年纽约人口减少至707.2万人。

5. 政府主导的再城市化阶段（20世纪80年代中叶到21世纪前10年）

针对"逆城市化"，美国20世纪80年代起实施了一系列城市复兴计划，对老城区、厂房和旧办公楼进行改造，增加中心城区对居民特别是新移民的吸引力。纽约城市复兴计划取得良好效果，再度吸引了全球移民的目光。1980—1990年10年间，纽约移民人口在减少了80万之后，持续增加了150万。20世纪90年代以来保持着每年5%以上的年均增长率，到2014年达到了849.1万人，中央商务区曼哈顿区的人口密度达到了2.77万人/平方公里，远高于周边其他区。至20世纪末21世纪初，纽约已经成为国际重要的金融中心，全球影响力进一步扩大。

6. 开放性移民式人口流动时期（近十年）

近年来，纽约的人口迁移呈现开放性的流动态势。一方面，纽约税率的高涨以及生活成本居高不下使纽约人口不断流失，2000—2008年共有150万人搬离纽约州。2010年后"逃离纽约"的趋势并未得到减缓，大量纽约居民向美国中西部地区转移。另一方面，纽约作为全球城市中的重要的金融、文化中心，在进入21世纪以来，金融、保险、房地产、法律等现代性服务产业不断向中心城区聚集，曼哈顿区域分布着大量全球高端生产性服务业总部和企业，使纽约在全球城市网络中成为一个重要的节点，大量的国内海外移民特别是高端生产性服务业从业者进入纽约，不断填补自纽约转移出去的人口空缺。以金融业为例，2007年纽约的金融从业人员已达到32万。2015年移民人口占纽约总人口的比例达到46%，移民来自全球140多个国家和地区。目前整体来说，纽约人口依然呈缓慢增长态势，截至2017年依然保有857万的人口规模。

### （三）东京人口发展历程

东京人口发展历程如图1-2至图1-6所示。

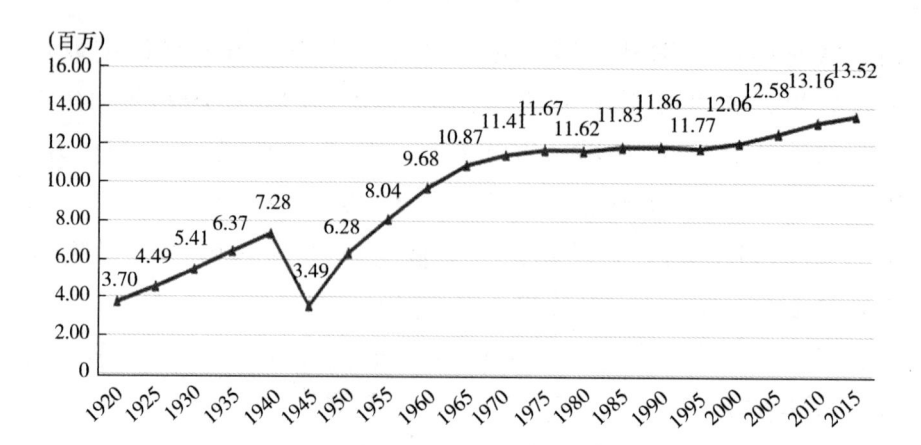

图1-2 东京人口总量结构

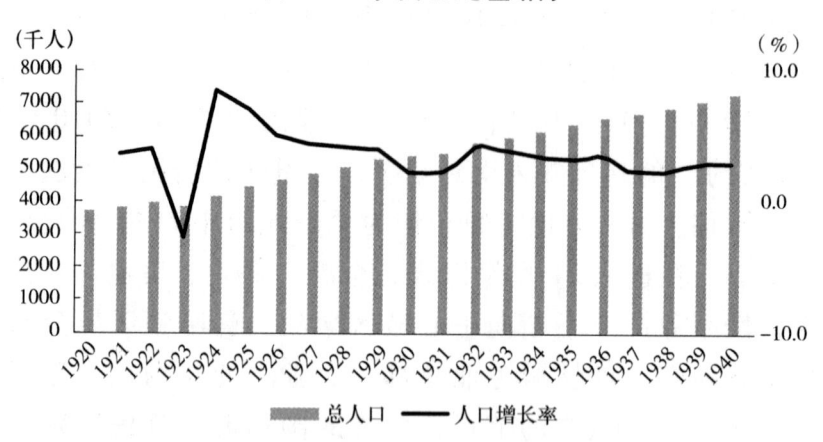

图1-3 1920—1940年东京人口变化

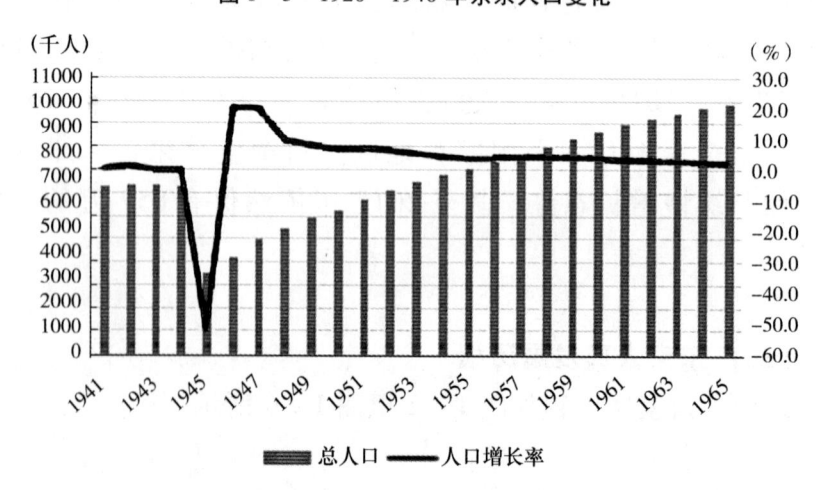

图1-4 1941—1965年东京人口变化

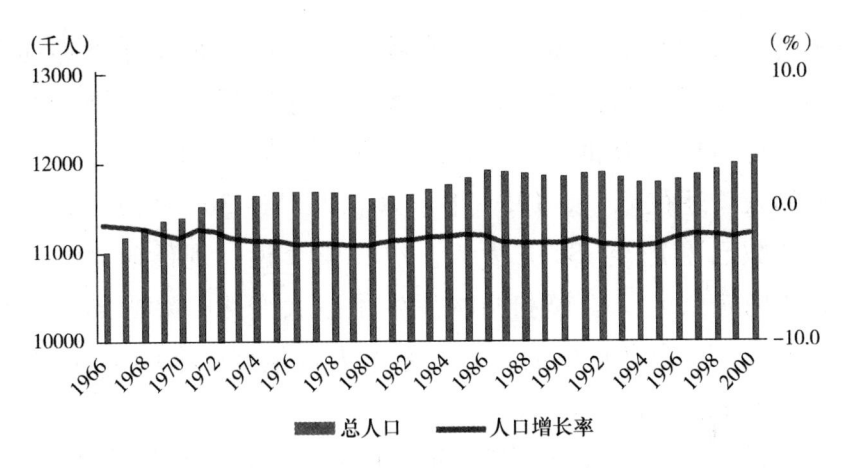

图 1-5 1966—2000 年东京人口变化

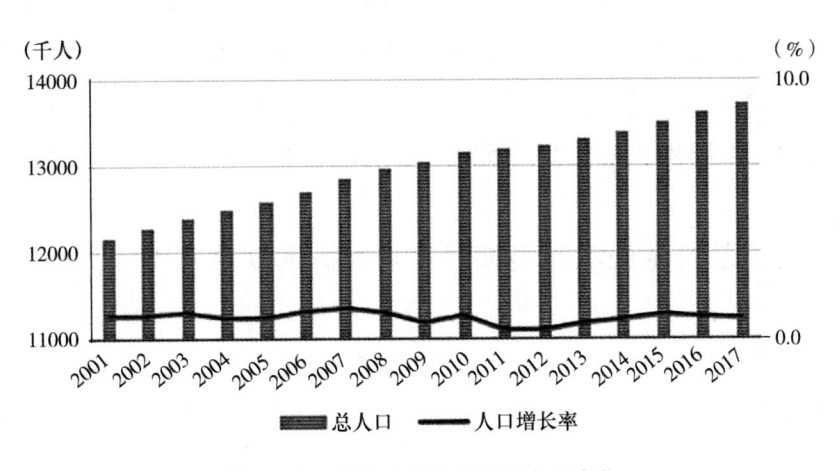

图 1-6 2001—2017 年东京人口变化

1. 区域中心型人口发展时期（1880 年前）

东京原名"江户"，本是一个人口稀少的小渔村，因地处平原地带，面山靠海，被幕府看重，于 1457 年筑城在此，后在各代幕府的统治下，逐渐扩大和繁荣，到 1868 年日本明治维新时期，发展成人口近百万的日本关东地区商业中心。1880 年，东京的人口总数约 96 万人。

2. 强烈的人口刚性增长阶段（明治维新后至第二次世界大战之前）

相对于纽约、伦敦而言，东京成长为全球城市的进程略晚，但速度较快。明治维新后，日本政治中心迁往东京并迅速加入到第二次全球化的浪潮中来，在经济快速发展的背景下，东京人口快速增长。20世纪以来，东京成为日本的文化和商业中心，大量的人口迁往东京，1920年东京总人口达369.9万人；1940年总人数已增加至735.5万人。纵观整个近、现代时期，短短一百年内东京人口规模和结构发生了巨大变化。除受到第二次世界大战、地震严重影响之外，东京人口呈现强烈的刚性增长，增长幅度平稳，波动较小。

3. 战争导致的人口锐减与迅速恢复（1940—1955年）

第二次世界大战爆发前，受军国主义影响，国内一切事务均以战争为主要服务目标。1941年太平洋战争爆发，日本死伤惨重，人口锐减。东京作为军队人口的主要来源之一，到1945年人口总数比1940年下降了52.6%，仅为348.8万人，年均减少10.6%。

战后是日本经济恢复期，也是人口恢复期。战后，在美国的大力扶持下日本进一步开拓海外市场，经济得到全面恢复，生产水平一度超过战前。第二次世界大战初日本就提出国内人口1个亿的计划，大力刺激生育，1940年日本新生儿数量高达200万。多年的高出生率使东京提前实现人口结构的彻底转变。1947年起人口迅速恢复，1947年10月至1948年9月日本的人口增长率高达9.48%。1951年人口增长率高达6.9%，1960年增长率仍高达3.6%。仅用了十年，1954年日本就恢复至战前人口水平。东京的人口在1956年超过了800万。

4. 工业化推动的人口快速增长期（20世纪50年代中期—70年代中期）

随着第三次经济全球化的萌芽，1955年后日本进入科技成果推动经济高速发展的时期，人口出生率减少，但增长趋势并未停止。日本顺应20世纪50—70年代资本主义发展的黄金时代，充分运用第三次科技革命的成果，成为GDP排名世界第二的经济强国。发达的工业和制造业给东京带来了大量人口，就业岗位快速膨胀，人口反弹式地快速增长，迎来了明治维新后的第二个人口增长高峰。1962年迁入东京的国内移民数量占总移民的比重达到了22.5%，1965年一年就吸纳了国内人口68.6万。1962年东京人口突破千万大关，成为世界人口最多的城市。

5. 政策和经济影响的人口稳定阶段（1973年到20世纪90年代）

1973年后，受经济危机的影响，日本经济发展放缓并进入低速增长时期。与其他资本主义国家相比，经济危机对日本的影响较小，1971—1975年日本依然保持5.5%的较高年均增长率。

与此同时，长达十余年的人口高速增长和集聚也带来了一系列城市问题，如住房价格上涨、交通拥堵、环境污染等。20世纪60年代中期，日本不得不从国家层面开始采取措施控制东京的人口增长，以区域协调发展名义限制人口过度集中，鼓励工厂搬迁，引导人口转移至周边都县。1969—1973年是日本人口流动的高峰时期，同时也是政府采取措施限制人口过度集中的时期。随着城市建成区逐渐增加，快速轨道的铺设，郊区化日渐成熟，1975—1995年东京进入"逆城市化"阶段，国内流动人口主要是迁出东京，流入周边城市如埼玉、千叶等。这一阶段东京的人口规模扩大趋势得到了收敛，净迁入规模逐渐减少，人口增长率连续下降并基本保持在1.5%以下，低于全国平均人口增长水平。人口规模基本保持稳定，在1100万左右徘徊，2000年人口总量突破1200万。这一举措为东京与周边县城的有效职能分工和产业转移打下基础，虽然东京都市区的就业人口增长速度不断下降，但人口密度持续增大，区域功能定位逐渐清晰，人口年轻化特征更加明显。

在此过程中，"大东京都市圈"的概念逐渐形成。早在1954年日本为了协调解决涉及大都市圈发展的诸多问题，颁布了以东京为核心的《首都圈整备法》等法律，1960年明确提出"大都市圈"的界定，将周边县的城市功能定位、发展战略和人口管理理念落实在具体的城市规划和法律层面。20世纪70年代，以东京为核心的国际大都市产业结构的调整逐步深入，就业结构不断完善，区域的产业分工逐渐清晰。20世纪80年代，日本进入后工业化时期，经济全球化使东京本土企业崛起，越来越多企业迈向世界500强，加上科技的发展，东京逐渐确立在全球城市中的地位，国际影响力提升。

6. 强烈辐射能力推动的人口持续增长期（21世纪以来）

21世纪以来，在全球进入知识经济时代和信息化加速的年代，日本社会既面临人口出生率为负的危机，也面临人口老龄化的挑战，东京却以极其发达的现代服务业巩固了其作为TOP级全球城市的优势地位。

从日本整体人口发展来看，2007年人口自然增长数量开始降为负值，至2017年人口自然增长率低至-0.18%。人口增长率自2007年到2012年间也基本为负，2013年外国移民人口转负为正，但依然不足以弥补自然增长人口的空缺，2017年日本总人口比上年减少了22.7万人。

东京的人口发展形势则正好相反。21世纪，随着新经济形态的不断涌现，东京不可替代的文化、经济、创新等优势突出，在区域发展的不均衡的环境下，虽然人口整体增速与战后已不可同日而语，但东京仍犹如一架"抽水机"，吸引着全国其他都县的人口。根据《日本统计年鉴》和《日本人口移动台账报告》数据显示，至2017年日本全国47个都道府县仅剩东京都、千叶等6个都县人口为正向增加，但人口自然增长率又均为负值，也就是说，当前东京的人口增加全部依赖于机械式增长。这意味着日本的人口移动方向集中指向东京都市圈，为东京不断输入人口资源。东京总人口及在全国的比重不断上升，2000—2010年东京人口增量依然达到每年109.5万人，2017年人口达到1372.4万，人口增长率依然高居榜首达到8.6‰。东京作为全球城市的特征也逐渐明显，至2017年，东京世界500强企业数量已达38个。

海外人口进入东京的数量也逐渐增加（见图1-7），2015年外国人口比1980年增加了28万，其中2010年外国人口比2005年增长了近40%，尽管外国人口总量占东京总人口的平均比例不足1%。

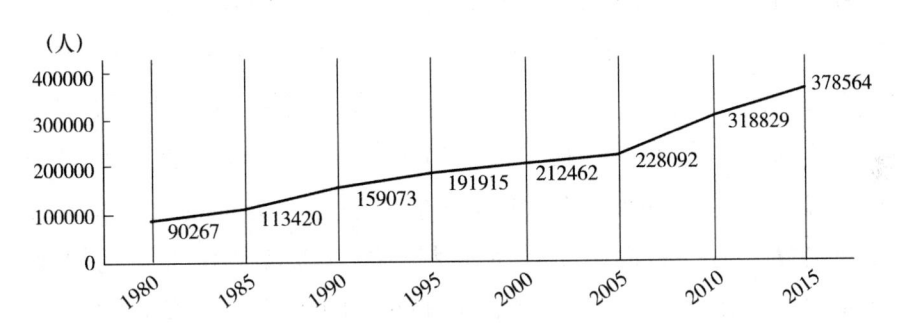

图1-7 居住在东京的外国人数量

### （四）香港人口发展历程

1. 战争导致的人口大量迁入与迁出阶段（1841—1950年）

19世纪40年代至20世纪50年代间，香港地区的人口变化与中国的战争局势紧密相关。与东京一样，香港原本也只是一个人口稀少的小渔村。1841年香港的人口仅为5650人。自1842年被英国侵占后，香港开始成为重要的转口贸易中心，经济快速发展。而此时中国内地的人民饱受战争摧残，苦不堪言。因为当时的港英政府对外来移民采取自由放任的态度，大量的内地人涌入香港，成为香港人口的主要来源。具体而言，在1859—1864年太平天国运动时期，有超过10万内地人流向香港；在1901—1921年间，有超过30万内地人流向香港；1937年全面抗日战争爆发后，特别是1938年广州被日军侵占后，有超过百万的内地人迁进香港，这使得1941年香港人口暴增至

144.4万人。

1941年日军占领香港后,香港的经济秩序遭到了严重破坏,粮食紧缺,大量居民迁出香港,至1945年日军投降时,香港人口锐减至60万人。随着和平的到来、秩序的恢复和经济的发展,大量居民返迁回香港,至1950年,香港人口突破200万人。

2. 人口平稳增长时期（1951—1991年）

第二次世界大战后,香港出现了补偿性生育现象,20世纪50年代至60年代前期,人口出生率一直保持在35‰,同一时期人口死亡率一直下降,从1951年的10.2‰降至1961年的6.1‰,导致香港的人口自然增长率高居不下。这十年间香港人口共增加115万多人,其中自然增长带来的人口增加为73万多人,占比高达63.4%。60年代中期以后,一方面由于政府倡导计划生育,另一方面由于经济水平的提升以及文化水平的提高,香港的人口出生率开始下降,从1961年的35‰下降到1971年的19.7‰,1981年的16.8‰,1991年的12‰。与此同时,香港的人口死亡率也在逐步下降,到90年代人口死亡率已经稳定至5‰左右,香港人口步入到低出生率、低死亡率、低自然增长率的三低阶段。从1961年至1991年,香港人口共增加252万多人,其中自然增长带来的人口增加为184万多人,所占比重升至72.7%。（见表1-2）

表1-2　　　　香港人口平稳增长期（1951—1991年）

| 时期 | 自然增长 人数 | % | 净迁移 人数 | % | 人口增长 人数 | % |
| --- | --- | --- | --- | --- | --- | --- |
| 1951—1961 | 730600 | 63.4 | 422200 | 36.6 | 1152800 | 100.0 |
| 1961—1971 | 761800 | 86.8 | 115400 | 13.2 | 877200 | 100.0 |
| 1971—1981 | 586000 | 52.5 | 531000 | 47.5 | 1117000 | 100.0 |
| 1981—1991 | 488000 | 92.1 | 41700 | 7.9 | 529700 | 100.0 |

3. 人口低速增长时期（1991年至今）

进入90年代，香港人口增加的主要动力来自移民的增加，移民增加占总增加人口的比例超过2/3。1990年至1996年，香港人口共增加了67万，其中移民人数为43万，所占比重为64.2%。1997年，香港回归后，随着香港与内地（尤其是与珠三角地区）不断融合，内地移民成为香港人口增长的主要来源。2001—2010年共有46万多名内地居民赴港定居，占该段期间香港自然增长人口（39万人）的119.4%。

### （五）新加坡人口发展历程

1. 自由开放移民政策下的人口增长阶段（19世纪初至20世纪30年代）

19世纪初，新加坡沦为英国的殖民地。出于经济发展的需要，殖民政府采取了自由开放的移民政策，对外来移民没有任何限制，这导致大量劳动力涌进新加坡。此后，尽管殖民当局加强了对移民的管理，但移民依旧是新加坡人口的主要来源。1921年新加坡本地出生人口占总人口的比例仅为31%，十年后，即1931年，该比例也仅仅上升至39%。

2. 限制移民政策下的人口快速增长阶段（20世纪30年代到1965年）

20世纪初，新加坡人口激增，男女人口比例失衡，为了保护本地人就业和维持本地人的生活水平，殖民政府于1933年颁布了《外国人移民条例》，实行移民配额制，并对男性移民做出限制性规定。1931年，新加坡的男女人口比例为1.713∶1，到1957年该比例变化为1.117∶1，男女人口结构趋于平衡。1959年，新加坡自治政府成立后，依旧执行限制移民政策，且更为严格。

与外来移民数量减少相反，1950—1965年，新加坡本地人口数量快速增多，其人口自然增长率保持在28‰—48.8‰之间，人口每年增加大概5.7万人。根据人口普查结果显示，在1954年，新加坡本地出生人口占总人口的比例就达到了73%。本地人口的快速增加导致新加坡人口在限制移民政策下依旧快速增长。

3. 初级工业化时期人口增长趋缓阶段（1966—1986年）

1965年，新加坡从马来西亚独立出来。狭小的土地面积和贫瘠的自然资源难以支撑过多的人口，为实现社会和经济的稳定发展，从1966年起，新加坡政府开始实行控制人口增长的计划生育政策。1966—1986年，新加坡的人口自然增长率下降至13‰—23‰。1975年，新加坡的人口生育率达到了人口更替水平2.1，之后持续下降。

另一方面，新加坡政府严格限制外来移民以保障本国人民充分就业，移民许可以本国公民的妻儿为主，只发放数量很少的工作许可签证。1965年，共有1176人移民至新加坡，其中420人是工作许可签证；1966年，共有1017人移民至新加坡，其中仅243人是工作许可签证，相较上一年下降了近一半。

4. 工业化升级期人口增速回升阶段（1987年至今）

1987年后，新加坡的人口增长率保持在21.5‰以上，人口数量快速增长。1987年，新加坡总人口为282.3万人，2018年总人口为583.9万人，共增加301.6万人，每年增加约为9.7万人，这一阶段人口增长的主要动力来自移民迁入数量的增加。

1966—1987年，新加坡的人均国内生产总值增加了7倍多，经济发展水平提升迅速，加之政府控制人口增长的计划生育政策的实施，新加坡的人口生育率持续下降，到1986年，人口生育率仅为1.44，低于人口替代水平。为了应对生育率降低带来的劳动力短缺、人口老龄化、防务力量不足等问题，新加坡开始调整人口政策。新加坡政府采取多项措施鼓励生育，使生育率出现了短暂的小幅回升。1988年生育率达到了2.0，但随后回落，到1996年下降至1.8，到2011年更是下跌至1.37，鼓励生育政策效果不佳。

在调整生育政策的同时，新加坡政府也放松了移民政策，希望通过吸引外来移民弥补人口自然增长率下降导致的人口数量不足。20世纪80年代以来，新加坡的人口增长率主要受人口净迁入率的影响。1995—2000年间人口自然增长率平均为10‰，而人口净迁入率为13.7‰，比人口自然增长率高3.7‰，此后两者之间的差距越来越明显。

## 三 全球城市的人口发展规律及启示

### （一）工业革命奠定全球城市的人口规模及雏形

伦敦、纽约及东京在成长为全球城市之前，都经历了工业化推动城市化的历程。城市化使城市的人口规模迅速增加并成长为区域中心城市。如第一次工业革命推动伦敦的生产力的迅猛发展和商业的繁荣使得其先成为英国中心城市并发展为欧洲商业和金融中心。这次依靠第一次工业革命，伦敦实现了人口的第一次大发展，人口增加了四五倍之多。纽约成为全球大都市的人口规模更依赖于工业革命，两次工业革命分别为纽约带来6倍和4倍的人口增长，催生了纽约几乎全部的人口聚集。东京的发展历史虽然较短，但在19世纪80年代日本进入工业化时代后，第一次工业革命和第二次工业革命交替进行，东京也进入了工业化发展，制造业与重工业并重，工业对劳动力的迫切需求以及区域发展的不均衡，吸引着大量其他都县人口纷纷涌入东京寻求就业和发展机会。

从广州的发展历程来看，1982年广州市第三次全国人口普查人口为314.83万人（含现清远市清远县、佛冈县、惠州市龙门县、韶关市新丰县）。到1990年短短8年就达到685万，实现了人口翻倍，到2007年超过了1000万人口大关，2017年人口为1449.84万人，目前仍然呈现缓慢增长状态。从工业化所处的发展阶段来看，2017年广州第三产业占比突破7成，人均GDP超过1万美元，人口城市化率已达到88.8%。

当前广州已跨越了以工业为主体和主导的产业结构的阶段，进入工业化中后期。三十年来，工业化推动人口发展，完成了城市化高速发展阶段，广州达到了全球城市的人口规模要求，但在区域内和全国的积聚程度还不够。目前的人口发展阶段，相当于伦敦的20世纪初、纽约的20世纪四五十年代、日本的70年代初。接下来将进入人口增长的高速率向速率趋缓的转折阶段，产业发展将进入从工业化向后工业化转变的转型阶段。当前还处于人口积聚和城市化转型升级的关键阶段。

## （二）参与到全球化分工塑造全球城市的全球地位

因海外殖民历史，老牌资本主义国家英国在全球化进程中走得最早，基础最好。三次经济全球化浪潮或直接或间接地影响了英国的人口发展。伦敦的第一次人口快速增长期与第一次经济全球化浪潮的时间序列是基本重叠的，正是因为全球的初级产品出口换取工业制成品的贸易迅速发展，英国通过对外贸易奠定了强大的经济地位，推动了国内制造业的大发展，工业革命推动圈地运动，促进城市化发展，加快了伦敦人口大发展，奠定了其从英国中心城市发展为全球化城市的基础性地位。伦敦在第二次经济全球化浪潮中获益不多。第二次世界大战后，随着殖民体系的瓦解，英国丧失了凭借"帝国特惠制"和英镑作为国际货币所获取的有利贸易条件。此后，纽约、东京崛起，相继成为世界的经济中心，而伦敦的国际竞争力下滑，工业结构老化，制造业就业人数急剧下降，人口下降。但是制造业的下降却为服务业的成长和产业结构转型提供了良好的发展空间。逐渐形成了以生产性服务业为核心的新主导产业。在20世纪中叶经历逆城市化和空心化之后，伦敦在20世纪90年代凭借第三次经济全球化浪潮的契机，实现了产业结构的重组，维持了自身的竞争力,"全球金融之都"地位得以保存,并通过国际移民的力量,保持了全球城市的地位。

纽约是三次经济全球化浪潮的受益者,经济全球化浪潮直接推动了纽约城市从只有几万人的新城镇成长为顶尖的全球城市的所有过程。依靠美国国家崛起和在全球国家和经济秩序中的优势地位及话语权,纽约灵活控制产业结构和人口结构的均衡发展,迅速在全球产业体系中占据了优势位置。

东京是第三次经济全球化浪潮的主要受益者。东京在20世纪80年代资本主义国家全球经济危机的背景下,通过大都市圈的产业辐射,顺应战后日本工业化过程中制造业大发展的契机,凭借战后婴儿潮成长起来的新一代年轻劳动力充足的优势,依靠第三次经济全球化浪潮中科学技术的快速发展和贸易自由化的全面推进,迅速完成了产业结构的升级转型,在全球城市网络中占据了重要节点,塑造其全球性生产性服务业的优势地位。

事实上,广州与全球化浪潮渊源颇深。早在历史上,广州就承担着国家"一口通商"的职责,是海上丝绸之路的重要节点,是中国最早顺应全球化浪潮的中国城市;创办于1957年的广交会,成为中国外贸的重要标志,是中国走向全球和对外开放的窗口和缩影。当前全球范围内的"逆全球化"暗流涌动,但"第四次全球化浪潮"的声音也不断兴起,借助"一带一路"建设的拓展,广州作为沿海的一线城市,商贸业和制造业历史悠久,历史文化深厚,应抓住经济全球化的机会,积极加入全球分工体系,成为全球城市的重要环节。

### (三)在经济全球化进程中实现产业结构升级和推动人口就业结构调整

因参与全球劳动力分工,全球城市都或主动或被动地通过产业结构升级推动人口结构调整,在全球经济分工中占据优势地位。伦敦在20世纪30—70年代、纽约在20世纪50年代、东京在20世纪70年代,都经历了产业结构升级转型的阶段,逐渐形成成熟的服务业体系。到了21世纪,这三个城市完成了从传统制造业向生产性服务业的成功转变,现代服务业体系既不断优化着人口和劳动力结构,对人口的吸引力效果显著,并使其在全国人口老龄化危机和生育率下降甚至负增长的前提下,维持了人口总量的均衡或稳定增长。同时全球城市的金融、文化创意等产业的兴起为传统制造业增添了不少附加价值,整体促进了人口的年轻化。

广州当前面临产业转型的压力,要考虑人口与产业转型、经济转型、资源环境的协调发展。在对人口进行调整时,一方面要考虑人口数量、规模和分布,另一方面也要尽量将调控的社会影响降到最低。要充分依靠市场的力量,在保证城市开放度和活力的基础上,依靠产业调控规避广州未来的人口结构风险。针对全球城市的产业结构特征,广州应分时序地提高人口素质,提高生产性服务业的就业比例,形成产业发展升级与人口结构同步升级的人口发展战略,推进全球城市建设的步伐和质量。

### (四) 开放性移民政策为全球城市储备后备人口

成熟的产业体系固然对人口的吸引十分重要,然而对于外来人口进入到城市,接收外来人口政策和国内移民和国际移民的服务和管理又是一道门槛。纽约、伦敦和东京皆是位于国际顶层的金融中心,其外来人口主要来源却分别是全球、欧洲国家和日本全国(见表1-3)。

表1-3　　　　　　　2011年三大全球城市移民比例

| 城市 | 纽约 | 伦敦 | 东京 |
| --- | --- | --- | --- |
| 移民比例 | 37% | 36.7% | 3.20% |

英国脱欧以前，只要持有任何一个欧盟国家签发的欧盟长久居民身份便可在欧盟成员国、欧洲经济区成员国和瑞士之间自由居住、工作和学习。

在人口老龄化危机和人口外迁压力下，伦敦、纽约和东京均尝试通过调整人口准入门槛来吸引满足产业发展需要的外来人口甚至海外移民的迁入。迁入来源不拘泥于全国，还面向全球。特别是纽约对人口和人才的视野是全球性的，依靠移民政策，选择符合自身产业发展的人口数量和结构，通过人口来调整城市的发展方向。对伦敦来说，移民政策是21世纪伦敦人口重新进入增长趋势，实现"再城市化"和保持全球城市地位的重要原因。

广州在人口流动越发频繁的今天，以开放的姿态面对移民非常重要。根据全球城市发展经验，广州将来可能面临人口向广州集聚的趋势放缓甚至消失，甚至逆大城市化，年轻人口逃离一线城市回归二三线城市的问题。广州市应当机立断布局开放性的人口发展战略，扩大人口来源，增大人口"蓄水池"。应将吸引人口作为当前一项非常重要且紧迫的战略任务，用2—5年的时间，吸引一定规模的人口。建议建立专门服务于移民和人才的"人口局"，建立系统性的人口发展战略、政策，放宽城市的进入门槛，加强人口的服务和管理。年轻人口是城市创新力和活力、实现产业升级、迈向全球城市的关键核心，应建立专门针对年轻人、国际人才和留学生的服务和管理政策，优化人口结构，打牢城市发展的核心和基础。

# 第二章　全球化背景下广州中长期人口发展趋势分析

人口是城市一切经济社会活动的主体，未来的城市竞争就是人口竞争。对未来的发展形势的预测是洞悉人口发展变化的基础，人口战略的制定需要综合考虑未来的区域发展和时代特点。

从微观来说，影响城市成为全球化城市的人口因素主要有两个方面，一是人口发展趋势，包括人口规模、增长速度等因素。二是人口结构变化情况。主要影响因素为劳动参与率。劳动参与率及劳动参与的质量决定了城市产业转型方向和经济发展的质量，影响未来全球城市的发展潜力和竞争力。

微观层面的因素反馈到宏观层面，决定城市人口未来发展趋势的因素很多，既与当前城市化发展所处的阶段有关；还与本国目前所处的人口发展阶段有关系；同时还面临全国其他城市和区域的竞争。各种要素叠加，导致了人口问题是一个长期发展的复杂问题。

具体来说，当前广州正面临着一场我国由于人口老龄化加速、低生育率、劳动力供应减少而带来的整体性人口资源减少和结构性失衡的挑战。对于一线城市来说，还面临随着东部与中西部之间发展差距缩小，农民工向流出地省份回流的压力和周边城市竞争的压力，这些压力进一步加剧了人口发展形势的严峻性。但是与此同时，广州也面临着整体人口素质提升、人口管理水平提高而带来的劳动参与率逐渐提高等利好。

基于2035年建设全球城市的时间节点，立足于对广州人口发展现状的分析，本章从影响广州迈向全球城市的人口要素出发，分析未来广州人口发展趋势。

## 一 广州的人口集聚趋势分析

### （一）中长期内广州人口将继续增加

当前我国仍处于快速城镇化进程中，根据《国务院发展研究中心调查研究报告——中国城市化速度预测分析》，国际经验表明，当一个城市的城市化率达到65%左右时其城市化发展速度将趋缓。2017年我国的城市化率已达到58.52%。[1] 我国城镇化率预测结果显示，到2035年我国的城市化率将超过70%。中长期内，广州城镇化进程速度将会逐步放缓，但是广州城镇化发展将会受益于区域和空间优势、产业结构优化以及人口规模优势，因此城镇化发展质量和水平将不断提高，从而在国内的全球城市中处于领先水平并逐步向一流全球城市靠近。总体来说，广州人口将继续呈增加趋势，广州依然有很大的人口增加空间。

### （二）城市化进程趋缓人口积聚动力减弱

从城市化理论和实践来看，当城市化发展到一定阶段时，城市化的速度将会放缓。全国乃至广州的数据也验证到了这一结论：

一是全国流动人口总量自2015年开始下降。21世纪以来，我国的流动人口总量依然呈现持续增加态势。[2] 流动人口总量由2011年的2.30亿人增加至2014年的2.53亿人，年均增长800多万人。从2015年开始，流动人口总量开始呈现持续递减态势

---

[1] 参见《中华人民共和国2017年国民经济和社会发展统计公报》。
[2] 流动人口是指人户分离人口中扣除市辖区内人户分离的人口。

（见表2-1），2017年全国流动人口总量为2.44亿人，比2014年减少了约1000万人。

表2-1　　　　　全国流动人口总量和增量

| 年份 | 全国流动人口总量（亿） | 相比上年增量（万人） |
| --- | --- | --- |
| 2011—2014 | 2.30—2.53 | 年均+800 |
| 2015 | 2.47 | -568 |
| 2016 | 2.45 | -171 |
| 2017 | 2.44 | -100 |

数据来源：2014—2016年数据来源于《中国流动人口发展报告2017》；2017年的数据来自《中华人民共和国2017年国民经济和社发会展统计公报》，增量数字以总数估算，非确切数字。

引起这一现象的原因：一是随着城镇化进入中后期，中国城市人口聚集速度整体放缓。二是由于户籍制度改革，使得部分流动人口已经在流入地落户转化为新市民，流动人口的"容量池"正在缩小。

二是广州非户籍人口增速逐渐趋缓。从非户籍人口来看（见图2-1），相比于"十一五"时期年均两位数高增长的净流入现象，2006—2010年流动人口共增加了289.02万人，增速都在8%以上。忽略"十二五"时期特别是2011—2014年受到金融危机影响后的特殊年份出现的人口负增长现象，2017年其增速开始回落，并低于深圳约两个百分点，近十年内，人口向广州流入的态势逐渐趋缓。

三是剔除（户籍出生人口）全面开放二孩影响，广州常住人口增长创十二年来最低。近几年来，广州常住人口呈上升态势，尤其是近三年来全市常住人口的增长得益于全面开放二孩政策、积分入户和人才落户等政策的同时发力，以及统计口径变化的影响（见表2-2）。值得警惕的是，2017年全市27万多

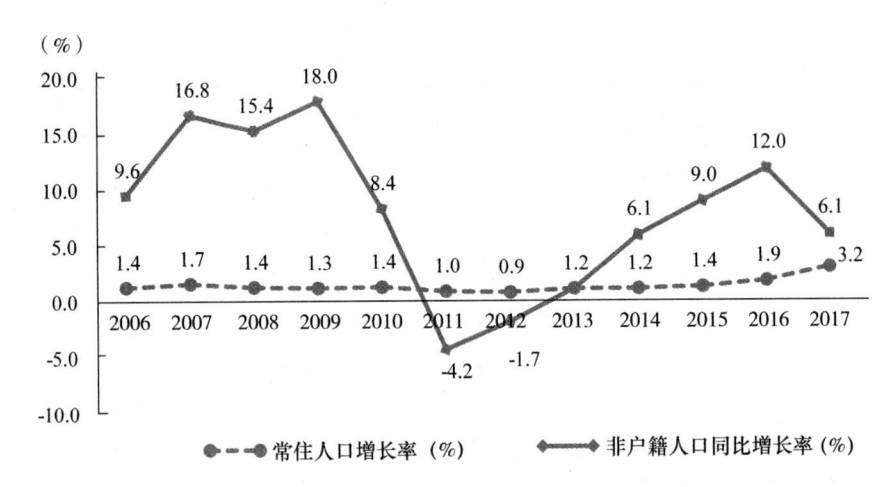

第二章　全球化背景下广州中长期人口发展趋势分析　39

图 2-1　2006—2017 年广州市常住人口和非户籍人口变化情况
数据来源：广州市来穗人员信息系统和历年广州市国民经济与社会发展统计公报。

的新生婴儿（其中户籍新生儿20.1万），二孩占了60%，如果剔除这些新生二孩的数量，2017年全市的常住人口仅仅增长33万，相比于2016年的常住人口增长（去掉二孩后约50万）是下降的，且创近12年来最低（受金融危机影响特殊年份除外）。同时也说明，近三年来，一孩所占的比重和数量都在急速下降。全面开放二孩政策暂时拉高了生育率，但对生育意愿的刺激效果非常有限。

表 2-2　　广州市 2006—2017 年常住人口总量和增量　　单位：万人

| 年份 | 常住人口 | 增加量 | 户籍出生人口 | 去除户籍出生人口增加量 |
| --- | --- | --- | --- | --- |
| 2006 | 996.66 | 46.98 | 6.7662 | 40.21 |
| 2007 | 1053.01 | 56.35 | 7.1332 | 49.22 |
| 2008 | 1115.34 | 62.33 | 7.913 | 54.42 |
| 2009 | 1186.97 | 71.63 | 7.6482 | 63.98 |
| 2010 | 1270.08 | 83.11 | 9.9779 | 73.13 |
| 2011 | 1275.14 | 5.06 | 8.7024 | -3.64 |

续表

| 年份 | 常住人口 | 增加量 | 户籍出生人口 | 去除户籍出生人口增加量 |
|---|---|---|---|---|
| 2012 | 1283.89 | 8.75 | 10.1782 | -1.43 |
| 2013 | 1292.68 | 8.79 | 11.5813 | -2.79 |
| 2014 | 1308.05 | 15.37 | 11.39 | 3.98 |
| 2015 | 1350.11 | 42.06 | 15.04 | 27.02 |
| 2016 | 1404.35 | 54.24 | 13.73 | 40.51 |
| 2017 | 1449.84 | 45.49 | 20.10 | 25.39 |

数据来源：广州市宏观年报。

四是广州人口总量增速开始下行。从近几年的常住人口数据来看（见表2-3），因非户籍人口流入，人口整体处于增长态势。2015年、2016年、2017年广州常住人口增长分别为42.06万人、54.24万人、45.49万，2017年的增长量仅次于深圳（61.99万人）居全国第二。

表2-3　　2013—2017年北上广深常住人口增长情况对比　　单位：万人

| 年份 | 广州 总量 | 广州 增长量 | 深圳 总量 | 深圳 增长量 | 北京 总量 | 北京 增长量 | 上海 总量 | 上海 增长量 |
|---|---|---|---|---|---|---|---|---|
| 2013 | 1293.00 | 9.11 | 1062.89 | 8.15 | 2114.80 | 45.50 | 2415.20 | 34.80 |
| 2014 | 1308.05 | 15.05 | 1077.89 | 15.00 | 2151.60 | 36.80 | 2425.70 | 10.50 |
| 2015 | 1350.11 | 42.06 | 1137.87 | 59.98 | 2170.50 | 18.90 | 2415.30 | -10.40 |
| 2016 | 1404.35 | 54.24 | 1190.84 | 52.97 | 2172.90 | 2.40 | 2419.70 | 4.40 |
| 2017 | 1449.84 | 45.49 | 1252.83 | 61.99 | 2170.70 | -2.20 | 2418.33 | -1.37 |

数据来源：各市统计年鉴。

从图2-2看，2006年以来，广州常住人口与非户籍人口增量变化趋势基本保持一致，说明常住人口增长主要来自于非户籍人口的增长。但是尽管2016年非户籍人口增量达到历史新高，常住人口增量仍不大，并且非户籍人口和常住人口在2017年均出现明显回落，增速开始下行，后劲不足现象明显。

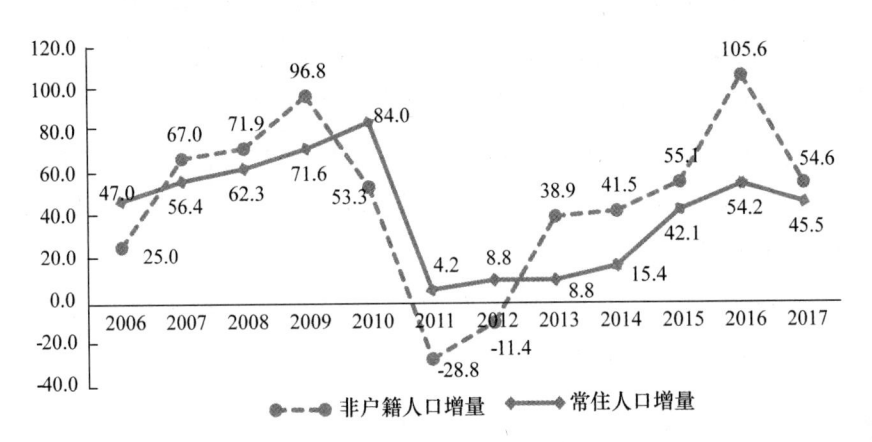

图2-2 2006—2017年广州市常住人口、非户籍人口增量情况

数据来源：根据广州市来穗人员信息系统和历年广州市国民经济与社会发展统计公报计算。

## （三）2035年广州人口规模预测

本课题组在2017年课题《广州市人口预测2040》中采用系统动力学模型，对2040年广州人口发展趋势进行了预测，运用此模型，我们对广州市2035年的人口数据进行重新计算和模拟仿真。根据模型的预测，广州未来常住人口和总人口总体上将保持一个持续增长的态势，户籍人口增长平缓，非户籍人口、常住人口增速位于国内全球城市前列。

我们的多个模拟方案中，在当前的政策条件大体不变的基准方案下，预计中期到2035年，广州常住人口达到1900万左右（1942万人），比2017年增长500万，城市总人口达到2500万左右，比2017年增长600万左右。人口增量部分主要来自于机械增长，2035年以前增长速度相对较快，年均增长1.83%。这一目标与最新版广州市城市总体规划提出到2035年常住人口规模控制在2000万人左右，同时按照2500万管理服务人口进行基础设施公共服务设施配套的发展目标相吻合。

此外，如果调整政策，可调整人口数量。其中，人口最少的是低教育支出方案，常住人口约1700万（1694.01万人），总人口约2300万；人口数量最多的是高教育支出方案，常住人口约2150万（2164.56万人），总人口约2800万。

到2035年，广州人口规模位居粤港澳大湾区第一，常住人口和总人口所占粤港澳大湾区比重保持在22%—25%之间，与当前水平相当。

到2035年，广州的常住人口将依然增长，在人口总量上均已超过伦敦、纽约和东京，达到全球城市的标准。

**（四）2035年广州城市人口集聚性预测**

根据联合国《2017年度世界人口趋势报告》，到2035年，中国人口总数将达到14.33亿人。按2035年广州常住人口1900万计算，占全国人口的比重约为1.32%，比2017年提高0.16个百分点。在人口规模最多的高教育支出方案中，常住人口增加至2150万，在占全国人口的比重约为1.5%，比2017年提高0.34个百分点。

## 二 广州的人口劳动力结构发展趋势分析

人口的劳动力结构与年龄、文化等变化情况有关系。总体来说，当前广州的劳动力发展面临人口老龄化、抚养比日益增加、劳动力外流等多重问题。按公安部门口径，18岁及以下为少儿人口，2017年全市总人口当中少儿人口比重仅为11.75%，非户籍人口中少儿人口比重仅占4.76%，说明新增劳动力逐年减少。同时，全市45岁以上的劳动力人口比重不断上升，说明广州市劳动力开始逐渐老化。目前，广州市劳动力供给有超过65%以上依赖于非户籍人口。随着户籍人口老龄化程度加深和生育率下降，户籍人口新增劳动力有限，所以未来广州市劳动力供给将延续目前主要依赖于非户籍人口供给的趋势。总体来说，劳动力结构性缺少问题依然存在。

**（一）人口劳动力总量减少短缺危机正在发生**

2035 年之前，对劳动力总量减少危机难以逆转的判断来自于两个方面：一是人口老龄化趋势的不可逆转。二是因计划生育政策，一代人内的劳动力填补后继乏力。可以从以下数据得到佐证。

一是全国劳动力总量正在减少。我国劳动年龄人口于 2011 年达到峰值后持续下降，2011 年成为我国劳动力资源从增加转为减少的"拐点"。考虑到我国劳动年龄下限为 16 周岁，国家统计局从 2013 年开始公布 16—59 岁（含不满 60 周岁）人口数据，而之前对劳动年龄人口的统计口径为 15—59 岁。2011 年我国 15—59 岁人口数量达到峰值，为 94072 万人，占总人口的 69.8%（见表 2-4）。2011 年成为我国劳动力资源从增加转为减少的"拐点"，之后劳动年龄人口数量连续下降。2014 年 15—59 岁人口降至 92982 万人，比 2011 年减少 1090 万人；2015 年降至 91096 万人，比上一年减少 858 万人；2016 年降至 90747 万人，比上一年减少 349 万人；2017 年比 2016 年减少了 548 万人。我国 15—59 岁人口占全国总人口的比重从 2011 年的 69.8% 下降至 2017 年的 64.9%，下降了 4.9 个百分点。

表 2-4　　　2011—2016 年我国劳动年龄人口数量及占比

| 年份 | 总人口（万人） | 15—59 岁人口 人数（万人） | 15—59 岁人口 比重（%） | 16—59 岁人口 人数（万人） | 16—59 岁人口 比重（%） |
|---|---|---|---|---|---|
| 2011 | 134735 | 94072 | 69.8 | — | — |
| 2012 | 135404 | 93727 | 69.2 | — | — |
| 2013 | 136072 | 93500 | 68.7 | 91954 | 67.6 |

续表

| 年份 | 总人口（万人） | 15—59岁人口 人数（万人） | 15—59岁人口 比重（％） | 16—59岁人口 人数（万人） | 16—59岁人口 比重（％） |
|---|---|---|---|---|---|
| 2014 | 136782 | 92982 | 68.0 | 91583 | 67.0 |
| 2015 | 137462 | 92471 | 67.33 | 91096 | 66.3 |
| 2016 | 138271 | — | — | 90747 | 65.6 |
| 2017 | 139008 | — | — | 90199 | 64.9 |

说明：考虑到我国劳动年龄下限为16周岁，国家统计局从2013年开始公布16—59岁（含不满60周岁）人口数据，之前对劳动年龄人口的统计口径为15—59岁。其中2015年15—59岁人口数据来自《2015年全国1%人口抽样调查主要数据公报》。

二是广州市户籍人口中劳动年龄人口将呈减少趋势。由于广州市统计年鉴中只统计了18岁以下人口数据、18—60岁人口数据和60岁及以上人口数据，所以本部分以18—60岁人口数据替代劳动年龄人口数据进行讨论。观察表2-5，尽管在绝对数量上18岁以下人口数量和18—60岁人口数量均在逐年增加，但通过计算18岁以下人口数与18—60岁人口数的比值，可以发现18—60岁人口数量增加速度要慢于18岁以下人口数量的增加速度，这意味着社会负担趋于加重；另外可以发现18—60岁人口数量远多于18岁以下人口数量，因此可以判断在未来广州市劳动年龄人口数量将减少。

表2-5　　　　　广州市户籍年龄人口构成　　　　　单位：人

| 年份 | 18岁以下 ① | 18—60岁 ② | 比值 ①/② |
|---|---|---|---|
| 2014 | 1458009 | 5559661 | 26.22 |
| 2015 | 1500908 | 5565745 | 26.97 |
| 2016 | 1564041 | 5594769 | 27.96 |
| 2017 | 1714642 | 5645623 | 30.37 |

数据来源：历年广州市统计年鉴。

## （二）人口劳动力结构老龄化趋势日益凸显

一是全国老龄人口数量和占比持续上升。从 2010 年到 2017 年 7 年时间内，全国 60 岁及以上人口从 17765 万人增长到 24090 万人，共增长 6325 万人，平均每年增加 900 万人。占比也从 13.3% 增长到 17.3%，增长了 4 个百分点。65 岁及以上人口增长 3948 万人，占比上涨了 2.5 个百分点（见表 2-6）。

表 2-6　全国 2010—2017 年 60 岁及以上和 65 岁及以上人口

| 年份 | 60 岁及以上老年人口 人数（万人） | 占户籍人口比重（%） | 65 岁及以上老年人口 人数（万人） | 占户籍人口比重（%） |
|---|---|---|---|---|
| 2010 | 17765 | 13.3 | 11883 | 8.9 |
| 2011 | 18499 | 13.7 | 12288 | 9.1 |
| 2012 | 19390 | 14.3 | 12714 | 9.4 |
| 2013 | 20243 | 14.9 | 13161 | 9.7 |
| 2014 | 21242 | 15.5 | 13755 | 10.1 |
| 2015 | 22200 | 16.1 | 14386 | 10.5 |
| 2016 | 23086 | 16.7 | 15003 | 10.8 |
| 2017 | 24090 | 17.3 | 15831 | 11.4 |

数据来源：历年国民经济和社会发展统计公报。

从对我国 1950 年、2000 年和 2050 年三个时期人口年龄结构的金字塔（见图 2-3）预测模型来看，年轻型金字塔（左）下宽上窄，特征是少年儿童人口比重大，而老年人口比重小；成年型金字塔（中）上下均衡，各年龄组人口的比重大致均衡，特征是出生率与死亡率差不多，人口保持在零增长；老年型金字（右）塔底部收缩、上部变宽，向倒金字塔形状发展，特征是少年儿童人口比重缩小，老年人口比重增大，人口呈负增长。我国 2050 年将全面进入年老型金字塔人口结构。

二是我国老龄化速度加快。全国老龄办发布的《中国人口老龄化发展趋势预测研究报告》指出，2001 年到 2020 年是我国

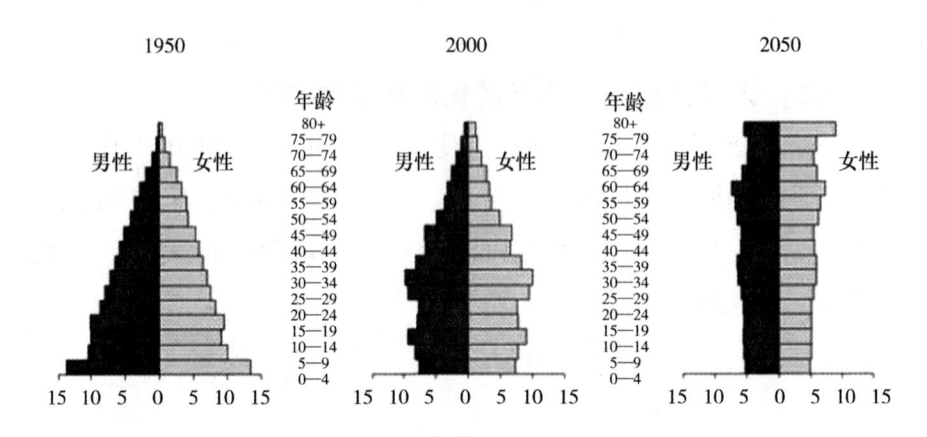

图 2-3 我国主要三个阶段人口年龄结构金字塔

数据来源：李建新：《倒金字塔理论与21世纪中国老龄社会》，《中国人口科学》2000 年第 3 期。

人口快速老龄化阶段。在这一阶段，我国平均每年增加 596 万老年人口，年均增长速度达到 3.28%，大大超过总人口年均 0.66% 的增长速度，人口老龄化进程明显加快。预计到 2020 年，老年人口将达到 2.48 亿人，老龄化水平将达到 17.17%，其中，80 岁及以上老年人口将达到 3067 万人，占老年人口的 12.37%。联合国《世界人口展望（2017 修订版）》预计中国将用 24 年、即于 2025 年前后进入深度老龄化社会，再 9 年后即 2034 年前后进入超级老龄化社会，2050 年老年人口所占比重将达 26.3%，到 2060 年后逐渐稳定在 30% 左右的水平，老龄化速度前所未有[1]。《国务院关于印发国家人口发展规划（2016—2030 年）的通知》对今后 15 年人口变动的主要趋势进行了预测[2]：老龄化程度不断加深，而少儿比重呈下降趋势。"十三五"时期，60 岁及以上老年人口平稳增长，2021—2030 年增长

---

[1] 李光、王文华：《中国人口老龄化问题研究》，《西部皮革》2016 年第 38 卷第 20 期。

[2] 参见《国务院关于印发国家人口发展规划（2016—2030 年）的通知》，http://www.gov.cn/zhengce/content/2017-01/25/content_5163309.htm。

速度将明显加快，到2030年占比将达到25%左右，其中80岁及以上高龄老年人口总量不断增加。0—14岁少儿人口占比下降，到2030年降至17%左右。劳动年龄人口在"十三五"后期出现短暂小幅回升后2021—2030年间将以较快速度减少。这是广州市面临的人口大环境。

三是广州人口的老龄化趋势也同样不例外。广州1990年人口普查数据显示0—14岁占比为23.02%，15—59岁占比为67.26%，60至60岁以上为9.72%。在2015年1%人口抽样调查中，0—14岁人口占12.98%；15—64岁人口占79.12%；65岁及以上人口占7.90%。1990年到2015年25年时间，广州0—14岁人口的比例下降了10.04个百分点，15—64岁人口的比例上升了8.42个百分点，65岁及以上人口的比例上升1.6个百分点（见表2-7）。

表2-7　　　　　　广州市各个年份年龄占比　　　　　　单位：%

| 年份 | 0—14岁占比 | 15—64岁占比 | 65岁及以上 |
| --- | --- | --- | --- |
| 1990 | 23.02 | 70.7 | 6.3 |
| 2000 | 16.43 | 77.48 | 6.10 |
| 2010 | 11.47 | 81.91 | 6.62 |
| 2015 | 12.98 | 79.12 | 7.90 |

数据来源：广州市1990年普查、2000年普查、2010年普查、2015年1%人口抽样。

从金字塔图也可以看出这一变化趋势。广州的金字塔图形状结构也正在发生变化。从现状数据来看：由广州市1990年人口普查、2000年人口普查、2010年人口普查、2015年1%人口抽样的金字塔图可以看到，1990年的少儿比重是较高的，呈现的是上小下大的形状，但是到了2010年，少儿严重下降，老龄化加剧，显示出到中间大，两头小的纺锤形状，人口趋势向着倒金字塔转变（见图2-4）。

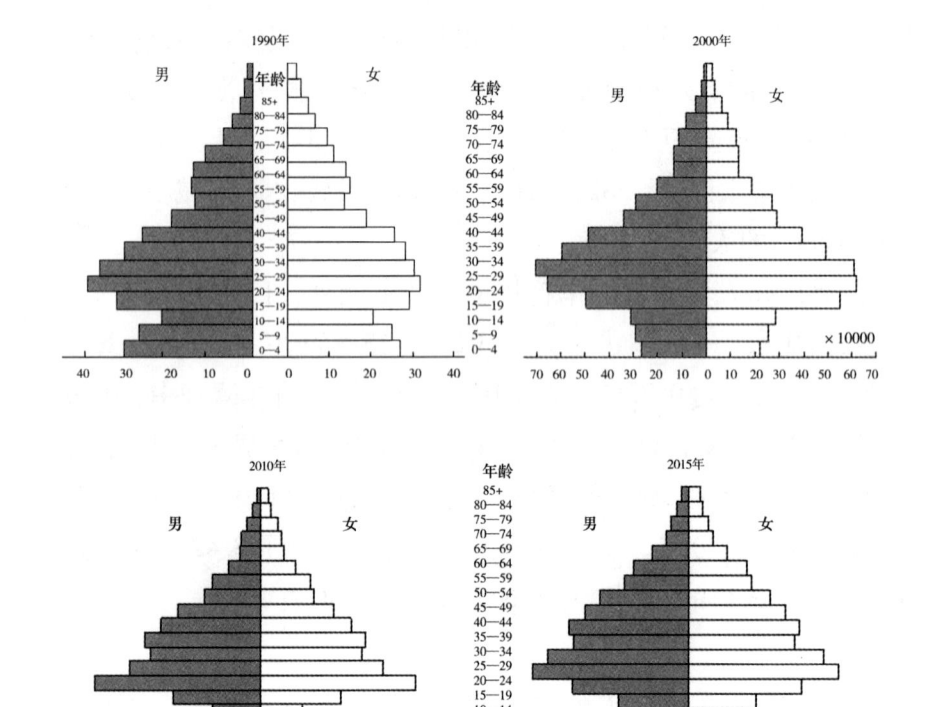

图 2-4　主要年份广州市人口金字塔

数据来源：左上角图来自于广州市 1990 年人口普查；其他图由课题组成员根据 2000 年、2010 年人口普查数据，2015 年 1% 人口抽样数据测绘所得。

四是广州市户籍人口的老龄化趋势更加明显。广州市户籍人口老龄化高于全国平均水平，在全国处于中等水平。从广州市户籍人口情况来看（见表 2-8），从 2012 年到 2017 年，广州市户籍人口 60 岁以上人口的数量从 126.43 万人上升到 2017 年 161.85 万人，占比从 15.42% 上升到 18.03%，2017 年广州市户籍人口的老龄化程度已达到 18.03%（2016 年为 17.76%），在全国处于中等水平（2017 年上海为 21.8%，武汉为 20.75%，杭州为 22.6%，重庆为 17.3%）。

表 2-8　　　　　2012—2017 年广州市老年人口状况

| 年份 | 60 岁及以上老年人口 人数（万人） | 占户籍人口比重（%） | 65 岁及以上老年人口 人数（万人） | 占户籍人口比重（%） |
| --- | --- | --- | --- | --- |
| 2012 | 126.43 | 15.42 | 86.5 | 10.55 |
| 2013 | 133.04 | 16.03 | 90.13 | 10.86 |
| 2014 | 140.65 | 16.75 | 94.86 | 11.29 |
| 2015 | 147.53 | 17.27 | 98.77 | 11.56 |
| 2016 | 154.61 | 17.76 | 103.40 | 11.88 |
| 2017 | 161.85 | 18.03 | — | — |

注：老年人口统计口径有两个：一是以 60 岁及以上人口为统计标准；二是以 65 岁及以上人口为统计标准。

数据来源：《2012—2016 年广州市老年人口和老龄事业核心数据》及 2017 年广州市统计年鉴。

但是在全市 11 个区中，户籍老年人口超过 10 万人的有 8 个区。越秀区 28.9 万人，老龄化率 24.5%；海珠区 25.13 万人，老龄化率 24.2%；荔湾区 19.69 万人，老龄化率 26.8%；白云区 16.53 万人，老龄化率 16.7%。根据通行的老龄化程度划分标准，当一个社会的人口老龄化率超过 20% 时，该社会进入中度老龄化阶段。也就是说，越秀、海珠、荔湾这 3 个区已进入中度老龄化（见图 2-5）。

五是在穗 60 岁及以上流动人员迅速增加。来穗人员是劳动力的主要来源。在穗 60 岁及以上流动人员（在穗 60 岁及以上流动人员指没有本市户籍且在本市行政区域居住的 60 岁及以上流动人口、60 岁及以上在广州市办理登记的非广州市户籍人员）数量和增速上涨（见表 2-9）。2012 年以来，在穗 60 岁及以上流动人口大幅增长，2012 年广州 60 岁及以上流动人口有 7.51 万人，2013 年增至 9.81 万人，增长 2.30 万人，同比增长 30.56%；2014 年增至 13.12 万人，较 2013 年增加 3.31 万人，

## 50　广州建设全球城市的人口发展及战略选择

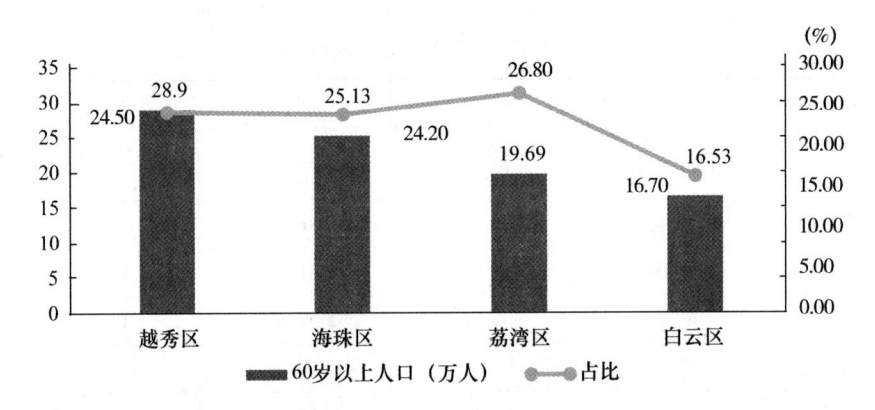

图2-5　广州市各区域60岁以上户籍人口和占比

数据来源：《广州市发布2017年老年人口和老龄事业数据》，http://www.gzmz.gov.cn/gzsmzj/tjxx/201808/b955183ba2174a6aa387e4cb789e16e8.shtml。

同比增长33.85%；2015年广州市60岁及以上流动人口增加至19.79万人，比2014年增涨至6.67万人，同比增长50.79%。[①]

表2-9　在穗60岁及以上流动人口

| 年份 | 60岁以上流动人员（万人） | 增速（%） |
| --- | --- | --- |
| 2012 | 7.51 | — |
| 2013 | 9.81 | 30.56 |
| 2014 | 13.12 | 33.85 |
| 2015 | 19.79 | 50.79 |

数据来源：《2015年广州市老龄事业发展现状摘要》，广州老龄网。

六是全国劳动年龄人口趋于老化，高龄劳动年龄人口所占比重持续上升（见表2-10）。2000年"五普"时，15—29岁人口（青年组）占15—59岁人口的38.06%；30—44岁人口

---

[①] 参见《2015年广州市老龄事业发展现状摘要》，广州老龄网（http://gzll.gzmz.gov.cn/gzsllgzwyhbgs/gzsllsyfzxz/201702/03bc4606a99a40efbc37ed30517ce646.shtml）。

（中年组）占38.37%；45—59岁人口（年长组）占23.57%。2010年，青年组和中年组占比均有所下降，年长组占比则升至28.45%，比2000年上升了4.87个百分点。2014年，年长组占比进一步上升至31.87%，比2010年又上升3.42个百分点（胡杰成，2017）。作为劳动主力的农民工①的年龄也上涨，2017年农民工平均年龄为39.7岁，比上年提高0.7岁，40岁及以下农民工所占比重为52.4%，比上年下降1.5个百分点；50岁以上农民工所占比重为21.3%，比上年提高2.2个百分点。②

表2-10　　　　　全国农民工年龄构成　　　　　单位：%

|  | 2013年 | 2014年 | 2015年 | 2016年 | 2017年 |
| --- | --- | --- | --- | --- | --- |
| 16—20岁 | 4.7 | 3.5 | 3.7 | 3.3 | 2.6 |
| 21—30岁 | 30.8 | 30.2 | 29.2 | 28.6 | 27.3 |
| 31—40岁 | 22.9 | 22.8 | 22.3 | 22.0 | 22.5 |
| 41—50岁 | 26.4 | 26.4 | 26.9 | 27.0 | 26.3 |
| 50岁以上 | 15.2 | 17.1 | 17.9 | 19.1 | 21.3 |

数据来源：国家统计局：《2017年农民工监测调查报告》。

七是广州市非户籍人口劳动力趋向老化。从非户籍劳动力的年龄人口比重来看，2011年到2017年6年期间，25岁（含）以下的比重下降了约10个百分点，45岁以上的则增加了7个百分点（见表2-11）。由于广州市超过60%的劳动力由非户籍人口提供，随着低龄非户籍人口的减少，广州市劳动力增长后劲不足。

---

① 农民工是指户籍仍在农村，进入城市务工和在当地或异地从事非农产业劳动6个月及以上的劳动者。
② 参见国家统计局《2017年农民工监测调查报告》，http：//www.stats.gov.cn/tjsj/zxfb/201804/t20180427_1596389.html。

表2-11　2011—2017年广州市非户籍各劳动年龄段人口比重　　单位：%

| 年份 | 16—25岁 | 26—45岁 | 46—59岁 | 合计 |
|---|---|---|---|---|
| 2011 | 31.38 | 57.93 | 8.53 | 97.84 |
| 2012 | 29.10 | 59.07 | 9.35 | 97.52 |
| 2013 | 26.97 | 59.80 | 10.37 | 97.14 |
| 2014 | 25.44 | 59.47 | 11.31 | 96.22 |
| 2015 | 23.67 | 58.62 | 12.86 | 95.15 |
| 2016 | 22.53 | 57.42 | 14.12 | 94.07 |
| 2017 | 21.43 | 56.35 | 15.78 | 93.56 |

注：2017年统计口径为10岁一个年龄组，20岁及以下来穗人员所占比重为4.76%，21—59岁年龄段来穗人员比重为92.68%，而16—25岁、26—45岁、46—59岁三个年龄段来穗人员所占比重根据前几年变化规律推算得出。

数据来源：广州市来穗人员信息系统。

八是构成未来潜在劳动力的广州市青年人口平均年龄趋向大龄化。同时，青年人口年龄结构趋向大龄化。2015年，25—29岁的青年人口所占比例最高（32.22%），比最低比例的15—19岁年龄组（14.50%）高17.72个百分点。2010—2015年，低年龄组的两个青年人口组（15—19和20—24）的占比呈下降趋势，而高年龄组的两个青年人口组（25—29和30—34）呈上升趋势。这是本地户籍人口较低生育率持续的效应的显现和外来人口趋向老龄化共同导致。（见图2-6）

中老年型的劳动力占比不断上升，劳动力的年龄结构正在逐渐老化，到2030年，45—59岁大龄劳动力占比将达到36%左右。[1] 生育无法调解人口数量，加之人口结构持续老龄化，全国

---

[1] 参见《国务院关于印发国家人口发展规划（2016—2030年）的通知》，http://www.gov.cn/zhengce/content/2017-01/25/content_5163309.htm。

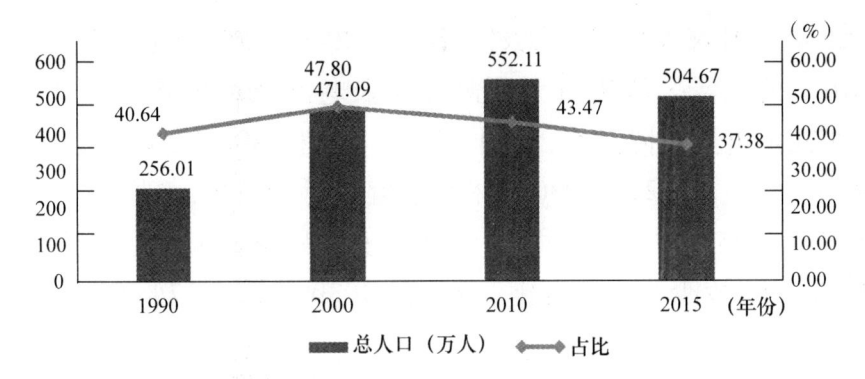

图 2-6　广州市主要年份 15—34 岁人口和占比

数据来源：1990 年、2000 年、2010 年人口普查。

劳动力持续减少的情况无法得到逆转，给城市带来巨大风险，大城市将面临严重的劳动力短缺危机。在此情况下，广州的情况也不容乐观。

九是人口老龄化趋势在短期内难以逆转。随着1959—1961年三年自然灾害后补偿性生育高峰期人口逐步进入老龄化，再加上全面二孩政策效应衰退（原因在于户籍人口一孩生育大幅减少），我国老龄化社会已经形成并加速。老龄化社会的形成有着深刻的时代因素，20 世纪 90 年代，我国每年还有大约 2000 万新生人口，到了 21 世纪，每年新生人口已经降到了 1500 万。过去 20 年的低生育率已经使得年轻人口减少了 30%。学术界普遍认为 2015 年是人口红利的转折点，人口红利已经消失。短期内全国人口老龄化的趋势不可逆转，并将日益严峻。我国今后至少一代人时间内，将会发生剧烈的人口结构变化，并且，由于人口基数大，中国老年人口规模也将是前所未有。

国家统计局《中国统计年鉴2016》公布的 2015 年全国百分之一人口抽样调查显示，我国 2015 年的总和生育率仅为 1.05。目前我国人口的生育率已经降到了 1.5 以下，平均每个妇女只生不到 1.5 个小孩，远远低于 2.1 的人口世代更替水平，这意味着下一代人比上一代人还将少 30%。国务院发布的《国务院关于印发国家人口发展规划（2016—2030年）的通知》[①] 对我国人口的发展态势进行了预测，未来老龄化程度将不断加深，而少儿比重呈下降趋势。"十三五"时期，60岁及以上老年人口平稳增长，2021—2030年增长速度将明显加快，到2030年占比将达到25%左右，其中80岁及以上高龄老年人口总量不断增加。0—14岁少儿人口占比下降，到2030年降至17%左右。

### （三）劳动力结构反转或带来创新动力不足

丰沛的年轻人口是驱动创新和经济活力的最大源动力。从未来年轻人口发展的趋势来看：

一是学生人数特别是大学生人数正在断崖式衰减。劳动力人口的减少的另一个佐证是学生人数的减少，根据人口普查数据推算，全国的小学生源在1998年就开始负增长，10年之内减少了40%，高中生源2006年开始负增长，8年之内减少了40%（见图2-7）。更为严峻的是大学毕业生资源，高考报名人数在2008年开始负增长，2015年的大学生生源，相比于2010年，"断崖式减少"了近一半，这些大学毕业生在近三年内将进入职场，是高端劳动力和创新的重要组成部分，年轻的、大学毕业生人口资源将变得稀缺。

二是全国少儿人口数量和占比下降。2007年全国0—14岁人口为25633万人（见图2-8），2007—2009年连续下降，2010年开始略有回升，2016年为23091万人，相比于2007年，人数减少了2542万人；2016年的占比为16.7%，相比于2007年的19.4%占比下降了2.7个百分点。这部分人口在2030年左右，将是劳动力中创新主体，人口的下降意味着未来的创新力将有所减缓。

---

① 参见中华人民共和国中央人民政府网站（http：//www.gov.cn/zhengce/content/2017-01/25/content_ 5163309. htm）。

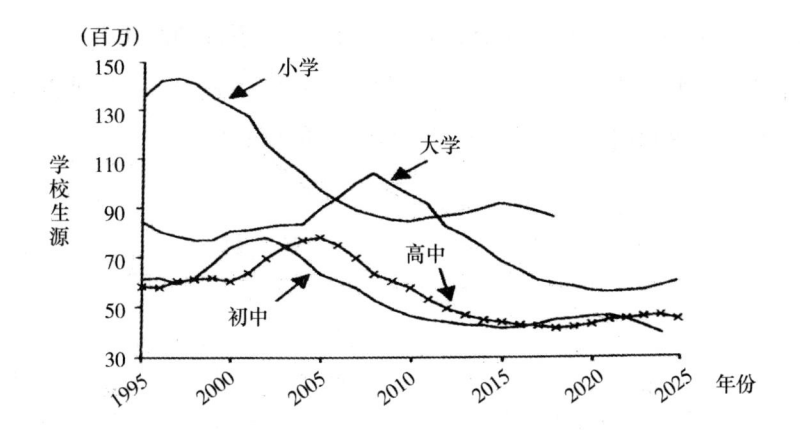

第二章　全球化背景下广州中长期人口发展趋势分析　55

图 2-7　我国小学、初中、高中、大学生源情况推测

数据来源：《大国空巢》第五章，根据人口普查（用存活率推算）数据测算。

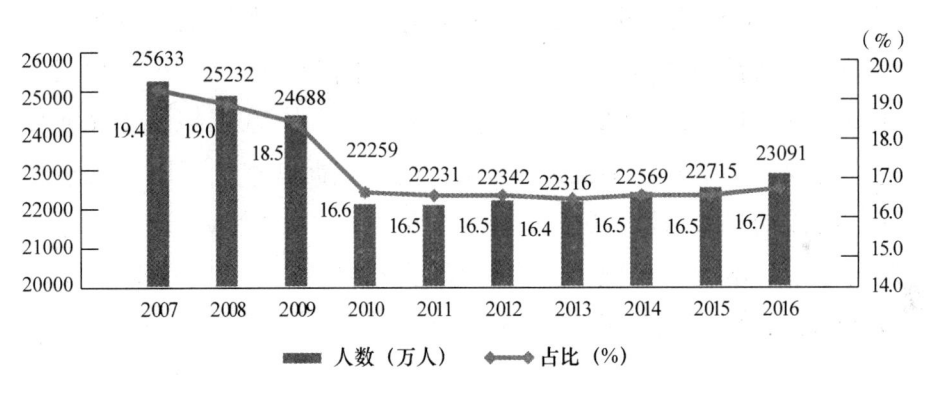

图 2-8　全国 0—14 岁人口和占比

数据来源：国家数据网。

三是构成未来潜在劳动力的广州市青年人口正在减少。广州市青年人口（15—34 岁）增长速度回落。1990 年以来的 20 年间，广州市青年人口规模持续扩大（见表 2-12）。分时段看，前十年青年人口增长率达到 84.01%，青年人口大幅度增长；后十年青年人口增长速度回落，只有 17.20%；2010—2015 年青年人口总量减少 47.44 万人，这一时期的增长率为 -8.59%。青年人口是劳动的主力，这一部分人数的减少意味着劳动力的缺乏。2015 年

年末，广州市常住总人口中，青年人口达到 504.67 万人。与 2010 年相比，青年人口总量减少了 47.44 万人。占总人口比例 2000 年达到 47.8% 的峰值后下降至 37.38%（最低值）。

表 2-12　　1990—2010 年广州市青年人口总量及其增长率　　单位：万人

| 年份 | 1990 | 2000 | 2010 | 2015 | 1990—2000 | 2000—2010 | 2010—2015 |
|---|---|---|---|---|---|---|---|
| 青年人口总量 | 256.01 | 471.09 | 552.11 | 504.67 | 84.01% | 17.20% | -8.59% |
| 占总人口比例 | 40.64% | 47.38% | 43.47% | 37.38% | 6.74% | -3.91% | -6.09% |

数据来源：1990 年、2000 年、2010 年人口普查。

四是 2035 年广州进入青年劳动力的小学生数量也在减少。广州小学生增长率从 2013 年开始下降（见图 2-9），2016 年增长率比 2013 年的增长率减低了 1.4 个百分点，过去 20 多年由于义务教育的普及，小学入学率接近 100%，这一数据基本上可以代表了相应年龄段的总人口数，6—11 岁为小学生生源，意味着这一部分年龄的人数的增长率在减小。广州普通中学生在校人数从 2007 年的 57.68 万人降到 2016 年的 50.57 万人，同比减少 7.11 万人。

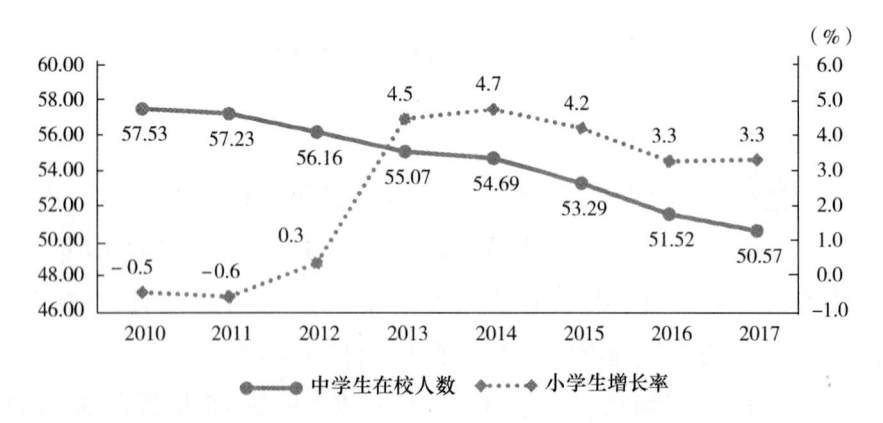

图 2-9　广州市中学生在校人数和小学生增长率

数据来源：广州市教育局统计手册。

## 第二章 全球化背景下广州中长期人口发展趋势分析

五是反转的社会结构将对城市发展带来挑战。人口结构特别是劳动力的结构变化意味着未来的社会抚养压力将会加大。少年人口抚养比也称少儿抚养比，指某一人口中少年儿童人口数与劳动年龄人口数之比，用以表明每 100 名劳动年龄人口要负担多少名少年儿童；老年扶养比是指人口中非劳动年龄人口数中老年部分对劳动年龄人口数之比，用以表明每 100 名劳动年龄人口要负担多少名老年人。全国总抚养比一直是上升的态势（见表 2 - 13），从 2010 年的 34.2% 上升到 2016 年的 37.9%，上升了 3.7 个百分点，少儿抚养比和老年扶养比分别增长了 0.7 个百分点、3.1 个百分点。

表 2 - 13　　　　　　全国 2010—2016 年抚养比　　　　　　单位：%

| 年份 | 总抚养比 | 少儿抚养比 | 老年扶养 |
| --- | --- | --- | --- |
| 2010 | 34.2 | 22.3 | 11.9 |
| 2011 | 34.4 | 22.1 | 12.3 |
| 2012 | 34.9 | 22.2 | 12.7 |
| 2013 | 35.3 | 22.2 | 13.1 |
| 2014 | 36.1 | 22.5 | 13.7 |
| 2015 | 37.0 | 22.6 | 14.3 |
| 2016 | 37.9 | 22.9 | 15.0 |

数据来源：国家数据网。

造成这一趋势的主要原因有：一是少子化和低生育率。根据人口普查数据，1990—2010 年广州育龄妇女生育水平大幅度下滑（见图 2 - 10），总和生育率从 1.82 下降到 2000 年的 0.82，再降到 2010 年的 0.81，迅速达到极低水平并趋于稳定，生育水平从较低于更替水平（2.1）[1]。一孩政策的实施造成的

---

[1]　阎志强：《广州青年人口婚姻与生育状况的变化特点——基于 2015 年 1% 人口抽样调查数据的分析》，《西北人口》2018 年第 4 期。

少子化，虽然近两年放开二孩政策，出生率略有提高，但是一孩生育率（一孩率是当年内育龄妇女中第一个孩子的出生人数在全部出生人数中的比率）持续降低，总和生育率不高。

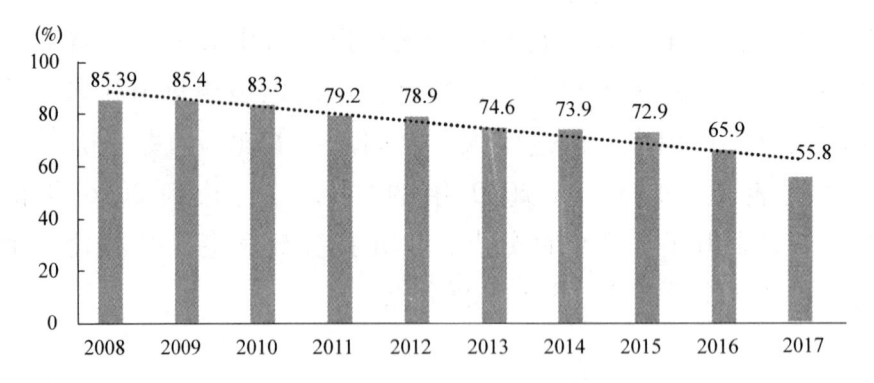

图 2-10 2009—2017 年广州市户籍育龄妇女一孩生育率

数据来源：广州市历年统计年鉴。

原因之二在于人口的高龄化。从 2012 年到 2016 年，广州市户籍人口 60 岁及以上人口的数量于 2016 年达到 154.61 万人，占比从 15.42% 上升到 17.76%。随着经济发展和社会保障的逐步完善，广州市户籍老年人口平均预期寿命从 1957 年的 66.62 岁提高至 2015 年的 81.34 岁。广州市 80 岁及以上老年人口从 2012 年的 19.54 万人增加到 2016 年的 25.43 万人，占老年人口比重上升到 16.45%，老年人口呈现高龄化趋势（见表 2-14）。

表 2-14 2012—2016 年广州市 80 岁及以上老年人口变动情况

| 年份 | 2012 | 2013 | 2014 | 2015 | 2016 |
| --- | --- | --- | --- | --- | --- |
| 80 岁及以上老年人口数（万人） | 19.54 | 21.23 | 22.65 | 23.81 | 25.43 |
| 占老年人口比重（%） | 15.46 | 15.96 | 16.10 | 16.14 | 16.45 |

数据来源：《2012—2016 年广州市老年人口和老龄事业核心数据》。

反转的人口结构加重了广州市的抚养比。2012年广州市社会总抚养比为41.05，意味着每100个劳动年龄人口需要负担41个非劳动年龄人口，其中100个劳动年龄人口负担21.75个老年人口。2016年广州市每100名劳动年龄人口需要负担49.37个非劳动年龄人口，负担人口数比2012年增加了8.32人。其中老年人口抚养比为26.53，即每100名劳动年龄人口需要负担26.53个老年人口（见表2-15）。

表2-15　　　　2012—2016年广州市社会抚养比数据

| 抚养比 | 抚养比 | | | | | 差值 | | | |
|---|---|---|---|---|---|---|---|---|---|
| | 2012 | 2013 | 2014 | 2015 | 2016 | 2013—2012 | 2014—2013 | 2015—2014 | 2016—2015 |
| 社会总抚养比 | 41.05 | 42.50 | 44.23 | 46.81 | 49.37 | 1.45 | 1.73 | 2.58 | 2.56 |
| 少年人口抚养比 | 19.30 | 19.65 | 20.08 | 21.47 | 22.84 | 0.35 | 0.43 | 1.39 | 1.37 |
| 老年人口抚养比 | 21.75 | 22.84 | 24.15 | 25.34 | 26.53 | 1.09 | 1.31 | 1.19 | 1.19 |

数据来源：《2012—2016年广州市老年人口和老龄事业核心数据》。

预测发现：2010年第六次人口普查时，广州市的总抚养比为22.09%，其中少儿抚养比为14%，老年扶养比为8.08%。随着少儿人口比重和老年人口比重的不断上升，在21世纪上半叶广州市少儿抚养比与老年扶养比都呈上升趋势，预计到2025年时总抚养比将超过30%（32.44%），其中少儿抚养比为18.78%，老年人口抚养比为13.66%。到2040年时，广州市总抚养比为46.96%，接近50%，其中少儿抚养比为22.77%，老年人口抚养比为22.77%，届时每四个劳动年龄人口就要对应一个少儿人口和一个65岁及以上老年人口。由此可见，届时广州市的抚养负担是非常沉重的。未来的年轻人口将变得非常珍贵。对单一城市来说，"留住了年轻人，就是留住了未来"。

六是低欲望社会萌芽使社会生育心态发生转变。日本作家大前研一在《低欲望社会》一书中提出"低欲望社会"的概念，所谓的"低欲望社会"是指作为社会主体的新世代（指年龄未满35岁的年轻人）不再愿意背负风险和债务，晚婚和少子化，丧失了对拥有物质和成功的欲望。日本的经济衰退跟低欲望社会息息相关。根据预测，2065年人口将减至8808万人，自2015年起的50年间减少约三成，是日本社会最严重的人口危机。其中，"结婚欲""生子欲"是重要考量因素，对未来的人口结构和社会经济发展将产生重要影响。中国社会也出现了低欲望现象，比如现在越来越多的中国人不愿意结婚。根据国家数据网的数据显示，我国的结婚登记人数2013年为1346.93万对，2016年为1142.82万对，比2013年减少了204.11万对，我国的结婚率已经连续4年下降。据民政部相关统计数据，2018年第一季度全国的结婚人数比2017年第一季度下降了5.7%，仅为301.7万对，[①] 如果与2012年同期结婚人数的高位428.2万对相比，2018年一季度已经下降了29.54%，而离婚登记数连续3年上升（见图2-11）。

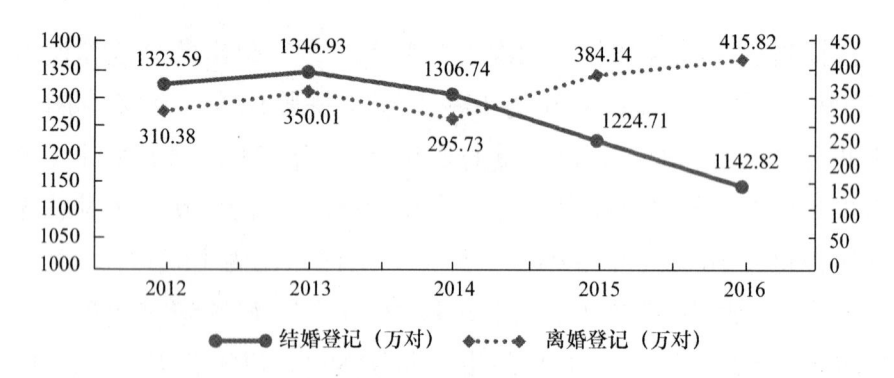

图2-11 全国2012—2016年婚姻登记情况

数据来源：国家数据网。

---

[①] 参见《民政统计季报（2018年1季度）》，http://www.mca.gov.cn/article/sj/tjjb/qgsj/2018/201806041601.html。

# 第二章　全球化背景下广州中长期人口发展趋势分析

越来越多的中国人不愿意生孩子。2017年年末全国内地总人口达139008万人，比上年年末增加737万人，其中全年出生人口1723万人，出生率为12.43‰，人口出生率比2016年下降了0.52个千分点，这一数据比日本的出生率还低，人口自然增长率下降到了5.32‰的低生育水平。2000—2013年我国一孩出生人口每年基本稳定在1000万左右，波动较小。从2014年开始，一孩和二孩出生人口数出现了相反的变动趋势，二孩在连年上升，一孩却逐年下降，2014年一孩出生人口972万、2015年886万、2016年848万、2017年724万。"全面二孩"新政之后的2017年，一孩出生量比1000万少了276万。[①] 自20世纪80年代以来，2017年是迄今一孩出生量最少的年份。这就意味着很多夫妻连一孩都没有生育。

经济条件不稳定，工作时间过长，工作与家庭难以兼顾是不愿意生小孩的重要原因，另外还有一个最大因素，育儿负担太大，子女教育支出大，总而言之，经济是阻碍生育的最大原因。另外，生育观念的转变以及追求个人发展也是低生育率的原因之一。我国正处于第四个单身潮，全国上下的性别比例失衡较大，对于择偶标准的选择也越来越高，所以单身人口增加，超过5800万人在单身生活。结婚和生育密切相关，西方国家常见的未婚生育和事实婚姻等，在我国尚未得到承认，因此，结婚率降低也会降低生育率和出生率。北上广等经济发达地区结婚率普遍较低，以广州为例，广州的离婚数逐年走高，2010年登记离婚17408对，2011年登记离婚19116对。到2012年，离婚登记首破2万对，为20722对。2013年，离婚登记数是过往5年内增幅最大的一年，为24822对。从表2-16中的数据来看：从2000到2016年，广州市户籍人口的结婚和离婚的比率从5.5逐年下降到3.0左右。

---

[①] 参见穆光宗《我国人口新形势及应对建议》，中国社会科学网（http://ex.cssn.cn/dzyx/dzyx_xyzs/201806/t20180614_4366537.shtml）。

表2-16　　　　　广州市户籍人口的结婚离婚情况

| 年份 | 2000 | 2005 | 2010 | 2015 | 2016 |
|---|---|---|---|---|---|
| 户籍人口数（万） | 693.95 | 746.62 | 804.24 | 850.42 | 870.49 |
| 结婚对数 | 51559 | 63013 | 81887 | 92668 | 87869 |
| 结婚率（%） | 0.74 | 0.84 | 1.02 | 1.08 | 1.01 |
| 离婚对数 | 9247 | 14121 | 17410 | 24722 | 29223 |
| 离婚率（%） | 0.13 | 0.19 | 0.22 | 0.29 | 0.34 |
| 结婚率和离婚率的比例 | 5.6 | 4.5 | 4.7 | 3.7 | 3 |

数据来源：广州市历年统计年报。

晚婚也成为一个重要的现象。晚婚率是一定时期内（通常为1年内），每100名初婚的男性或女性人口中，符合晚婚年龄的人数。按照中国目前政策规定，通常是指比法定结婚年龄晚3岁。即男性人口25岁以上，女性人口23岁以上的初婚者为晚婚。晚婚化带来的不良影响有：增加了育龄，增长了世代间隔，减少了儿童在总人口中的占比，加速了老龄化进程。以广州市户籍人口晚婚率为例，广州市户籍人口的晚婚率从2004年开始就一直是上升的趋势，到2016年晚婚率已经达到86.4%（见图2-12）。

以上说明：中国已经出现了低欲望社会现象萌芽。但中国的低欲望社会现象与日本的有差异，中国的低欲望社会中大部分人群是因为对于未来过于悲观所产生的反应。第一，20世纪90年代后出生的孩子是在无忧无虑的环境中生长起来的，他们不需要为衣食发愁，从而有更多的时间和精力倾注于自己的兴趣爱好之中，更加重视自己的内心感受和生活体验，年轻人比较在意属于自己的私人时间。第二，年轻人之所以会无欲无求，就某个层面来说也是一种可以理解的选择。年轻人进入社会后承担着较大的生活压力，由于对未来经济状况的悲观预

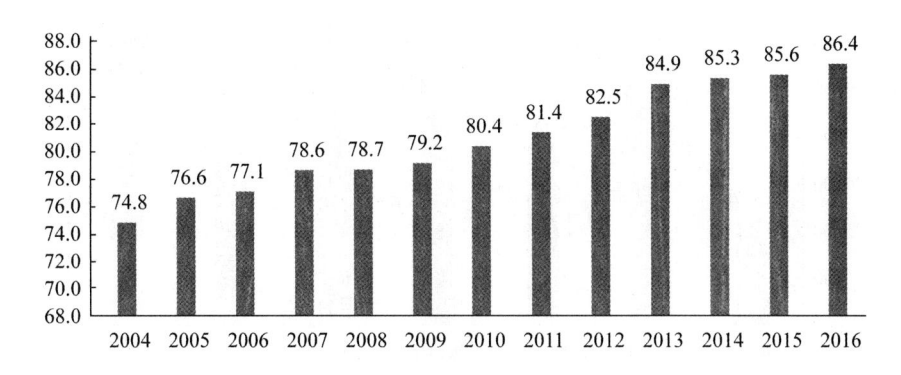

图 2-12 广州市户籍人口晚婚率（%）

数据来源：广州市历年统计年鉴。

期，内心常常处于惶恐不安之中，既然"求而不得"，倒不如"无欲无求"。在此种社会心态下，如何激发年轻人的生育意愿和创新活力，为社会创造更多人口资源，将成为重要的社会性话题。

**（四）人口劳动力流入减缓农民工回流现象严重**

一是近年全国农民工数量整体增速下降。从数据来看，2011年至2016年，我国农民工规模逐渐增大，但是增速下降（见图2-13）。全国农民工总量从2011年的25278万人上升到2017年的28652万人，虽然其总量仍在上升，但增速已由2011年的4%以上降至2015年以来的1.5%以下，虽然2016和2017年增速略有回升，但是相比于2011年4.4%的增速，2014—2017年的增速都在2%以下，农民工增速减弱。

二是2017年珠三角地区的农民工数量首次出现负增长，城市竞争激烈。2017年珠三角地区的农民工数量首次出现负增长。根据国家统计局发布的《2017年农民工监测调查报告》[①] 显示，

---

① 参见国家统计局《2017年农民工监测调查报告》，http://www.stats.gov.cn/tjsj/zxfb/201804/t20180427_1596389.html。

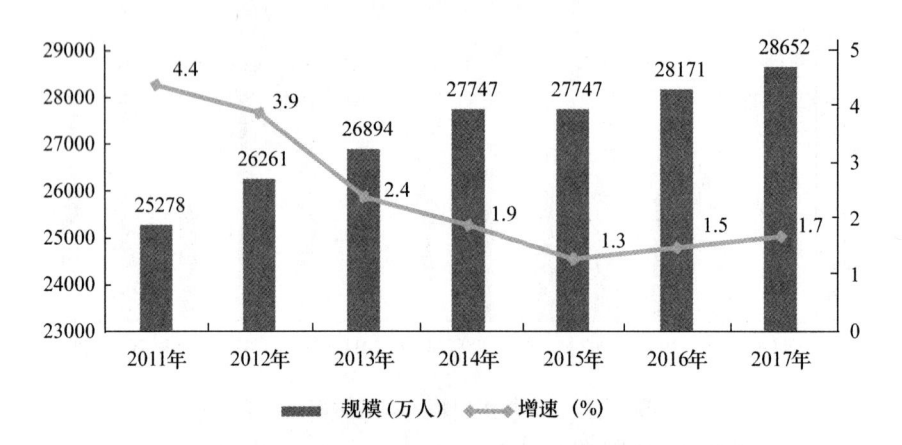

图 2-13 我国 2011—2017 年农民工总量及增速

数据来源：国家统计局：《2016 年农民工监测调查报告》，《2017 年农民工监测调查报告》。

2017 年在东部地区①务工的农民工仅增长 0.2%（中部② 2.9%，西部③ 4.9%）。在京津冀、长三角、珠三角三大地区务工的农民工人数分别为 2215 万人、5387 万人和 4722 万人。其中，京津冀地区务工的农民工人数比上年增加 72 万人，增长 3.3%；长三角地区务工的农民工人数比上年增加 78 万人，增长 1.5%；珠三角地区务工的农民工人数比上年减少 45 万人，下降 0.9%。从京津冀、珠三角和长三角三个区域对比来看，只有珠三角地区务工的农民工增长为负增长（见表 2-17）。

三是珠三角城市人口竞争日益激烈。从广州与周边区域的形势对比来看，珠三角城市逐渐放开入户政策，竞争劳动人口。与 2017 年其他城市轰轰烈烈的人才争夺战相比，珠三角城市不仅仅只抢夺研究型和学历型人才，还抢夺技能型人才和普通劳动者。在珠三角城市的经济发展历史上，既享受过大量外来人

---

① 东部地区：包括北京、天津、河北、上海、江苏、浙江、福建、山东、广东、海南 10 个省市。
② 中部地区：包括山西、安徽、江西、河南、湖北、湖南 6 省。
③ 西部地区：包括内蒙古、广西、重庆、四川、贵州、云南、西藏、陕西、甘肃、青海、宁夏、新疆 12 个省（市、自治区）。

表2-17　　　　　输出地和输入地农民工的区域分布　　　　单位：万人，%

| 地区 | 2016年 | 2017年 | 增量 | 增速 |
| --- | --- | --- | --- | --- |
| 按输出地分： | | | | |
| 东部地区 | 10400 | 10430 | 30 | 0.3 |
| 中部地区 | 9279 | 9450 | 171 | 1.8 |
| 西部地区 | 7563 | 7814 | 251 | 3.3 |
| 东北地区 | 929 | 958 | 29 | 3.1 |
| 按输入地分： | | | | |
| 在东部地区 | 15960 | 15993 | 33 | 0.2 |
| 在中部地区 | 5746 | 5912 | 166 | 2.9 |
| 在西部地区 | 5484 | 5754 | 270 | 4.9 |
| 在东北地区 | 904 | 914 | 10 | 1.1 |
| 在其他地区 | 77 | 79 | 2 | 2.6 |

注：其他地区指港、澳、台及国外。

数据来源：国家统计局发布的《2017年农民工监测调查报告》。

口流入的红利，也曾率先感受过技能劳动力短缺和"用工荒"所带来的压力。根据2018年广东省政府发布的《广东省人口发展规划（2017—2030年）》，佛山和东莞的目标是发展成为人口介于500万—1000万之间的特大城市。2017年，佛山、东莞常住人口总量分别为766万、834万，那么如果按照规划人口的上限来看，两个城市都有着较大的增长空间。东莞、中山、江门、珠海、佛山均已出台了相应的政策，珠海、东莞、中山等地尤其传递出对普通劳动者的欢迎。2018年，珠三角各地先后取消积分入户并降低户籍准入门槛。2018年2月2日，《东莞市推动非户籍人口在城市落户实施方案》获审议通过，东莞市将取消积分制入户，实施"两个五年"入户条件；2018年1月19日，《中山市流动人员申请积分制管理须知（2018年度）》公布，与往年不同,这次积分制受理不再包括入户。2017年珠海就已经取消了积分入户政策,代之以更宽松的入户政策,当然珠海一方面是响应国家在2016年10月11日颁布的《国务院办公厅关于印发推动1亿非户籍人口在城市落户方案的通知》(以下简称"通知"),其中就明确提到,"城区常住人口300万以下的城市不得采取积分落户方式"。另一方面也是为了争夺年轻劳动力,为城市带来活力和创新力。珠海、中山、东莞等珠三城市取消积分入户并降低户籍准入门槛,一方面是各市因为产业发展需要,展开人口争夺战;另一方面也是这三座城市在粤港澳大湾区建设背景下,提前应对可能出现的人才外溢的一项前瞻性布局。从区域对比来看,2015年到2017年,人口流入最多的是深圳,广州人口流入次于深圳,珠海、佛山、东莞的吸引力也在增强(见表2-18)。

表2-18　　　　珠三角九市常住人口及增量　　　　单位:万人

| 城市 | 2015年 | 2016年 | 2017年 | 2015年到2017年增量 |
|---|---|---|---|---|
| 广州 | 1350.11 | 1404.35 | 1449.84 | 99.73 |
| 深圳 | 1137.87 | 1190.84 | 1252.83 | 114.96 |
| 东莞 | 825.41 | 826.14 | 834.25 | 8.84 |
| 佛山 | 743.06 | 746.27 | 765.67 | 22.61 |
| 惠州 | 475.55 | 477.50 | 477.70 | 2.15 |
| 江门 | 451.95 | 454.40 | 456.17 | 4.22 |
| 肇庆 | 405.96 | 408.46 | 411.54 | 5.58 |
| 中山 | 320.96 | 323.00 | 326.00 | 5.04 |
| 珠海 | 163.41 | 167.53 | 176.54 | 13.13 |

数据来源:各市统计局。

四是劳动力密集省(市、区)的农民工回流现象明显。西部地区吸纳能力逐步增强,2017年在西部地区务工农民工5754

万人，增长4.9%，占农民工总量的20.1%，西部地区农民工增量省内务工人员的人数也在逐渐上升，省会城市的聚集效应明显。① 广州市农民工主要来源地湖南、湖北、四川、安徽等省份，均出现了外出务工人员回流现象。2011年，重庆市域内流动的农民工首次超过了外出的人数；② 湖北统计部门的数据显示，该省出现外出人口回流速度加快的现象，2017年，全省流入人口为157万人，比上年增长了5.37%；流出人口为491万人，比上年减少了1.21%。③ 四川的统计数据也显示，跨省流动规模逐渐减少，农民工向省内回流趋势明显。省外转移输出人口从2010年1226.6万人，达到历史最高，随后开始呈下降趋势，从2011年1205.2万人，下降到2017年的1174.6万人。④ 2017年在四川省内就业农民工比重首次超过省外。安徽统计局数据显示，外出人口持续低速回流。2013年，安徽省首次出现外出人口回流现象，2017年已连续第五年持续回流，2017年全省人口变动情况抽样调查显示，外出人口1057.5万人，外出人口回流8.5万人，较去年基本持平，占当年常住人口增量的14%。⑤ 2017年省内就业的农民工比重比2016年上升1.3%，出省就业比重首次降到70%以下。

这种现象有以下几个原因：一是沿海与内陆城市的差距在减小，工资水平差距也在减小。改革开放以来，我国流动人口主要朝着劳动密集型产业集中和城市经济发达的沿海开放地区流动，朝着可以获得更高收入的地区流动，这种格局的形成，

---

① 参见国家统计局发布《2017年农民工监测调查报告》。
② 参见中国共产党新闻网（http://theory.people.com.cn/n/2015/0521/c40531-27033228.html）。
③ 参见湖北省统计局（http://www.stats-hb.gov.cn/tjbs/qstjbsyxx/117393.htm）。
④ 参见四川省统计局（http://www.sc.stats.gov.cn/tjxx/zxfb/201803/t20180330_256104.html）。
⑤ 参见安徽省统计局（http://www.ahtjj.gov.cn/tjjweb/web/info_view.jsp?strId=46628bfbf71b49aaacefa0e389935512）。

主要在于我国各地经济发展的不平衡，沿海与内地、城市和农村之间存在的经济条件和生产水平差异较大。但是随着内陆城市的发展，沿海与内陆城市的差距在减小，工资水平差距也在减小。例如，2017年四川省在本地务工的农民工的平均月收入为3578元，同比增长9.9%；去往省外务工的农民工的平均月收入为3801元，同比增长6.5%，在本地务工的收入增速高于在省外务工的收入，表明二者的收入差距在逐步缩小。2017年安徽省农民工外出务工平均月收入4123.8元，比上年增长8.3%，增速较上年提高0.5个百分点；省内务工的农民工平均月收入3111.4元，比上年增长6.6%，增速较上年减少4.1个百分点。相比于离家到东南沿海地就业，本省的农民工会更倾向于在家门口就业，既可以不用背井离乡，也可以得到较高的工资（见图2-14）。

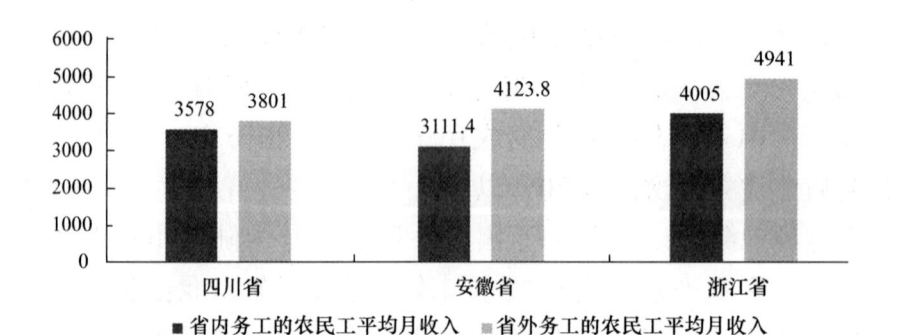

图2-14　四川省、安徽省、浙江省农民工平均月工资

数据来源：各四川省、安徽省、浙江省统计局网站。

二是产业转移，内陆大量产业工人实现了原籍就业。劳动密集型产业由我国沿海向内陆省份转移的步伐不断加快，长期作为劳务输出地的内陆省份变"鼓励劳务输出"为"挽留劳动力在家乡就业"。加上沿海地区笔记本、家电、手机等产业的大量转移，内陆大量产业工人实现了原籍就业，不用千里迢迢东南飞了。

## （五）2035 年人口劳动力发展情况预测

中国社会科学院人口学家穆光宗[①]预测发现，我国劳动年龄人口在"十三五"后期出现短暂小幅回升后，2021—2030 年间将以较快速度减少。2030 年以后，劳动年龄人口将下降至 8.3 亿，会以平均每年 760 万人的速度大幅减少。预计到 2050 年，劳动年龄人口将进一步下降到 7 亿左右。即使取消生育限制，至 2050 年，我国劳动年龄人口将从 2011 年的高峰跌落，减少至少 2.25 亿。

根据广州市社会科学院《广州市人口预测 2040》预测到人口总年龄的发展趋势：2025 年之后广州人口死亡率开始快速攀升并不断加速（见表 2-19），2030—2040 年人口死亡率将达到目前的 2 倍左右。到 2030 年，广州老龄化程度将比目前增长 1 倍左右。广州的人口增长的拐点将出现在 2030 年左右。即使是全面开放计划生育，也无法逆转整体人口老龄化的危机。广州市人口老龄化问题将在 2040 年前后开始有所缓解。《广州市人口预测 2040》模型也同样验证了这一结论：在将人口生育率上调 5‰和下调 5‰的两种方案中，2040 年的人口规模仅相差 23 万。也就是说，即使全面开放生育政策，对 2040 年前的人口规

表 2-19　　2016—2035 年广州市户籍人口预期死亡率　　单位：%

| 年份 | 死亡率 |
| --- | --- |
| 2017—2020 | 5.62 |
| 2021—2025 | 6.04 |
| 2026—2030 | 7.85 |
| 2031—2035 | 10.63 |

数据来源：广州市社会科学院 2017 年立项课题《2040 广州市人口预测研究》。

---

① 穆光宗：《我国人口新形势及应对建议》，《中国党政干部论坛》2018 年第 6 期。

模的调节效果亦甚微。短期内全国人口老龄化的趋势不可逆转，并将日益严峻。我国今后至少一代人时间内，将会发生剧烈的人口结构变化，这在世界历史上是绝无仅有的。

此外，课题组利用广州市 2010 年第六次人口普查数据，通过灰色系统 GM（1，1）预测到 2040 年，广州常住人口年龄结构和抚养比变动，观测到以下结论（见表 2-20）：到 2040 年少儿人口比重将上升到 16.46%；劳动力年龄常住人口占比从超八成（81.91%）下降到 2035 年的七成左右（70.81%），届时人口红利期消失，到 2040 年劳动力年龄人口比重将进一步下降至 68.05%；65 岁及以上人口规模将达到 290.01 万人，是 2010 年的 3.45 倍，2015 年的 2.74 倍；65 岁及以上人口比例也呈现出持续上升趋势，预计到 2025 年时 65 岁及以上人口比例将首次超过 10%（10.31%）；到 2035 年时为 13.5%；到 2040 年时 65 岁及以上人口比例将超过 15%（15.5%），届时广州将步入老龄化后期。

表 2-20　广州市主要年份常住人口年龄结构与抚养比变动预测　　单位：%

| 年份 | 常住人口（万人） | 0—14 岁 | 15—64 岁 | 65 岁及以上 | 少儿抚养比 | 老年抚养比 | 总抚养比 |
| --- | --- | --- | --- | --- | --- | --- | --- |
| 2020 | 1430.20 | 13.49 | 77.50 | 9.01 | 17.41 | 11.62 | 29.03 |
| 2025 | 1529.66 | 14.18 | 75.50 | 10.31 | 18.78 | 13.66 | 32.44 |
| 2030 | 1636.04 | 14.90 | 73.28 | 11.81 | 20.34 | 16.12 | 36.46 |
| 2035 | 1749.82 | 15.66 | 70.81 | 13.53 | 22.12 | 19.11 | 41.23 |
| 2040 | 1871.52 | 16.46 | 68.05 | 15.50 | 24.19 | 22.77 | 46.96 |

数据来源：课题组根据 2010 年人口普查数据预测计算所得。

## 三　广州的人口素质及人才培养发展趋势分析

### （一）高精尖就业比例和人才比例有待提高

从行业分布来看，广州就业人才比例最高的前三位分别是商贸业、房地产建筑物业和新一代信息技术业，三者占总就业人才的43%（见表2-21）；横向与其他城市对比，商贸业和房地产建筑物业的就业人才比例远高于北上深杭；新一代信息技术业、生物医药、金融和商务服务业的就业比例都比北上深杭低。

表2-21　2017年广州市与国内城市部分行业就业人才对比　　单位：%

| | 新一代信息技术 | 房地产建筑、物业 | 商贸业 | 商务服务 | 金融 | 生物制药 | 文化创意 | 交通物流 |
|---|---|---|---|---|---|---|---|---|
| 广州 | 13.77 | 14.39 | 15.81 | 7.91 | 7.87 | 7.26 | 6.17 | 6.55 |
| 北京 | 19.90 | 8.64 | 8.18 | 8.12 | 9.16 | 8.07 | 8.37 | 6.82 |
| 杭州 | 19.94 | 9.42 | 8.58 | 8.04 | 9.87 | 8.19 | 8.10 | 6.49 |
| 上海 | 16.61 | 8.68 | 8.60 | 8.42 | 12.29 | 7.96 | 7.98 | 7.08 |
| 深圳 | 19.70 | 9.20 | 8.57 | 8.01 | 11.04 | 7.69 | 7.96 | 7.19 |

数据来源：猎聘大数据研究院。

从文化结构看（见表2-22），户籍就业人员高中（中专）学历占比最高，非户籍就业人员学历偏低。2017年广州市就业人口为813.55万人，其中本市户籍217.96万人，非户籍人口595.59万人；非户籍就业人口仍是广州市就业人口主力军，占就业总人口70%以上。从就业人员学历结构看，2017年，广州市户籍劳动者中占比最高的是高中（中专）学历，其次是初中及以下学历者，两者占63.3%；本科及以上学历20.2%。

表2-22　广州市辖区户籍和非户籍就业人口学历结构　　单位：%

| 类别区域 | 初中以下 | 高中（中专） | 大专 | 本科 | 研究生及以上 |
|---|---|---|---|---|---|
| 户籍人口 | 28.81 | 34.55 | 16.40 | 17.61 | 2.63 |
| 非户籍人口 | 39.32 | 32.05 | 16.41 | 11.50 | 0.71 |

数据来源：猎聘大数据研究院。

从非户籍就业人员学历结构看，流动人口整体学历层次以初中和高中为主，学历偏低，异地来穗务工人员中高中以下学历劳动者占比最多，占 71.3%；本科及以上学历 12.2%。流动人口以"80 后、90 后"为主体，主要从事于制造业、批发和零售业等行业。

**（二）广州市大学生人数众多，但留穗比例有待提升**

从人才结构看，广州高校资源丰富，大学生人数众多，但留穗比例有待提升。广州市是一座拥有许多教育资源的城市，根据教育部公布的数据，目前全国共有高校 2879 所，其中武汉有 89 所、北京 91 所、上海 64 所、广州市 81 所，南京 53 所、西安 63 所。单单是一个广州大学城就囊括了十所本科院校，无论是大学数量，还是大学质量，广州都名列前茅。广州市统计局数据显示，2017 年全年广州市研究生教育招生 3.41 万人，在校研究生 9.07 万人，毕业生 2.41 万人；普通高等教育本专科招生 30.93 万人，在校本专科生 106.73 万人，毕业生 28.41 万人。广州市本地的人才人数和占比都比较高，有一定的人才优势，主要的问题是要留住这部分的人才。2017 年，留穗高校毕业生比例略有下降（见表 2-23），广州地区留穗就业毕业生占比由 2014 年的 49.96% 下降到 49.75%，呈轻微下降趋势；80.88% 的广州市生源留穗就业，比 2014 年的 83.47% 低 2.19 个百分点，对重点高校毕业生吸引力不足。上海大学生留沪比例达到 70%，北京为 60%，而广州本地就业吸引力指数为 45%，约有 27% 的大学生选择前往其他一线城市就业。

## 第二章 全球化背景下广州中长期人口发展趋势分析

表2-23　2014—2017年广州市地区高校留穗就业情况　　单位：人，%

| 地区 | 学校类型 | 2014年 人数 | 2014年 占比 | 2015年 人数 | 2015年 占比 | 2016年 人数 | 2016年 占比 | 2017年 人数 | 2017年 占比 |
|---|---|---|---|---|---|---|---|---|---|
| 广州市 | 合计 | 129363 |  | 136941 |  | 140853 |  | 144726 |  |
| 广州市 | 重点本科院校 | 15288 | 11.82 | 15293 | 11.17 | 14633 | 10.39 | 14289 | 9.87 |
| 广州市 | 普通本科院校 | 58283 | 45.05 | 58605 | 42.8 | 63905 | 45.37 | 65885 | 45.52 |
| 广州市 | 专科院校 | 55792 | 43.13 | 63043 | 46.04 | 62315 | 44.24 | 64552 | 44.6 |
| 非广州市 | 合计 | 129580 |  | 139086 |  | 141059 |  | 146174 |  |
| 非广州市 | 重点本科院校 | 19057 | 14.71 | 18936 | 13.61 | 18776 | 13.31 | 18942 | 12.96 |
| 非广州市 | 普通本科院校 | 62291 | 48.07 | 64288 | 46.22 | 65435 | 46.39 | 69826 | 47.77 |
| 非广州市 | 专科院校 | 48232 | 37.22 | 55862 | 40.16 | 56848 | 40.3 | 57406 | 39.27 |

数据来源：广东省教育厅高校毕业生就业指导中心毕业生就业信息登记系统。

### （三）与北京上海深圳杭州相比，广州市高精尖人才缺乏

从人才学历结构看，广州市大专及以下学历人才占29.79%，高于北京、上海、深圳，低于杭州，但硕士以上学历人才占比为20.54%，低于北京、上海和深圳，高于杭州；可以看出广州市高学历人才比例相对较小（见表2-24）。

表2-24　2016年广州市和国内其他重要城市人才学历对比　　单位：%

|  | 博士 | 硕士 | 本科 | 大专 | 高中及以下 |
|---|---|---|---|---|---|
| 广州 | 7.33 | 13.21 | 49.67 | 25.23 | 4.56 |
| 北京 | 13.65 | 18.28 | 49.37 | 16.43 | 2.27 |
| 杭州 | 6.82 | 12.67 | 46.66 | 28.20 | 5.65 |
| 上海 | 11.11 | 16.69 | 48.50 | 20.20 | 3.50 |
| 深圳 | 9.85 | 14.06 | 49.94 | 21.70 | 4.45 |

数据来源：猎聘大数据研究院。

### （四）广州人口素质以及人才培养的发展趋势

从人口素质来说，当前广州总人口大专及以上学历所占比

重为14.81%，其中户籍人口大专及以上占17.19%，非户籍人口大专及以上占12.54%，低于全国外出农民工大专以上文化程度为13.5%这一全国平均水平，并且只有越秀、天河和海珠等3个区非户籍人口的大专及以上学历人口比重超过非户籍人口的平均水平。整体上人口文化学历水平还不高，与当前广州市产业结构有较强的联系，尤其是一些战略性新兴产业发展不充分对高学历人口吸引力不强。随着农民工子女义务教育均等化实现，随迁子女义务教育后参加高考政策不断完善，非户籍人口文化水平将得到快速提升。根据《广州市教育事业发展"十三五"规划》，到2020年实现每10万人在校大学生人数达8500人，主要劳动年龄人口（20—59岁）平均受教育年限提高到15年，主要劳动年龄人口中受过高等教育的比例达34%。照此发展速度，广州将逐渐实现高等教育的普及，人口文化教育水平进入国内全球城市先进行列。

从人才培养来说，2017年广州地区大专及以上学历的人才资源为326万，占常住人口的22.45%，2016年"两院"院士、国家"千人计划"人选和国务院特殊津贴专家总数为718人，与北京、上海等全球城市差距甚远，逐渐被深圳赶超。目前，广州人才与产业发展不匹配问题较为突出，广州面临着较大的人才缺口，其中人才最为紧缺的主要有金融、互联网等行业，而人才流出严重的主要行业又与人才紧缺行业大致相同。通过提高人口文化水平尤其是非户籍人口的文化水平、开展技能培训和大力吸引人才流入是下一步广州实施人才培养的主要任务，也是促进从数量型人口红利向质量型人口红利转变的关键。

## 四　小结

当前，广州市面临人口发展的以下发展形势：

一是从人口规模来说，工业化和城市化转型阶段，人口聚集速度和人口增长势头放缓的趋势不可逆转。从人口的总量变化上判断，当前广州市人口增长的动力主要是开放二孩政策而带来的户籍人口增加，其次是城市新增的流动人口，随着一孩生育率下降和二孩政策热度衰退，户籍出生人口将会迅速下降，非户籍人口的增长动力减弱，2016年可能成为广州市人口增长的顶峰，在中期内，常住人口总数还会持续增加，但增长率将会持续减少，人口红利逐渐衰退。与此同时，随着中部城市和人口流出地省会城市社会经济发展与沿海地区区域差异缩小，人口人才政策纷纷出台，对广州市人口增长形成竞争态势，尽管作为一线大城市，依然享受当前的城市化人口集聚的利好，但人口劳动力减少的压力依然存在。

二是从人口劳动力结构来说，受我国长期以来的人口政策的影响，在短、中期内，我国将迎来老龄化社会，而且劳动力短缺的人口结构恶化趋势将不可逆转，对迈向全球城市过程中所需的劳动生产率提高的要求造成挑战。且因我国出现低欲望社会萌芽，人们形成稳定家庭，生儿育女的意愿下降。对单一城市来说，通过调节户籍人口的生育意愿调整人口结构困难重重。人口红利的消失给城市经济社会发展和迈向全球城市带来严峻挑战。未来年轻人口、年轻人才不足可能对城市创新和城市活力的产生造成影响。高学历人才偏少，从业人员素质整体偏低，传统商贸业和中低端服务就业人才最多，人才结构上与产业高级化发展不相适应。在开发本土科研院所和国有企业人才资源、留住本土高校毕业生等方面仍需加大工作力度。

这是广州制定人口发展必须认清的时代和区域背景。

# 第三章　全球城市的人口特征与广州对比

全球城市是在全球化过程的劳动分工中形成的。全球城市的重要特征包括其在全球劳动分工中的重要性，对全球产业体系的支撑性，与全球城市网络体系的连通性等几个方面。全球城市在人口集聚性、人口年龄特征、产业结构特征等方面具有"全球性"的特征。

本章对比当前纽约、伦敦、东京、中国香港和新加坡等全球城市的人口特征，分析了其规模、密度、首位度、出生率和生育率、劳动年龄特征、人口产业特征等人口特征数据，发现共性，查找差距，为通过引导人口特征，推动加快建成广州引领型全球城市提出建议。

## 一　全球城市的人口积聚性特征与广州对比

### （一）人口规模与密度

拥有一定规模的人口总量是全球城市的第一大特征。从表3-1可看出，2017年五个全球城市的人口规模均超过500万。其中东京人口规模最多，达到1372.4万，纽约、伦敦和香港人口总量自2010年以来均稳定在700万—900万人的区间内，新加坡人口规模受国土面积的限制，总人口数量略少于其他城市。

## 第三章 全球城市的人口特征与广州对比

城市面积的大小必然不能无限度扩张,因此全球城市需要在有限的土地面积上容纳更多的人口为其创造社会经济价值,扩大其影响力。纽约、伦敦平均人口密度均已达到10000人/平方公里以上,且各区之间的人口密度差异也逐渐缩小。东京人口密度在6000人/平方公里以上浮动,东京都23区内的人口密度相对较高,达14400人/平方公里。香港和新加坡人口密度在6000—8000人/平方公里,但根据经济学人智库2017年的研究表明,香港实际每平方公里上人口高达2.59万,新加坡则是11400人/平方公里。而且这些城市的人口密度还在逐年提升。

表3-1a 全球城市人口积聚性特征(2017年)(1)

| 城市 | 纽约 | 伦敦 | 东京 | 香港 | 新加坡 |
|---|---|---|---|---|---|
| 人口规模(万人) | 862.3 | 882.5 | 1372.4 | 741 | 561.23 |
| 人口密度(人/平方公里) | 11002 | 10802 | 6006 | 6700 | 7805 |

数据来源:各城市的官方统计网站。

表3-1b 全球城市人口积聚性特征(2017年)(2) 单位:人/平方公里

| 年份 | 人口密度 | | |
| | 纽约 | 伦敦 | 东京 |
|---|---|---|---|
| 2010 | 10451.65 | 5128.2 | 6006 |
| 2011 | 10569.02 | 5219.1 | 6021 |
| 2012 | 10609.85 | 5285.6 | 6036 |
| 2013 | 10745.09 | 5354.6 | 6071 |
| 2014 | 10808.88 | 5432.2 | 6115 |
| 2015 | 10866.29 | 5513.3 | 6169 |
| 2016 | 10893.08 | 5578.6 | 6224 |
| 2017 | 11001.53 | 5613.9 | 6006 |

数据来源:各城市的官方统计网站。

## （二）全球城市的人口首位度

人口规模是成为一个全球城市的基础，随着其影响范围逐渐跨越国土边界遍及全球，除了达到一定的人口总量和人口密度等内部条件之外，还需要在全国或一定区域范围内具有较高的人口集中程度来突出其地位，这可用"人口占全国人口比重"以及"城市首位度"来衡量（香港和新加坡因城市的特殊性暂不予对比）。从表3-2可以看出，伦敦和东京2010年来的人口均占全国总人口比重的10%以上，纽约总人数占全国人口的2.6%以上，尽管占比重低于伦敦和东京，但首位度一直高于2.15，即为洛杉矶人口规模的2倍有余，伦敦人口规模更是伯明翰（人口总量位居英国第二）的7倍之多，相比之下，其中东京人口首位度略低但在不断升高，从2010年的1.48上升到2017年的1.53。

表3-2　2010—2017年三大全球城市占全国总人口比重

| 年份 | 纽约 人数（万人） | 纽约 比重（%） | 伦敦 人数（万人） | 伦敦 比重（%） | 东京 人数（万人） | 东京 比重（%） |
| --- | --- | --- | --- | --- | --- | --- |
| 2010 | 819.2 | 2.65 | 806.15 | 12.95 | 1315.9388 | 10.28 |
| 2011 | 828.4 | 2.66 | 820.44 | 13.08 | 1319.1203 | 10.31 |
| 2012 | 831.6 | 2.65 | 830.89 | 13.04 | 1322.5551 | 10.33 |
| 2013 | 842.2 | 2.67 | 841.75 | 13.13 | 1330.1154 | 10.47 |
| 2014 | 847.2 | 2.66 | 853.94 | 13.22 | 1339.8087 | 10.55 |
| 2015 | 851.7 | 2.65 | 866.69 | 13.31 | 1351.5271 | 10.64 |
| 2016 | 853.8 | 2.64 | 876.96 | 13.36 | 1363.6222 | 10.74 |
| 2017 | 862.3 | 2.65 | 882.5 | 13.30 | 1372.4 | 10.81 |

数据来源：各城市的官方统计网站。东京数据来源于日本统计局（http://www.stat.go.jp）。

## (三) 广州人口集聚性与全球城市的比较

广州常住人口规模远高于纽约、伦敦、中国香港和新加坡，并在2016年总人口数超过东京，2017年广州人口规模已经达到1449.84万人（见表3-3），人口总量上可以与全球城市匹敌。从人口密度来看，广州目前的人口密度还未超过2000人/平方公里，远小于全球城市的6000—12000人/平方公里，且市内各区的差异也悬殊。以2015年为例，核心城区中越秀区人口密度高达34225人/平方公里，黄埔区仅为1856人/平方公里，从化区的人口密度则仅有317人/平方公里。由此可知，广州市的人口密度与全球城市存在着明显差距。从人口首位度来看，广州2017年的人口仅占全国总人口的1%，且小于上海的1.7%和北京的1.5%。尽管根据全国和广州市2035年的人口预测，届时广州占全国人口的比重将上升至1.32%，但要成为全球城市，在全省乃至全国范围内的人口集中程度以及吸引人口集聚方面还有待提升。

表3-3　　　　　　2010—2017年广州市人口基本情况

| 年份 | 常住人口（万人） | 人口密度（人/平方公里） | 占全省比重（%） | 占全国比重（%） | 首位度 |
| --- | --- | --- | --- | --- | --- |
| 2010 | 1270.96 | 1710 | 12.17 | 0.95 | 1.23 |
| 2011 | 1275.14 | 1715 | 12.14 | 0.95 | 1.22 |
| 2012 | 1283.89 | 1727 | 12.12 | 0.95 | 1.22 |
| 2013 | 1292.68 | 1739 | 12.14 | 0.95 | 1.22 |
| 2014 | 1308.05 | 1759 | 12.20 | 0.96 | 1.21 |
| 2015 | 1350.11 | 1816 | 12.44 | 0.98 | 1.19 |
| 2016 | 1404.35 | 1889 | 12.77 | 1.02 | 1.18 |
| 2017 | 1449.84 | 1950 | 12.98 | 1.04 | 1.16 |

数据来源：广州统计年鉴及《2017年广州市人口规模及分布情况》。

## 二　全球城市的人口年龄特征与广州对比

生育率下降、出生率减少以及老龄化是当下全球面临的普遍趋势。对于全球城市而言，上述情况意味着新生人口减少，未来将面临劳动人口的供应不足，人口结构向深度老龄化演变加重社会养老的压力，这些问题都将制约着全球城市各方面的发展。

### （一）出生率和生育率特征

从出生情况来看（见表3-4），纽约2010年人口出生率为15.3‰，2016年20—29岁的妇女的怀孕出生率比2007年下降了21.6%，比2015年减少了1个千分点，出生率在降低。其中纽约市人口出生率最高的为布鲁克林区，每千人15.5个新生儿；曼哈顿区最低，每千人10.8个新生儿，布鲁克林作为纽约人口最多且外来人口最为集中的区域，也从侧面肯定了大量的人口尤其是移民人口为出生率的增长和稳定做出的贡献。欧洲国家早已进入低出生率阶段，随着出生率的进一步下降，英国及伦敦开始出台一系列鼓励生育政策，出生率和生育率呈回升态势，2014年人口出生率已达到17.7‰，高于纽约、东京、中国香港和新加坡，2016年伦敦妇女生育率更是为全英国最高。整个日本包括东京在内，在20世纪中后期就已经采取鼓励生育措施，但效果微弱。至2005年日本人口开始出现负增长时，鼓励生育以及配套的政策相继推出，至2017年出生率有所上升，但生育率依然只有1.21，与2016年1.24的生育率相比大幅下滑。新加坡和香港生育率统计数据分别为1.16和1.13。根据美国中央情报局（CIA）2017年年底发布的《世界概况》显示，新加坡和香港分别列全球生育率的最末和倒数第三，生育率分别为0.83和1.19。出生率也呈下降趋势，其中香港2013年开始实施"双非"孕妇分娩零配额,即限制夫妻双方均为非港籍的孕妇在港分娩,出生率由12.8‰骤降到8‰。

表3-4　　　　　　　　全球城市生育率及出生率

|  | 纽约（2010） | 伦敦（2014） | 东京（2017） | 香港（2017） | 新加坡（2017） |
| --- | --- | --- | --- | --- | --- |
| 生育率 | 1.81 | 1.86* | 1.21 | 1.13 | 1.16 |
| 出生率 | 15.3‰ | 17.7‰ | 8.6‰ | 8.4‰ | 8.9‰ |

数据来源：各城市统计年鉴,其中伦敦生育率为2012年数据。

## （二）少儿人口与老龄人口特征

伦敦自2010年起0—14岁的少儿人口占总人口的平均比重一直保持在20%之上（见表3-5）,纽约少儿人口比重也稳定在17%左右,结合上述两市人口出生率和生育率水平,一方面得益于21世纪初期纽约和伦敦大量的移民为人口出生率所做贡献；另一方面长期以来自由的生育观念和生育环境对少儿人口比重的增加起着重要的作用。新加坡则是由于过低的生育率和人口出生率导致少儿人口比重连续下降。东京和香港的生育率相对较低,其中东京少儿人口比重上下起伏并呈现出缓降的走势。香港近两年少儿人口比重稍有增长,但增长幅度微小,2015年与2016年少儿人口比重均为11.3%。

表3-5　　　　　2010—2017年全球城市少儿人口比重　　　　　单位：%

| 年份 | 纽约 | 伦敦 | 东京 | 香港 | 新加坡 |
| --- | --- | --- | --- | --- | --- |
| 2010 | 17.85 | 19.92 | 11.29 | 12.10 | 17.35 |
| 2013 | 17.84 | 20.20 | 11.30 | 11.10 | 16.00 |
| 2014 | — | 20.29 | 11.33 | 11.10 | 15.71 |
| 2015 | 17.80 | 20.35 | 11.27 | 11.30 | 15.44 |
| 2016 | 17.77 | 20.44 | 11.30 | 11.30 | 15.20 |

数据来源：各城市统计年鉴。

全球城市早已进入老龄化社会，东京更是向老龄化社会迈进，2017年65岁及以上老龄人口占比已经达到23%（见表3-6）。纽约和伦敦虽较早步入老龄化社会，但2010年以来老龄化加重趋势得以放缓，至2017年仅上涨了0.7—0.9个百分点，《纽约2040规划》[①]中还指出，至2040年纽约65岁以上老龄人口将超过学龄儿童，相比较而言，伦敦的老龄化程度最低。香港和新加坡当前已经进入老龄化加速阶段，老龄人口比重分别增加了26%和46%。香港劳工及福利局局长还指出，2032年香港将迎来"高龄海啸"。届时劳动人口也将降至351万。

表3-6　　全球城市65岁及以上老年人口占总人口比重　　单位：%

| 年份 | 纽约 | 伦敦 | 东京 | 香港 | 新加坡 |
| --- | --- | --- | --- | --- | --- |
| 2010 | 12.10 | 11.13 | 20.36 | 12.90 | 9.00 |
| 2013 | 12.75 | 11.41 | 21.91 | 14.20 | 10.50 |
| 2014 | — | 11.51 | 22.49 | 14.70 | 11.10 |
| 2015 | 12.86 | 11.55 | 22.69 | 15.22 | 11.80 |
| 2016 | 13.53 | 11.64 | 22.90 | 15.77 | 12.40 |
| 2017 | 13.00 | 11.78 | 23.00 | 16.30 | 13.10 |

数据来源：各城市统计年鉴。

按照国际通用人口年龄结构标准衡量，2016年，广州市65岁及以上户籍老年人口所占比重比老龄化社会国际标准（7%）高4.9个百分点，0—14岁少年儿童人口比重为15.3%，老少比为77.8，这意味着广州市户籍人口年龄结构处于"老年型"阶段（"老年型"阶段的标准为：少年儿童人口比例小于30%，老年人口比例大于7%，老少比高于30）。近几年，广州市65岁及以上户籍老年人口所占比重呈上升趋势，表明广州市户籍

---

[①] 参见纽约市官方网站（https://www1.nyc.gov/office-of-the-mayor/news/257-15/mayor-de-blasio-releases-one-new-york-plan-strong-just-city/#/0）。

人口老龄化程度继续加深（见表3－7）。与2016年其他全球城市（纽约、伦敦、东京、中国香港和新加坡）人口老龄化程度相比，广州市的人口老龄化程度较低，仅略高于伦敦。

表3－7　　　　2012—2017年广州市老年人口状况

| 年份 | 60岁及以上老年人口 人数（万人） | 60岁及以上老年人口 占户籍人口比重（%） | 65岁及以上老年人口 人数（万人） | 65岁及以上老年人口 占户籍人口比重（%） |
| --- | --- | --- | --- | --- |
| 2012 | 126.43 | 15.42 | 86.50 | 10.55 |
| 2013 | 133.04 | 16.03 | 90.13 | 10.86 |
| 2014 | 140.65 | 16.75 | 94.86 | 11.29 |
| 2015 | 147.53 | 17.27 | 98.77 | 11.56 |
| 2016 | 154.61 | 17.76 | 103.40 | 11.88 |
| 2017 | 161.85 | 18.03 | — | — |

注释：老年人口统计口径有两个：一是以60岁及以上人口为统计标准；二是以65岁及以上人口为统计标准。

数据来源：广州市统计年鉴。

### （三）劳动年龄人口特征

尽管全球城市的产业结构发展方向不再集中于劳动密集型产业，但仍然需要大量的劳动力作为储备力量来维持城市的平稳运行。而创建全球城市、促进产业经济向全球城市转型，更需要在扩大劳动人口比重方面加以提升。

前文提到各城市出生率的下降以及老龄化程度加深，目前全球城市的劳动年龄阶段的人口比重已经在逐渐减少。对比2017年各城市之间的劳动年龄人口比重（见表3－8），香港和新加坡相对较高，超过70%，而纽约、伦敦和东京介于65%—70%之间。纽约和伦敦是较早进入老龄化社会的城市，加上欧美城市与亚洲城市在生育观念的差异，伦敦和纽约劳动年龄人口比重低于香港和新加坡。然而东京却因为严重的老龄化和少子化使得劳动年龄人口比重在五个城市中最低，当前东京已经致力于老年人力资源开发，通过延长退休年龄来扩大劳动力群体。

表3-8　　　　全球城市人口的劳动年龄特征（2017年）　　　　单位：%

| 城市 | 纽约 | 伦敦 | 东京 | 香港 | 新加坡 |
| --- | --- | --- | --- | --- | --- |
| 劳动年龄人口比重 | 68.7 | 67.92 | 65.8 | 72.93 | 72.4 |

数据来源：各城市统计年鉴。

**（四）广州人口年龄特征与全球城市比较**

相比于发达国家，我国的老龄人口比例相对较小。得益于二孩政策的放开，广州2017年户籍人口出生率更是高达22.7‰，比上年增长了6.8个千分点，明显高于全球城市出生率水平。但广州市加快的老龄化程度也可以全球城市匹敌，其中2016年广州65岁及以上老年人口的比重就已经超过了伦敦，增幅超过了同期的纽约、伦敦和东京，但增速小于新加坡和香港，说明广州与全球城市相比，暂未进入老龄化加速发展阶段。广州15—64岁的人口数量占总人口比重仅为62.69%，若加上非户籍人口比重会有所增长，但在广州尚未进入世界城市体系前端之时，现有的劳动年龄人口比重并不利于全球城市的建设与发展。

## 三　影响全球城市发展的人口产业结构特征与广州对比

全球城市是全球分工、产业演进与人口集聚发展到一定阶段而形成的产物，在世界城市体系中通过自身所处的全球分工体系核心和枢纽地位将全球经济紧密协调起来，而产业演进程度越高，全球城市在世界城市体系中的地位越领先。单纯的人口集聚难以将其界定为全球城市，纯粹的产业集聚更是不能维系城市的长足发展，因此人口产业结构特别是制造业和服务人口的发展情况可以集中体现全球城市的产业发展情况。此外，为衡量城市的生产性服务产业发展情况，学术界一般用 FIRE 部门（指金融保险房地产业，代表生产性服务业）的发展情况来衡量一个城市的产业发展等级。越高阶的城市，在生产性服务业中的比重更大。本节对全球城市的人口产业结构情况展开探讨，并比对广州存在的差距。

## （一）全球城市人口产业结构特征

### 1. 伦敦的人口产业结构特征

伦敦在 20 世纪 40 年代末提出了新城计划，通过转移城市工业和人口来解决人口膨胀、交通拥堵、环境污染等一系列城市问题，制造业也呈现明显的衰退趋势。到 60 年代末伦敦市内大批工人下岗，制造业从业人员骤减，到 1977 年已经减少至 22%，比 1971 年下降了 5%（见表 3-9）。由于主导产业——制造业过快撤出伦敦，而服务业和新兴产业尚未形成支柱，产业发展的脱节导致伦敦陷入了经济萧条的局面，就业市场低迷，与制造业相关的部门服务业如交通运输、仓储服务等行业的从业人员也陷入困境。此时的服务业就业人数的总量保持恒定，表明在总就业人口减少的情况下，服务业吸收了部分剩余劳动力，就业比重上升。进入 80 年代后伦敦经济重心开始向服务业倾斜，服务业的发展结束了近 20 年的经济萧条期，带动了全市的就业增加，1986 年服务业就业比重慢慢上升已经达到 80%，FIRE 部门就业则是快速增长至比重占总就业人口的 18.2%，平均年增长率达到 10.4%，甚至高于制造业的就业比重（制造业为 15%）。这一阶段伦敦突破金融监管的束缚实现金融创新，伦敦努力恢复到国际金融中心的地位，全球城市的地位也得到巩固。但由于 80 年代以来一系列经济政策造成伦敦乃至英国对外依赖性较强，加上自 1987 年起的多次金融危机（1987 年金融地震、1992年货币危机、1994墨西哥金融危机和1997年亚洲金融危机）对伦敦的金融带来了不同程度的冲击，经济增长略显乏力，FIRE部门不稳定性增强，就业比重下降。然而到2001年，伦敦的服务就业人口比重已接近90%，占据了就业人口的绝大部分比例，此时伦敦的重点发展产业已经转向文化创意产业，英国的文化创意产业就业人口已经超过了金融服务业居全国第一。

表3-9　　　　　伦敦制造业和服务业人口产业结构　　　　单位：%

| 年份 | 1971 | 1977 | 1986 | 1996 | 2001 |
| --- | --- | --- | --- | --- | --- |
| 制造业 | 27.0 | 22.0 | 15.0 | 8.4 | 2.7 |
| 服务业 | 68.6 | 73.0 | 78.0 | 88.5 | 89.8 |
| FIRE部门 | — | 9.9 | 18.2 | 11.7 | — |

数据来源：大伦敦管理局。

2. 纽约的人口产业结构特征

纽约20世纪50年代制造业已经走向衰弱，制造业工厂逐渐向郊区移动或者迁出纽约，制造业就业人口减少，至1960年就业人口比重降低了3.2%，到1977年比重降至21.9%（见表3-10）。随着制造业在产业结构中的份额进一步减少，服务业的就业比重持续上升。与此同时，制造业的迁移带动人口向郊区转移，刺激了郊区住房需求的增加，房地产业一片繁荣，FIRE部门（指金融保险房地产业，代表生产性服务业）就业人数迅速增长。加上制造业兴盛时期不断积累的金融行业基础，自1950年起纽约的FIRE部门就业比重就已达到9.7%。然而因制造业衰弱而大批下岗的工人群体此前多从事的是低技能的工作，尽管这部分群体可向服务业转型实现再就业，但FIRE部门此类具有一定门槛高度的生产性服务业无法吸收过多的制造业失业人员，因此服务业就业比重的增长多来自非FIRE部门的就业人口。

表3-10　　　　　纽约制造业和服务业人口产业结构　　　　　单位：%

| 年份 | 1950 | 1960 | 1977 | 1985 | 1996 | 2001 | 2008 |
|---|---|---|---|---|---|---|---|
| 制造业 | 30.0 | 26.8 | 21.9 | 15.4 | 9.0 | 6.2 | 2.9 |
| 服务业 | 55.7 | 58.1 | 63.7 | 73.8 | 89.3 | 90.0 | 95.0 |
| FIRE部门 | 9.7 | 10.9 | 15.9 | 17.3 | 17.0 | 17.3 | 14.5 |

数据来源：纽约市统计局。

随着美国放宽对金融行业的管制，国际资本流动性增强，金融保险业在纽约集聚并快速发展，从事相关行业的劳动力群体自然得到扩大，至1985年FIRE部门就业人口占比达到17.3%，占服务业总就业人数的近25%。服务业就业比重也在不断增长，平均增长速度也在加快，1950—1977年服务业就业比重年均增长29.63%，1977—1996年均增长量已经达到1.35，至2008年就业比重已经接近95%的比例。不同的是，FIRE部门就业人数增速骤减，1985—2001年纽约FIRE部门的就业比重维持在17%左右，而后开始呈现出下降趋势，至2008年FIRE部门就业人员所占比重为14.48%，占服务业总就业人口的比例也在减少，这意味着该阶段下FIRE部门的就业人数增量减少，在科技的浪潮下，而非FIRE部门的就业增长加速，主要包括信息技术服务业以及其他商务服务业部门，同时随着人们对生活品质的追求，对基础服务业的需求也在增加，服务业的多层次发展推动着服务业就业比重的增加，将服务业的主导地位推向顶峰。

3. 东京的人口产业结构特征

东京在第二次世界大战结束以后进入了工业化时代。第一次工业革命和第二次工业革命交替进行推动了工业化的快速发展，并在短时间内形成了十分完备的工业体系，制造业与重工业并重。东京20世纪六七十年代，全球工业化不断深化，东京在全球制造业的地位下降，同时城市用地紧张、土地成本上升等因素使得工业外迁趋势明显，就业人口数量和比重均在减少。

然而东京的制造业衰退速度较缓，加上产业转型调整更多的是通过行业之间的结构重组，并没有造成大规模的下岗潮，即使失业也能快速被其他行业吸收，因此东京在21世纪以前制造业与服务业就业比重均呈小幅度且较为均衡的下降与上升。1970—1991年服务业就业比重增加了13.32%，制造业下降了13.38%（见表3-11）。

表3-11　　　　东京制造业和服务业人口产业结构　　　　单位：%

| 年份 | 1970 | 1981 | 1991 | 2001 | 2006 | 2009 | 2012 |
| --- | --- | --- | --- | --- | --- | --- | --- |
| 制造业 | 30.2 | 21.26 | 16.82 | 12.23 | 9.74 | 9.25 | 7.43 |
| 服务业 | 62.5 | 70.62 | 75.82 | 81.44 | 84.78 | 85.13 | 86.84 |
| FIRE部门 | 5.4 | 7.27 | 9.00 | 7.74 | 7.46 | 8.52 | 9.32 |

数据来源：东京市统计局。

在70年代的产业转型中，东京的生产性服务业得到发展，FIRE部门就业人数增长，在总就业人口中所在比重也逐步上升，1991年升至9%，比1970年上涨了4.6%。然而东京金融市场的繁荣也催生了泡沫经济，尽管服务业就业人数在2001年依然保持增长，但FIRE部门就业人员比重减少了1.26%，说明泡沫经济过后，人们对FIRE行业的信心有待提升。进入21世纪后，东京重振金融中心地位，FIRE部门与服务业就业比重保持同步增长，制造业就业人员比重连续降低至10%以下，东京作为全球城市对全球经济的影响力和控制力再次得以发挥。

4. 香港的人口产业结构特征

20世纪70年代香港已经进入产业转型阶段，以成衣、玩具、纺织等劳动密集型为主的制造业大规模向珠三角地区转移，就业人员数量下降，但就业比重依然保持在40%以上（见表3-12）。服务业就业比重以微弱的幅度逐年增加，1971—1981年就业比重增长3%，但70年代香港的服务业就业仍是以传统服务业为主，尽管 FIRE 部门增加了 2.1%，但在总服务业人口中占比不足 10%。进入 20 世纪 80 年代，香港跨越产业升级阶段，直接转型至现代服务业的发展，1981—2000 年间制造业就业人口减少了约 50 万人，就业比重比 1981 年减少了 3 倍，服务业就业人数攀升，就业比重也上涨了 38.1%，为制造业的 7.5 倍有余，产业结构迅速得到转变。随着服务业的国际化和香港整体经济实力在国际上的地位提升，生产性服务业迅猛发展，FIRE 部门就业比重比 1981 年增加了 10.1%，但与服务业就业整体的增速相比，FIRE 部门增速减弱，其中 1991—2000 年的就业人口增速明显低于 1981—1991 年。主要原因在于 1997 年金融危机后 FIRE 部门产业受到巨大冲击，对服务业整体的贡献度骤减，就业比重的提升更多来自非 FIRE 部门。

表 3-12　　　　香港制造业和服务业人口产业结构　　　　单位：%

| 年份 | 1971 | 1981 | 1991 | 2000 | 2010 |
| --- | --- | --- | --- | --- | --- |
| 制造业 | 47.1 | 41.3 | 28.2 | 10.4 | 4.6 |
| 服务业 | 41.3 | 44.3 | 62.8 | 79.4 | 89.3 |
| FIRE 部门 | 2.7 | 4.8 | 10.6 | 14.9 | 19.8 |

数据来源：香港政府统计处。

5. 新加坡的人口产业结构特征

1970—1980 年新加坡的制造业仍在快速发展时期，劳动力向制造业汇集，就业比重的增量为 8.1 个百分点（见表 3-13）。进入 20 世纪 80 年代以后，政府着力产业结构的优化，向资本与技术密集型产业转型，并引导市场积极吸引外资促进金融业，由于这一时期的新加坡面临着劳动力供应紧张问题，制造业的下降幅度和服务业的上升并不明显，仅是 FIRE 部门就业人数得到了显著的上涨（增加了 44.6%），而这主要得益于投资移民的增加。2000 年新加坡人口增长比 1990 年增长了 40%，产业转型速度加快，制造业和服务业就业比重发生了明显的增减，服务业就业比重增至 73.9%，比制造业就业水平高出 47.9%，FIRE 部门就业人口急剧下降。随后服务业就业人口占比的增速逐渐放缓，但服务业在就业结构中的基础地位更加牢固，至 2010 年就业占比达到 79.7%。

表 3-13　　新加坡制造业和服务业人口产业结构　　　　单位：%

| 年份 | 1970 | 1980 | 1990 | 2000 | 2010 |
| --- | --- | --- | --- | --- | --- |
| 制造业 | 22.0 | 30.1 | 28.2 | 20.5 | 17.3* |
| 服务业 | 67.9 | 61.6 | 61.2 | 73.9 | 79.7 |
| FIRE 部门 | 3.5 | 7.4 | 10.7 | 5 | 6.4 |

注：* 制造业为 2004 年数据。

数据来源：根据相关年份新加坡劳动力调查报告计算。

## （二）广州人口产业结构的现状与全球城市的比较

2017 年广州市实现地区生产总值 2.15 万亿元，成为继上海、北京和深圳之后，内地第四个 GDP 突破两万亿元的城市，人力资源市场呈现需求登记人数下降，求职人数下降的供需双趋紧。

近六年来第三产业就业人数增长 82.37 万人，第二产业减少 19.81 万人，第三产业减少 16.39 万人（见图 3-1）。从内部环境看，由于实施产业转型升级，部分落后产能被淘汰，同时部分缺乏比较优势的劳动力密集型产业向外转移，新动能加快成长，提质增效成果明显，服务业支撑作用愈加明显，第三产业用工需求继续上涨。产业升级需求推动着人口结构的升级。

1. 广州与全球城市的三次人口产业结构比较

20 世纪七八十年代，全球城市处于产业转型阶段，三次产业结构的就业比重已经逐步向第三产业转移，而广州 1980 年仍以第一产业就业比重最大，1985 年第二产业就业比重占据上风，2000 年跨越人口产业结构向第三产业演进（见表 3-14）。2016

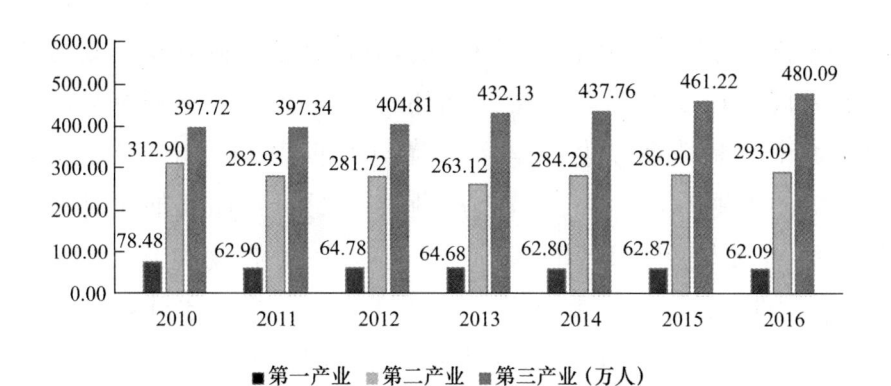

第三章　全球城市的人口特征与广州对比　91

**图 3-1　广州市三产就业人数**

数据来源：广州市宏观统计年报。

年广州已有一半以上的就业人口从事第三产业的劳动，占总就业人口的 57.48%，但在比值上仅与全球城市 20 世纪 70 年代的水平相近。

表 3-14　　　　广州制造业和第三产业人口产业结构　　　　单位：%

| 年份 | 制造业 | 第三产业 | FIRE 部门 |
| --- | --- | --- | --- |
| 1990 | — | 35.36 | 0.77 |
| 2000 | 33.25 | 40.00 | 1.67 |
| 2005 | 32.67 | 46.19 | 2.73 |
| 2010 | 34.38 | 50.40 | 3.06 |
| 2011 | 33.90 | 53.47 | 4.19 |
| 2012 | 33.35 | 53.88 | 4.25 |
| 2013 | 30.46 | 56.87 | 4.60 |
| 2014 | 32.41 | 55.78 | 4.84 |
| 2015 | 31.87 | 56.87 | 4.57 |
| 2016 | 31.60 | 57.48 | 4.47 |

数据来源：广州市统计年鉴。

2. 广州制造业和服务业就业结构及与全球城市比较

广州自 2000 年以来制造业就业人口一直占总就业人口

的 1/3 左右（见表 3-14），因此对广州而言，制造业仍是吸纳就业人口的重要产业。尽管当前纽约、伦敦、东京和香港四个全球城市的制造业就业比重已经降至 10% 甚至低于 3%，但与新加坡的差距较小。新加坡在产业转型期间新加坡的制造业下降速度相对较缓，1970—1980 年制造业就业比重还在上涨，1980—1990 年就业比重也仅下降了 1.9%，随后才开始加速降低。同样地，广州 2000—2010 年制造业比重呈上升趋势，但 2010 年到 2016 年间制造业就业比重从 34.38% 减少到 31.60%，也呈现出加速减少的趋势。而广州的服务业（以第三产业数据作为参考）在 2000 年以前由于经济结构以第二产业为主，第三产业就业比重较低。2000 年以后第三产业就业人数超过第二产业逐渐领先，但增长速度缓慢，至 2016 年第三产业就业比重为 57.48%，服务业就业人口比重增长了 17.48%，年均增长 1.09%，增长幅度明显高于工业就业比重下降的速度。尽管广州至当前的服务业就业比重还未达到 70 年代全球城市在进行产业转型之处服务业的平均就业水平，但年均增速接近或略高于全球城市。随着产业转型的推进和完成，全球城市的服务业就业比重逐渐接近或超过 80% 甚至接近 90%，朝着服务业绝对主导的人口产业结构发展。就此而言，广州市与全球城市在服务业就业上还有一定的距离。

3. 广州生产性服务业就业及与全球城市比较

广州的 FIRE 部门就业比重一直处于较低的水平，与全球城市仍有差距。纽约、伦敦、东京、中国香港和新加坡均为影响范围遍及全球的国际金融中心，FIRE 部门从业人员占总就业人口的比重最低者也在 5% 以上，最高则可达 19.8%（见表 3-12，香港 2010 年）。在部分时期对服务业就业比重的上升也起着举足轻重的作用。而广州市 2014 年 FIRE 部门就业人口比重达到一个高峰点为 4.84%，较 2000 年增加了 3.17%，与全球城市产业转型初期相比，远低于纽约、伦敦，但与东京、中国香港和新加坡这三个亚洲城市的差距稍小。将 21 世纪以来广州服务业总体就业比重和 FIRE 部门就业比重进行对比发现，服务业的就业比重增加的主要来自非 FIRE 部门，2011—2014 年 FIRE 部门对服务业的就业水平贡献度有所提升并加快，这一时期 FIRE 部门的就业增长又主要来自于房地产业从业人员的增加，但随着房地产热度降低，2014—2016 年 FIRE 部门就业比重出现明显下降走势。然而就广州目前的 FIRE 部门就业水平而言，对人口产业结构在转型过程中的贡献度过低，未能发挥出生产性服务业在城市转型中的重要作用。

## 四　全球城市的人口特征对广州的启示

通过上述全球城市人口的演变特征与发展规律总结，并对比广州与全球城市的人口对比得知，广州人口集聚方面与如今的东京差距最小，处于人口总量大但增长趋势逐渐消失阶段，人口密度低于其他全球城市，人口特大城市逐渐增加，首位度相对偏低；人口年龄结构方面与 20 世纪初的伦敦相对应，少儿人口比重上升，老龄化速度较缓，劳动年龄人口比重保持在 65% 以上；人口产业结构相当于香港 20 世纪 80 年代，服务业在结构中仅占些许优势，制造业就业人口即将进入加速减少时期。

如今正处于全城城市浪潮，广州目前的人口特征与对应的人口发展阶段对创建全球城市是一次重要的机遇。对标全球城市，广州在人口总量、人口出生率、服务业就业人口比重等方面处于优势地位：广州人口规模已经领先全球城市；人口出生率也逐步升温，出生人口规模扩大；服务业就业人口比重的增速快于同阶段的全球城市；FIRE 部门就业人口比重上升，积极推动着产业结构的转型。

然而在部分特征上来看，广州与全球城市存在以下差距：

一是广州此时的人口密度仅相当于东京战后恢复初期水平，而东京奠定全球城市地位的人口密度也在5000人/平方公里以上。

二是根据广州市2040年的人口预测结果以及深圳当前的人口增长速度，在未来十几年广州在省内的首位度会持续降低，彼时与全球城市的差距将进一步扩大。

三是广州当前的人口年龄结构年轻化趋势并不明显，在劳动力日益紧缺、家庭生育意愿逐步降低的态势下，这样的人口年龄结构对全球城市发展比将产生阻力。

四是全球城市的FIRE部门就业均有一个快速增长的阶段以促进产业转型的完成，东京尽管在FIRE部门的增长较弱，最快年均增长1‰左右，但广州目前FIRE部门就业人口比重增长不稳定且出现了下降的情况，这无疑是个值得注意且需要及时矫正的问题。

究其原因，主要是广州目前人口的数量和质量未能满足全球城市对人口的需求。因此，参照全球城市的人口集聚水平，广州应该加速吸引人口的集聚，扩大常住人口总量，增加人口密度。按照人口年龄结构，定要竭力保障出生率升高的优势，控制老龄化发展的速度，从而扩大劳动年龄人口比重，为全球城市的发展储存更多的劳动力资源。针对人口产业结构需求，要逐步形成以服务业对社会劳动力的绝对吸纳优势，并且在当前产业结构转型的前期充分发挥生产性服务业对结构转变的关键性作用，将城市向全球城市推进。

## （一）人口总量及空间分布伴随城市化发展而呈现明显的阶段性特征

全球城市的发展会经历城市化、郊区化、逆城市化以及再城市化阶段。但每个城市又根据自身的特点所经历的阶段或长或短。伦敦、纽约和东京的人口均因为城市化和逆城市化、再城市化等阶段产生过人口的增加或减少，但总体规模在全国的比重均非常高。广州目前的人口总量趋于稳定，仍然在集聚过程中。意味着广州城市化的发展即将进入向下一个阶段过渡的时期。纵观广州人口规模的变化以及全国人口流动趋势，广州将要在城市化继续集聚的过程中，面临逆大城市化的可能，年轻人口逃离一线城市回归二三线城市，人口向广州集聚的趋势放缓甚至消失，而此时为避免城市人口的流失，规避城市空心化出现的可能性，放宽城市的进入门槛，为城市营造开放的环境。然而要实现再城市化，必然要通过产业结构的调整。

### （二）调整适应全球城市的需求的年轻化人口年龄结构

纽约、东京和伦敦的劳动年龄人口的比重均达到了70%左右，高于国家比重。这说明全球城市是年轻人热爱的城市，大量的年轻迁移人口会源源不断地往全球城市迁移并寻找发展机会。生产性服务业特别是FIRE部分是需要创新的高端部门，需要年轻人口的支持。广州目前产业结构正在转型升级前期，第三产业占GDP比重快速增加，现代服务业尤其是生产性服务业的发展使广州慢慢向全球城市靠拢。产业的与时俱进也需要越来越多年轻人口发挥他们的创新思想和能力，加入到产业转型与发展当中。城市产业对于年轻人群的需要也在一步步改善城市人口的年龄结构。

正是因为如此，三大全球城市在建设过程中，均通过开放性的人口政策甚至海外人口政策，保证创新和高端人口资源来源的源源不断，这也是诸如"逃离纽约"这种近年来从美国东海岸往西海岸的人口迁移潮发生的同时，依然有源源不断的年轻移民进入纽约，纽约的创新和活力一直未衰减的重要原因。

### （三）产业结构调整对人口和人才资源提出新的要求

要清晰全球城市产业发展与人口相互促进的演变规律。全球城市的发展一般经过城市人口规模增长、城市结构调整、城市人口的集中等诸多发展过程。在城市早期的发展中，产业结构演变通常是伴随着人口规模的扩大、城市经济的发展和人均收入水平的提高，第一产业逐渐向第二产业转移，当城市社会经济水平发展到一定阶段时开始向第三产业转移，人口产业结构也是以第一产业劳动力比重下降，第二、三产业比重大幅攀升为主要趋势，其中制造业的兴衰往往掌控着城市的命脉。然而在经济全球化背景下，贸易分工、产业演进和人口集聚等因素改变了经济生产组织方式，生产服务业大发展，又使得部分城市在世界城市体系中脱颖而出，全球城市才能应运而生，并在全球经济发展上充分展现其强大的影响力和控制力。这种影响力和控制力主要集中体现在服务业方面：纽约、伦敦、东京是目前全球城市中最为主流的代表城市，这些城市通过金融、保险和房地产为代表的生产性服务业对全球的生产和要素流动进行协调支配，是其形成并巩固全球城市在世界城市体系中地位的重要因素。近年来新加坡和香港生产性服务业的迅速发展使其在全球城市排名中迅速上升至前五，影响力不容小觑。全球城市的形成过程中产业结构演变表现出两大规律。一是发达国家传统工业中心去工业化的特点，二是生产服务业向这些后工业化城市集聚。

因此，全球城市必将经历制造业衰退（去工业化）、第三产业迅速扩张、生产性服务业成为推动经济增长的主要支撑点的过程。纽约的去工业化过程发生在20世纪70年代后期，制造业占城市总就业的比重下降，第三产业就业比重迅速上升，特别是FIRE为代表的生产性服务业的比重上升。东京则开始于20世纪80年代，但因为东京的制造业较为发达，在服务业就业快速增长的同时，其去工业化的特点并不明显。直到2006年东京的制造业比例才下降为10%以内。三大城市在经济转型的不同阶段，产业结构、人口结构和城市空间结构都随着发生了变化，对人口资源呈现动态变化的特点。

产业结构的成功转型与人口产业结构的调整是息息相关的。当城市形成了合理的产业结构，必定需要与之相适应的劳动力参与其中，而不是出现二者之间存在严重的滞后或脱节现象。当前广州正处在与制造业大发展并转型升级的前端。产业转型升级是否成功存在很多可能。从观测来看，FIRE部门就业人口比重略有不稳定，一方面是因为金融市场本身的原因，而另一方面则是由于广州的金融相关行业劳动力的缺口扩大，当前的劳动力资源无法与产业结构向匹配。只有人口就业与产业结构相适应，才能完成且巩固产业转型后的成果，推进城市经济的发展，促进城市在全球经济的影响力和控制力，发挥对全球资源的协调支配功能，进入到全球城市的行列。

# 第四章　全球城市发展过程中面临的人口问题及经验启示

全球城市在发展过程中均曾经历人口老龄化、生育率降低、劳动力短缺等普遍性的人口问题，每个全球城市在发展过程中也遇到不同的个案问题。但这些全球城市通过不同的发展战略，采取及时有效的策略，积极应对各种人口问题。本章通过研究它们的经验，以期为广州提供借鉴。

## 一　全球城市发展过程中面临的人口问题

### （一）全球城市面临的人口老龄化问题

伦敦。20世纪五六十年代欧洲国家就普遍进入了老龄化社会，但到1982年人口老龄化问题才开始得到关注。1986年伦敦60岁及以上的人口就已经达到19.7%。这些60岁及以上的市民中，有超过2/3（具体为68%）的市民在外城区居住。而且这些60岁及以上的市民中有约1/3的市民是处于独居状态的，他们更容易出现孤独、贫穷、低健康水平等问题。不过，近几年来伦敦地区的老年人口增速有所趋缓，据相关统计数据显示，2001—2011年，大伦敦地区老年人口仅增长了1.48%，65岁以下的人口增长的贡献较大[①]。

---

[①] 王玲、张红、苗润莲：《英国的老龄化问题及应对措施》，《管理观察》2015年第24期。

纽约。1930年纽约65岁及以上老龄人口仅占总人口的3.6%，到了1950年这一比例增加了1倍多，65岁及以上老龄人口占总人口比重达到7.7%，在1980年纽约老龄人口比重达到峰值13.5%，成为较早进入人口老龄化社会的全球城市。然而在1980年纽约老龄人口比重达到峰值13.5%后开始下降，2000年纽约老龄人口比重占总人口的11.7%，至2010年老龄人口占总人口的比重为12.1%，2015年老龄人口占总人口的比重为12.3%，15年时间也仅增长了0.6个百分点。整体来看，纽约的人口老龄化增长速度从20世纪80年代以后开始放缓，人口老龄化程度呈下降趋势，纽约的人口老龄化速度明显低于美国其他主要城市。

东京。东京的人口老龄化与全球城市发展并行，人口老龄化呈现先快后慢特征。随着整体生育率低下以及人均寿命的延长，日本老龄化比重一路攀升，1970年开始进入人口老龄化，在2017年日本65岁及以上人口占总人口的27.7%，成为全球老龄化最严重的国家。

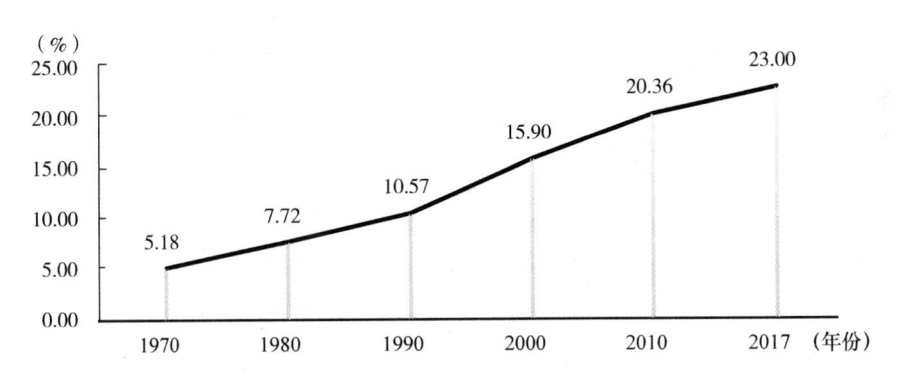

图4-1 1970—2017年东京人口老龄化水平

数据来源：日本东京历年高龄人口统计资料，http://www.toukei.metro.tokyo.jp。

东京进入老龄化略晚于全国平均水平，但在1970年后老龄人口占总人口比重上升的速度明显加快，1978年65岁及以上老龄人口占总人口比例跨越7%的门槛并以平均3.6%的增长速度持续上升，到1990年65岁及以上老龄人口占总人口比重为10.57%，到2010年这一数字上升为20.36%，至2017年东京老龄人口比重已经达到23%，在超老龄水平上持续了20年。

新加坡。2000年新加坡也正式进入老龄化社会，65岁及以上人口占总人口比例为7.2%。2010年起，1965年以前高生育率下出生的人口逐渐步入老年，人口老龄化速度加快，人口老龄化水平剧增，至2015年老龄人口比重已经达到11.8%，平均增长率为5.6%。2017年老龄化水平达到14%，老龄化倍增时间仅用了17年。根据新加坡人口白皮书数据显示，65岁老年男性为18.3年，老年女性为21.8年①。也就是说，大部分老年人寿命会超过85岁，90岁以上人口在将来也会大大增加。2005年，新加坡65岁以上常住老年人口中女性占56.4%，而80岁以上老年人口中女性占80%。

香港。20世纪80年代后期，香港开始步入老龄化社会。根据香港政府统计处1986—2016年的人口数据，香港老龄化水平呈逐年增加的趋势，1986年65岁及以上人口占总人口比例为7.7%，到2016年，该比例上升至16.6%，老年人口数量由1986年的42.5万人增加至2016年的121.8万人，年平均增长2.6万人，如表4-1所示。进一步分析老年人口的增长速度，1986年至1991年，五年内老年人口增长速度为20.3%，1991年至1996年增速变快，增加至30.7%，随后增长速度趋缓，1996年至2001年增长速度下降为16.4%，后又相继下降至13.6%、11.1%，但2011年至2016年，该增长速度回升，回升至23.9%。这表明香港的老龄化程度有趋于严重的趋势。由于1950—1960年"婴儿潮"期间出生的人在2015—2025年步入老年，因此可以预见，未来十几年，香港如果没有大量年轻移民引入或者生育率有明显提升，其老龄化程度将会有一个快速加重的阶段。根据香港

---

① 黄国琴：《新加坡养老金制度改革述评》，《中国劳动》2018年第3期。

政府统计处的预测，2029年65岁及以上人口占总人口的比重将上升至25%，2039年该比例将为28%。

表4-1　　　　　1986—2016年香港人口老龄化水平

| 年份 | 老年人口数量（万人） | 老年人口比重（%） | 五年内增长速度（%） |
| --- | --- | --- | --- |
| 1986 | 42.5 | 7.7 | — |
| 1991 | 51.2 | 8.9 | 20.3 |
| 1996 | 66.9 | 10.4 | 30.7 |
| 2001 | 77.9 | 11.6 | 16.4 |
| 2006 | 88.5 | 12.9 | 13.6 |
| 2011 | 98.3 | 13.9 | 11.1 |
| 2016 | 121.8 | 16.6 | 23.9 |

数据来源：香港政府统计处。

观察图4-2，香港老年扶养比（也即65岁及以上人口数量相对每千名15—64岁人口的比率）从1986年的112，上升至2016年的231，三十年间翻了一番。老年扶养比的上升，意味着香港需要提供更多的医疗和护理服务，这将带来严重的财政压力。

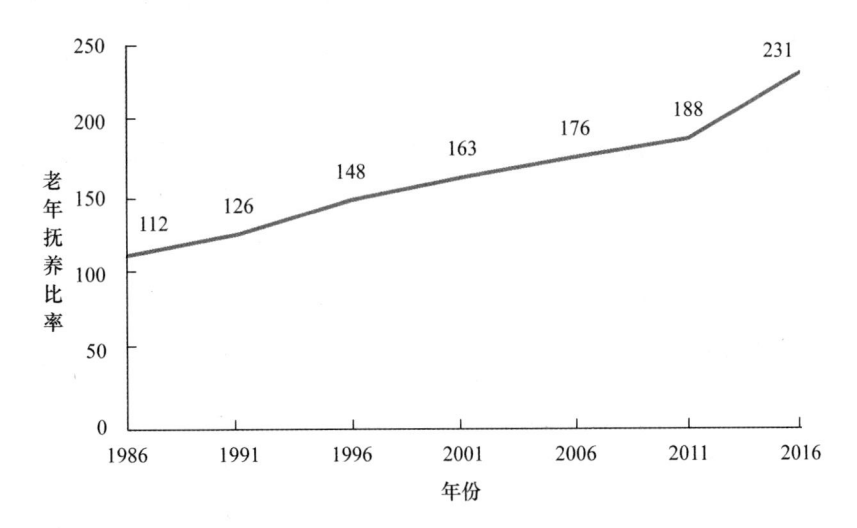

图4-2　香港老年扶养比

数据来源：香港政府统计处。

### (二) 全球城市面临的生育水平低问题

伦敦。英国核心家庭的标准家庭结构以及晚婚模式（17世纪英国平均初婚年龄为男性28岁女性27岁）使得人均生育率长期处于不高的水平。进入19世纪后工业的发展也造成了环境恶化，水污染以及伦敦霍乱的发生导致人口死亡率升高，另一方面伦敦未婚人口数量急剧增加，共同导致人口自然增长率整体下降，19世纪末到20世纪初，人口增速放缓，至第二次世界大战结束，伦敦中心城区人口快速下降。第二次世界大战结束以后的相当长时期，由于快速的经济发展使得伦敦女性地位极大提升和劳动参与增加，女性对事业的追求和教育水平的需求提高，导致生育意愿开始下降，1985年伦敦的人口出生率为15.3‰，1995年伦敦的人口出生率下降到6.5‰，而同期9.6‰的死亡率令伦敦陷入人口自然增长率为-3.2%的低潮。

纽约。纽约的幼儿及少年人口比重呈下滑走势，2010年比值比2000年下降了2.6个百分比。2018年美国最大的房产平台Zillow以全美国25—29岁妇女为样本开展了研究，研究结果表明房价平均每上升10%，生育率就下降1.5%。对于纽约这样的大城市，高房价对生育率的影响表现得更加明显。

新加坡。新加坡是一个城邦国家，是继纽约、伦敦、香港后的又一国际金融中心，也是弗里德曼的全球城市体系中位于第二层次的世界城市之一。1965年新加坡独立之时人口总量为188万，政府为维持稳定的经济和社会发展，开始采取措施控制高生育走势，成立了家庭计划及人口局以推动计划生育，在卫生、教育、税收等方面向生育两个以上的家庭施加压力，少子家庭可以享受税收上的优惠。严格的生育政策使得新加坡人口增长趋势迅速抑制，生育率也迅速下降，1965年到1974年人口仅增加了4万人左右。1977年起，新加坡总和生育率开始持续低于人类世代交替所需水平（总和生育率低于2.1）。新加坡限制生育政策导致新生人口减少，人口老龄化加剧，劳动力供应短缺。20 世纪末，人口老龄化、人口质量降低和劳动力供应等问题开始萌芽。进入 21 世纪以后，新加坡经济水平的提高以及居民受教育程度上升，生育意愿开始下降，尽管 2000 年开始推出了"婴儿花红计划"来刺激生育，出生率也仅仅得到短暂回升但生育率依然走低，2017 年总和生育率仅为 1.16，远低于更替水平。

香港。香港 1960 年人口就有 301 万，1961 年人口出生率高达 35‰，到了 1971 年人口出生率已经降至 17.7‰。香港狭小的土地面积给住房造成了压力，家庭更是逐渐核心化，由于妇女劳动参与率逐渐升高，平均生育率下降。总和生育率从 1971 年的 3.41 下降到 2001 年的 0.93，人口自然增长率从 1962 年的 1.8% 下降到 2003 年的 0.2%，人口出生率从近 20 年一直保持在 12‰左右。进入 21 世纪，香港的结婚率跌至低谷，而离婚率逐年攀升，直接或间接地影响了人口出生率和生育率的减少，成了世界生育率最低的地区之一。

### （三）全球城市面临的外来移民服务管理问题

新加坡。新加坡国土狭小，外来人口增加导致本土人口生存空间和生存资源不足。由于建国早期新加坡的计划生育政策是只生 2 个，导致新加坡在新经济时代人力资源严重短缺，于是新加坡政府通过吸引外来移民的方式增加本地的人口，大力吸引外来劳工和专业技术人才来弥补城市发展的劳动力需求，移民数量开始增加。1990 年新加坡只有 300 多万人，1998 年新加坡人口达到 400 万，2008 年新加坡人口达到 450 万，到 2010 年新加坡总人口增至 508 万，其中永久性居民占总人口的 14.3%。然而新加坡面积只有 600 多平方公里，扣除自然保护区、蓄水池和军事用地，实际使用面积只有 300 多平方公里。本土居民认为移民的增加加剧了他们的生活压力，具体包括就业、子女教育、住房等。2012 年起，新加坡通过逐渐收紧移民政策，抑制楼价等措施来缓解国民的不满情绪。2017年人口增长率达到了近10年来的最低值，总人口数为561万。此外，新加坡2013年就业人口比2010年也减少了100万。为缓解新加坡外来人口增加导致本土人口生存资源不足，导致本土居民生活压力加大，不满情绪高涨等问题，新加坡推出了"新移民计划"，其中投资移民和创业移民成功申请永久居民身份后，其配偶和未满21周岁的未婚子女均可获得永久居民身份，政府还保证每个居民都有自己的住所。2017年，新加坡总理李显龙发表了有关新公民的问题，提出了自己的看法和建议，外国公民想要新加坡移民，必须做到以下几点：能够和谐地融入社会、掌握一定劳动技能、为经济做出贡献、把心放在正确的地方。

**（四）全球城市面临的劳动力短缺和人口就业结构失衡问题**

香港。当前香港处于人口不断增加但是劳动力却反而减少和就业困难等恶性循环当中。2004年香港人口为679万，2014年为739万，2023年将达到789万，而相应的劳动人口占比分别为52.1%、51%和46.1%[1]。

香港产业结构高度依赖服务业，随着改革开放以后大量的纺织、机械、电子等第二产业陆续迁往珠三角，香港经济中的制造业占比大幅度萎缩。1990年香港制造业就业人口占总就业人口的比值约30%，到1997年之后下降到10%以下。当前香港经济结构中，第一产业占比0.1%，第二产业占比7%（其中制造业只有1.4%），另外92.9%均为服务业，服务业中又以金融、贸易、专业服务等高端产业为支柱，香港的就业体系呈现高端与低端的两极分化，缺乏一个中间层的就业体系[2]。

---

[1] 闵洲民：《人口增加，劳动力却减少 香港如何缓解"蓝领荒"》，《沪港经济》2015年第6期。
[2] 孙不熟：《香港的麻烦是制造业空心化》，《长江日报》2016年4月7日第4版。

摩根士丹利公司发布的报告预测称,香港的劳动人口数量在2015年基本没有增长,在2017年起将会下降。香港劳工及福利局局长表示,香港的劳动人口2018年达到371万的顶峰,随后将会逐渐下降。在劳动力短缺的情况下,由于产业结构失调导致人口就业结构也失调。技术和劳动密集型的制造产业萎缩,取而代之的是金融保险业、进出口贸易和旅游等,但是这些产业也没有创造更多的就业岗位和经济效益。香港的金融保险业的人口就业比重为7.8%,而创造的GDP大约为15%,进出口贸易、零售、住宿及餐饮等人口就业比重为40%,但是创造的GDP还不到29%。由于第二产业萎缩,房价高涨和生活成本的提高,一些香港居民和大学毕业生纷纷出港谋求就业,港外的技术工人也不愿意进入,就连基础设施建设所需的技术工人也到了奇缺的地步。技术工人缺乏主要表现在建造业。目前香港建造业有33.7万工人,其中一半已到了55岁,未来十年香港将会建造48万套住房,未来十年建造业工人的缺口为1万—1.5万[①]。

为了弥补人才缺乏问题,包括大陆人才输入计划、投资移民、非本地毕业生留港等。香港特区政府从2006年开始实施了香港优秀人才入境计划(简称优才计划),目的是为了吸引优秀外地人才来香港定居。该计划实施8年来,到2016年共有2000多名申请人根据优才计划获批来港定居,其中有八成来自内地。该计划主要是针对高端的人才。针对一般劳动力短缺问题,香港特区行政长官梁振英新一份《施政报告》中,针对建造业技术工人缺乏问题提出"补充劳工计划",向港内输入建造业工人。但是有部分市民担忧外来劳工的输入会挤占工作岗位,从而影响自己的生活。工会也对此类举措持反对意见。政府也大力支持紧缺岗位劳动力的资助。例如,香港政府在2010年5月划拨1亿元投资"强化建造业人力训练计划",用于加强培训和

---

① 闵洲民:《人口增加,劳动力却减少 香港如何缓解"蓝领荒"》,《沪港经济》2015年第6期。

工艺测试，提升业内公认的技术及形象，以较高的培训津贴，吸引包括年轻人和转职人士在内的更多新人加入人手短缺的工种。建造业继续通过本地培训、再培训和提高工资、延长休假等形式不断吸引本港年轻新人加入。香港输入港外劳动力已经有十几年的历史，这些劳动力均是指技术工人，低技术或非技术工人是不会输入的。输入港外劳动力是香港过去和未来弥补劳动力不足尤其是紧缺技能人才不足的主要举措之一。香港劳工及福利局表示，香港输入港外劳动力会继续坚持"三不"原则，即要确保港外劳动力不会取代本地工人的岗位，确保港外劳动力不能够拉低、影响或冲击本地工人的工资，以及确保港外劳动力不会影响本地工人的权益。

## 二 全球城市应对人口发展问题的经验总结

### （一）鼓励生育，保护生育的地位提高家庭补贴

伦敦、纽约、东京等顶级一线全球城市在应对人口老龄化和劳动力不足等人口问题过程中，无一例外都会采取鼓励生育的政策，但是政策的力度大小不同，所采取的具体措施也有所差异。

纽约。20世纪末至21世纪以来，美国整体人口出生率下降，政府也未采取直接的鼓励人口生育方案，仅在1997年采取税收政策和对低收入家庭予以补助助推生育率。然而近年来人口出生率的趋势不容乐观，加利福尼亚、新泽西州等州政府开始出资提供带薪产假待遇，而纽约州至2016年才通过一项关于带薪休假的法案，目前还在推进落实当中。因此纽约在鼓励生育方面落后于大多数城市。纽约对生育放任式的管理尽管无法促成人口出生率的迅速提高，但居民本身享有较好的社会基本福利，且在生育自由的环境下生育小孩的愿意与否此消彼长，在一定程度上人口出生率保持着一种中低水平的平衡状态。

伦敦。进入21世纪，人口老龄化加剧的趋势使伦敦政府开始重视鼓励生育的问题。伦敦在鼓励生育方面的力度大于纽约，有关政策主要来自国家层面，并且以福利政策优先，主要包括：实行带薪产假制度，孕妇可享受6周给付90%的工资和20周的固定工资产假，没有资格领取工资的孕妇则可领取孕妇津贴，妇女的带薪产假可以与祖父母分享，近年来开始实施男性带薪产假制度以减缓就业歧视现象，促进健康的亲子环境；准孕妇可以享受免费医疗服务至宝宝一岁。同时在儿童抚养上也大力提供福利金、补贴和教育基金等福利，其中儿童福利金制度规定，家中最大的孩子，每周可获得20.3镑的福利金，其他的孩子每名每周可获得13.4镑。在伦敦的移民也可享受当地的生育福利，鼓励生育政策受益群体和生育大军也主要来自于移民家庭，因此伦敦的鼓励生育政策收到了显著的效果，为伦敦的人口出生率和生育率做出了不少贡献。伦敦的总生育率从2000年的1.34生升到2010年的1.83，到了2014年伦敦人口出生率也上升至17.7‰。

东京。日本政府早在1972年就开始实施儿童津贴制度，1990年起陆续出台鼓励生育的福利政策并提供补助金，1994年提出"天使计划"完善保育制度，随后还制订了"待机儿童0计划""儿童、育儿支援计划"。到2017年，日本女性确定怀孕后至小孩中学毕业根据不同适用人群分布可领取"生育一次性给付金""生育补助金""育儿休假补助金"。同时政府提供的儿童补助覆盖从出生至中学毕业的全阶段。还提出了2020年年底前的少子化对策大纲。大纲主要内容是将妻子分娩后丈夫休产假的比例提高到80%等数值目标，还首次提出减轻子女3人以上的多子女家庭负担以及为年轻人结婚提供支援等。东京各区政府在国家统一的儿童补助金之外提供多样化的补贴和福利。

东京的众多鼓励政策和福利并未解决适龄生育人口对结婚育儿的压力，尤其是女性结婚生子的机会成本以及女性和现代家庭的观念转变也是政策难以发挥实效的强劲阻力，即使国家和地方承担了学前教育50%以上的费用，男性产假制度逐渐推广，也未激起东京人口的生育欲望。相比之下，伦敦对女性的家庭角色定位不同于东京传统的家庭分工，且男性带薪产假可以更有效地消除女性生育后带来的就业歧视，加上对生育补贴的普遍性有效地刺激了伦敦居民尤其是移民的生育意愿。

新加坡。新加坡通过鼓励移民生育政策，提高了人口出生率。1987年新加坡政府颁布了新的人口政策解决潜在的人口衰退问题，强调人口年龄结构的平衡，通过减少收入税、发放津贴补助和住房优惠政策等举措鼓励生育。这一政策有效地促进了居民的生育意愿，1990年出生率达18.2%，比1985年增长了1.6个百分点，自然增长率为近30年最高值。尽管至2000年自然增长率下降到10%以下，但人口总量已经达到402.8万，比1990年增长了近100万人口。2010年专门成立了总理公署下特设的人口及人才署，其主要任务之一就是出台各种措施鼓励年轻人成家生育。

### （二）提高老年人福利，开发老人二次红利

纽约。纽约在进入老龄化社会之时，日益成熟的医疗服务和科学技术就为老年人提供了健康保障，但在生活品质方面却遭受了阻碍。针对这一问题，纽约成立了老龄局，并以打造"老年友好型城市"为目标采取了一系列便民措施，在道路设计、交通出行、老年住房和安保等方面提供人文关怀，让老年人更好地融入城市生活，避免被社会边缘化。纽约的老年友好型城市的计划于2010年开始实施，以商业为重心的纽约在老年友好型城市的建设上也是着力打造老年人友好商业为起始任务，在商场设计和购物体验等方面为老年人提供便利，此外老年大学数量增加也加强了老年人群与现代社会生活的融合，同时老年人也通过再就业及参与社区志愿活动再度发挥自身的价值回馈社会。老龄人口的再就业也在一定程度上缓解了纽约可能面临的劳动力减少压力。

在退休金制度上也采取国家层面的安全福利退休金制度，鼓励延迟退休来缓解劳动力供应和财政养老的压力。具体关于退休年龄没有硬性规定，仅是以 65 岁为退休年龄标准，每提前一个月退休养老金减发 0.56%，推迟一个月退休养老金增发 0.25%[①]。

伦敦。伦敦采取的养老应对措施也与纽约截然不同，伦敦主要是通过各种规划措施和经济措施提高伦敦年轻人口比例来抑制人口老龄化和劳动力短缺问题，包括放宽原有限制移民的政策，以移民的增加量提高人口出生率，扩大劳动力供应以减缓人口老龄化；大力扶持金融产业和创意产业政策促进就业人口年轻化；提高伦敦中心城区的居住成本使其对事业刚起步的年轻人有利，通过政策激励在伦敦外围形成"欢迎养老金领取者"的聚居区，引导年长者离开伦敦城区甚至离开伦敦。20 世纪 70 年代英国还拉开了养老金私有化改革，至今已经形成了国家、职业和个人三大养老金体系，目前伦敦还在努力扩大私营养老金覆盖率。

东京。东京劳动力短缺主要是由日本总人口的减少和人口老龄化造成的。相对而言，东京如何处理好人口的高龄化问题比人口老龄化更为迫切。针对高龄老人的养老看护问题，东京都政府制订了《2012—2014 年东京都老年人养老计划》，主要措施包括加强看护服务基础设施建设，推进居家医疗事业、保障老年人的住房条件等。由于鼓励生育的效果微弱，且短时间内新生人口无法形成劳动力，因此着力开发老年人力资源变得非常重要。日本在进入老龄化社会之初就在采取措施逐步合理开发老年人力资源，曾颁布《中老年人就业促进法》，2012 年修正《高龄者雇用安定法》后确定将日本退休年龄从 60 岁延迟至 65 岁，消除高龄者就业歧视。2018 年年初，日本政府提出了推迟退休年龄至 70 岁的计划，预计从 2020 年开始实施，将进一步发挥老年人口的劳

---

① 冯蕾：《看国外怎么养老》，《新华月报》2014 年。

动人力创造经济效益的作用,既缓解社会和政府的养老压力,又解决了劳动力人口紧缺的困难。

香港。随着人口规模的扩大,香港狭小的土地面积给住房造成了压力,家庭更是逐渐核心化,随着妇女劳动参与率逐渐升高,育儿成本的压力加大,使得平均生育率下降,同时香港的结婚率不断下降,而离婚率逐年攀升,也直接或间接地影响了人口出生率和生育率的减少。香港人口出生率从1961年35‰,下降到1971年的17.7‰,在20世纪90年代初又下降到12‰,2017年总和生育率仅为1.19,成为世界上人口生育率最低的地区之一。生育率下降导致劳动力短缺。

香港既是全球生育率最低的地区之一,也是人均寿命最长的地区之一,这使得香港老龄化问题陷入困境。香港于20世纪70年代开始关注老龄化问题,1972年政府成立专门的工作小组研究老年人服务与需求问题,逐渐形成较为成熟的居家养老和社区养老模式。同时香港低税收和高就业率使得居民在收入方面有所保障,2000年70岁以上的老年人口劳动参与率依然保持在30%左右,既能保障老年人口的经济收入,又能缓解政府的养老压力,加上当前香港养老设施的完备和科技化,老龄化现象带来的更多的是年轻劳动力不足的压力。

## (三)吸引人口迁入,缓解人口老龄化和储备劳动力

不论是在城市萌芽之初,还是已经奠定了全球城市地位的成熟阶段,纽约、伦敦、东京、新加坡等全球城市的劳动力供应主要依赖于外来人口的输入。包括国际移民和本国人口在内的人口流入都为全球城市的发展提供了充足的年轻人口,同时年轻的外来人口还带来了丰富的生育资源,提高了生育水平,一定程度上缓解了人口老龄化的影响。

纽约。纽约较早地进入人口老龄化社会。不过,近几年来,在人口出生率降低、少儿人口比重下降的情况下人口老龄化程

度却有所减缓，究其原因在于纽约鼓励老年人口迁出和鼓励年轻移民进入的政策。一是鼓励老年人口迁出纽约。纽约的高经济密度使得城市生活成本偏高和公共资源紧张，对于临退休或已退休的老龄人口而言，要负担过重的经济压力，因此纽约鼓励老龄人口外迁。老年人口逐步外迁至气候和环境也更符合老年人期望的美国东北部或中西部城市，从而纽约城区老年人机械式减少。二是吸引年轻移民进入。纽约的移民迁入以劳动年龄阶段的人群为主，1990—2000年纽约外来移民人口的年龄主要集中在25—34岁之间，这一年龄阶段的移民数量占总移民人数的42%，2008年外国移民在纽约就业的人口也超过190万，且劳动年龄阶段的移民人口还处于不断增加的趋势，因此大量的海外移民也冲淡了纽约的老龄化形势。纽约长期的移民发展使其形成了一个文化大熔炉，因此在移民管理上更倾向于推进移民的快速融入。伴随着教育程度较高的移民主动迁入纽约，政府也越加重视移民对纽约城市的发展意义，一系列促进移民更快融入当地社会的政策和措施陆续实施。纽约制定关于移民管理的行政命令，包括允许市内外国移民享有市政府提供的市政服务、要求市政服务部门建立多语言服务系统以及保护外国移民使其免受欺诈等内容[①]。除此之外，市政府还设有专门的"市长移民事务办公室"来帮助移民更快融入当地社会。2010年还启动"纽约市语言门户"项目，对政府机构涉及商业、教育、就业、健康与公共安全、住房等内容的文件进行翻译，便于非英语居民获得信息服务。纽约市由社区构成，因此社区也定期举行社区会议和听证会。社会团体也积极发挥其作用，如纽约移民联盟努力为移民及其家庭成员争取应有的权利，还有部分机构也为外国移民免费提供咨询服务。

伦敦。20世纪60年代以前，英国对入境移民采取的是完全

---

[①] 夏丽萍：《世界城市外国移民管理研究》，世界知识出版社2015年版。

开放模式，后来又采取过移民限制政策。正值劳动年龄阶段的移民为伦敦等大城市产业发展贡献了不少劳动力，英国完全开放的移民模式暂时填补了伦敦的劳动力短缺。目前，英国的移民主体是工作群体和留学生群体，2012年到2016年平均每年有19.2万移民进入伦敦，2013年又有20.4万人从英国的其他地区迁入伦敦。除了求学带来大量年轻人口，伦敦的产业格局也成为人口年龄结构年轻化的重要推力。伦敦在移民管理方面注重政府部门、企业以及非政府组织之间的合作，增进多方位群体对移民的接纳与交流合作。在管理机构上有移民代表参与的"伦敦战略性移民伙伴关系小组""移民和难民顾问小组"，充分体现在移民政策上的广泛代表性。同时也为外国移民提供多语言服务。除了注重移民融合问题之外，伦敦还十分重视留学生对伦敦的贡献，因此在语言、住房和学校安全方面提供重点服务和财政支出，例如留学生通过英国的国民医疗服务制度NHS（National Health Service）的低收入计划可以申请享受免费的医疗服务；英国脱欧之后，为避免伦敦经济的不稳定，伦敦市长更是提出了要加大留学生毕业后留英的政策力度以及推新人才签证措施。

东京。东京通过吸引国内人口大量迁入，降低人口老龄化水平。尽管东京的老龄化问题严峻，但东京作为全国的经济中心，尽管20世纪90年代受到泡沫危机的影响经济发展一度受到影响。在全国范围来看，随着东京都市圈发展，东京产业升级和转型发展全国一枝独秀，将附近的大阪、名古屋等曾经聚集的年轻人口都吸引了过来。东京15—64岁的人口比重则是连续十余年居全国首位，保障了东京发展有着丰富的劳动力储量。在东京圈虹吸效应影响下，东京一直处于人口净流入状态，在人口机械式增长的影响下人口老龄化程度和发展速度都低于全国水平，其老龄人口比重仅高于冲绳县，人口年龄结构在全国占优势。

东京不是典型的外国移民城市，主要依据国家层面的政策法规进行管理。但它的外国人口所占比重高于其他城市，同时它对国内其他地区人口的吸引力非常强大，在人口管理方面的法律法规相对完备且成熟，也制定了自身的一些管理政策。首先国家层面的政策法规：一是对于滞留在日本的外国人口通过外国人登记法进行管理。二是充分发挥地理信息系统的高效性[1]。在国家层面政策法规以外，东京也制定了特殊的人口管理政策。对于国内其他都县人口成为"东京人"的情况，仅需要提供"住民票"在东京当地的役所（相当于国内地方政府）进行登记即可，国民健康保险也是随人迁移。简化的人口迁移程序和数字化的隐形管理提高了东京百万以上的外来人口管理效率。

新加坡。新加坡除了鼓励生育政策外，最直接的就是通过引进人口来缓解现有的人口问题：一方面促使海外新加坡人回国发展，吸引新加坡籍学生回国就读；另一方面引入外籍人口补充劳动力队伍，其中以低技能工作岗位为主，以此减少对外籍劳动力的经济依赖。早在1979年，新加坡政府就推出了海外毕业生雇佣计划，1991年成立了经济发展部管辖下的国际人力资源司，采取了各种优惠措施，以雇用高素质专业技术人员到新加坡工作。对外籍专业技术人员在付足其在原居国所享受的工资外，还给予津贴，有永久居留权的外籍人士可以申请政府公屋，享受政府补贴的医疗和教育服务等[2]。

**（四）加强培训教育，提升外来人口的劳动技能水平**

如何开发这些外来人口资源，将人口转变为人力资本和人才而不是负担，是全球城市一项重要的任务。通过培训和教育

---

[1] 夏丽萍：《世界城市外国移民管理研究》，世界知识出版社2015年版。

[2] 涂云海：《国际大都市人口发展的经验及其启示——以新加坡、伦敦、东京和纽约为例》，《政策瞭望》2018年第5期。

来提升外来人口的素质，使之成为符合城市产业发展需求的技能劳动者或高素质的人才，开发二次人口红利是通行做法。纽约和伦敦大量的适龄劳动力人口来源于国际移民，东京则是以东京以外的国内人口进行补充。接收的外来移民人口来自全球多个国家和地区，劳动力源源不断，但质量参差不齐。

纽约。20世纪90年代美国调整移民政策，开始转向有选择性地接收国外合法移民，包括是否具备专业技能和一定的英语水平，这一调整对纽约而言，移民劳动力的人口素质和就业水平明显提高。除了技术移民为纽约提供所需的劳动力之外，纽约还有一套成熟的劳动力就业服务和培训系统，培训主要部门有人力资源部、经济发展公司等主要部门，市立大学、教育局、劳动力投资委员会以及市长移民事务办公室等部门也通力合作，当地居民和移民均可以接受市政府提供的再教育培训以适用纽约城市发展的劳动力技能需求。为了适应产业转型升级，纽约市政府制定了适应市场要求的教育培训政策，使教育适应科技发展的需要，以培养出更多的科技人才。

伦敦。伦敦接收的国外移民主要是以欧洲尤其是欧盟国家为主，此外还有部分难民。为促进难民和移民在伦敦的就业，伦敦市移民管理工作的主要目标就是帮助移民提高英语水平，消除在就业方面沟通的障碍，充分发挥移民的个人潜力；增加就业机会，帮助企业找到所需人才。此外还为所有的伦敦儿童（包括难民和移民在内）提供优质教育，以此提升伦敦人口素质，为未来培养与城市发展方向一致的劳动力做准备。然而自2017年英国脱欧以来，若大量欧盟国家移民回国，伦敦的金融企业搬离伦敦，则英国范围内的劳动力无论是在数量上还是专业技能上都不足以填补伦敦这一巨大的岗位空缺，因此伦敦政府试图与欧盟达成过渡协议并加快制定新的移民政策。

新加坡。新加坡对移民的技能培训和提升主要依赖于实施多年的劳动力技能资格制度，培养高技能人才。2004年开始，新加坡劳动力开发局建立劳动力技能资格制度，培养高技能人才[①]。新加坡充分发挥政府、企业、社会组织等的作用，制定适应产业结构调整的教育培训制度，不断提高人口素质，培养出更多高端科技人才，使新加坡成为国际金融、航运、贸易、电子产品制造和炼油中心，逐步走上工业化和多元经济结构的发展道路。

巴黎。巴黎作为全球城市之一，在外国移民就业方面主要是依托国家层面的管理框架和政策方案，具体措施主要从求职方和用人方入手：签署 CAI（接受与融合合同）但没有就业的外国移民必须接受职业技能总结，通过就业指导、课程培训和个性跟踪等内容帮助外国移民就业；与企业签署协议从而缩短求职时间，协议内容包括增加就业岗位、职业技能培训和法语学习；要求法国人力资源协会试行"多样化标签"计划，致力于消除企业在招聘时的各种就业歧视现象。

## 三　小结

总结一线主要全球城市应对各自人口问题的主要历程和政策实施情况来看，全球城市各有特点，对广州的借鉴程度各有侧重。

在吸引人口方面，纽约主要依靠经济的活力和融合的社会环境，使得源源不断的劳动年龄人口涌入纽约谋求发展；伦敦发挥高等学府对全球学子的吸引力，重视留学生对城市的贡献及其未来扎根伦敦的可能性而提供一系列服务和政策优惠；而伦敦和纽约的移民政策和环境难以一蹴而就，香港和新加坡在吸引外来人口上又均出现本地居民对外来人口的排斥问题。

应对或预防人口老龄化的举措，主要有以下四个类型：一

---

[①] 涂云海：《国际大都市人口发展的经验及其启示——以新加坡、伦敦、东京和纽约为例》，《政策瞭望》2018年第5期。

是促进和改善社区养老和医疗环境，保障老龄人口晚年的生活品质。二是设法调节养老金和养老政策机制来缓解财政的压力。三是吸引人口尤其是年轻人口机械式调整人口年龄结构。四是通过延长退休年龄、实现老年人再就业来缓解养老压力问题。

为老年人口提供服务方面，纽约有着高额的税收来为社会养老服务埋单，政府财政压力较小；而香港则是依靠低额的税收增长个人的经济收入来缓解个人养老和政府的经济压力；伦敦建立了多元化的养老体系，鼓励购买私营养老保险。相比于东京再度发挥银发经济的作用效果而言，这三者更具参考意义。

鼓励生育方面，东京和新加坡等亚洲全球城市尽管投入了大量资金和政策优惠来鼓励生育，但成效微弱；香港以及美国纽约和较为放任式的生育可借鉴性也不高，而伦敦在鼓励生育上成效显著，不可否认伦敦在权衡男女生育平等方面做出的努力，在就业上竭力减少妇女生育对工作的负面作用，实施男性带薪产假、女性带薪产假与祖父母共享等制度；在生育压力上通过提供卫生和子女教育的福利补贴来减缓。

对于一些全球城市人口发展面临的个案问题，例如新加坡外来人口增加导致本土人口生存资源不足问题和香港劳动力短缺和人口就业结构失衡问题也值得警惕。这些问题既有其自身的原因，例如总人口少、土地面积小等问题。可以透过它们的问题为广州将来如何处理新增人口和既有人口抢夺资源问题、劳动力短缺和劳动力结构失衡等问题提前把脉。

# 第五章　广州人口发展面临的国内竞争形势分析

2017年5月，武汉市实施新的户籍迁移政策，进一步对各类人才落户武汉敞开大门：凡是留在武汉就业创业的大学毕业生，毕业3年内无须买房即可申请落户，硕士、博士人员则可直接落户。这一针对"人才"落户的新政策，率先拉开了抢夺人才的序幕。同年，杭州、深圳、郑州、长沙、成都、重庆等城市亦陆续出台了一系列引进人才的优惠政策。2018年伊始，西安和天津、深圳等新一线城市和二线城市分别出台了更宽松的人口落户政策，部分城市对大学毕业生甚至实行零门槛落户，"抢人大战"从抢"人才"开始发展到了抢"人口"。

## 一　全国各地兴起的"抢人大战"情况及分析

随着人口红利时代的逐渐结束，人才竞争成了各大城市竞争的主要领域，各地纷纷掀起了激烈的"抢人大战"。有关数据显示，自2017年以来，全国发布了人才吸引政策的城市已超过50个，而仅2018年，就已有超过35个城市发布了40多次人才吸引政策。"抢人大战"愈演愈烈，进入了前所未有的竞争状态。可以将各大城市的引才政策梳理如下：

### （一）主要城市"抢人"政策出台背景

通过对各大主要城市的人才引进政策的梳理和总结（见附件表2），我们可以清晰地看到，近一段时期以来，城市间的人才竞争日益激烈，人口发展质量受到了各级政府前所未有的重视。各主要城市的"抢人"现象反映出在经济新常态下我国正从分享"人口红利"逐步向释放"人才红利"主动转型。

一是人才优先发展战略成为各主要城市的共识。梳理国内主要城市抢人策略时，离不开一条清晰的主线，即各大城市在人才对于城市发展重要性方面达成了共识，纷纷将人才战略摆到事关城市未来核心竞争力的战略突出位置。人才在谁的手里，谁就拥有了城市未来发展的先发优势。深圳是最早提出将人才优先发展作为城市发展核心战略的城市之一。成都市梳理出"成都人才新政12条"，提出全面深入贯彻人才优先发展战略，加速建成具有国际竞争力的人才强市。杭州提出坚持人才优先发展战略，营造最优创新创业生态，等等。国内各主要城市已经将人才优先发展战略确定为城市发展战略中极为关键的一招，人才资源这块"烫手的山芋"是各大城市的必争之物。

二是北京、上海严控人口背景下的人才引进机遇。在推动产业转型、防控"城市病"的背景下，北京、上海的落户政策持续紧缩，外来流动人口趋于减少。2016年，北京市常住外来人口比上年减少了15.1万，这是自2000年以来北京常住外来人口首次下降。上海也出现了类似的情况，自2015年全市外来人口首次出现下降以来，2016年全市外来常住人口继续紧缩，比上年减少了1.45万。这些一线城市落户政策的紧缩，客观上给那些非一线城市引进人才提供了良好的契机。

三是积极推进产业结构升级、适应经济新常态是吸引高素质人才的主要动因。当前，我国已步入经济新常态，经济下行和产业结构优化的双重压力交汇，传统的高投入、高耗能、低效益的发展模式急需向新兴的低成本、低耗能、高效益的发展模式转型，这一转型过程对人力资源等生产要素的投入产生了更高的要求。我国的传统制造业是一种劳动密集型产业，其崛起主要得益于"人口红利"带来的廉价劳动力。而未来国家重点发展的战略性新兴产业和先进制造业等高附加值产业则是一种知识密集型产业，其崛起主要靠"人才红利"来驱动。人口老龄化是工业化国家发展的必然产物，因此单纯靠数量增长型的"人口红利"来推动经济持续发展是不现实的，而质量增长型的"人才红利"则是一种人力资本红利，可为经济增长注入新鲜持久的动力。着力塑造和吸纳高素质人才、推动我国由人口大国向人才强国的行列迈进，是我国新常态下加速产业结构转型升级、打造高质量型经济体系的必然要求。

四是日益严峻人口老龄化形势下的关键之举。人口老龄化是社会文明发展的标志，但若应对不当亦会带来这样那样的问题，如人口抚养比持续上升、基本养老保险财务可持续性不足、经济发展活力缺乏，甚至会威胁到一国的主权安全。这方面，国际国内都有深刻的教训。城市未来发展离不开高素质人才，减缓人口老龄化的进程，提高人口素质，引进年轻人才成为各大城市应对未来挑战关键之举：一方面能"稀释"老龄人口所占比例，另一方面也为城市未来发展储备了大量人才资源。

## （二）主要城市"抢人大战"主要策略分析

1. 以户籍政策为突破口，实施户籍新政以吸纳人才

第一，放宽落户条件。当前，绝大部分省会城市对本科毕业生落户几乎不设置门槛，一些中西部城市甚至降低了对专科生的落户门槛。例如，武汉市规定，对于毕业未超过三年的普通高校大学生，仅需出具毕业证、创业就业证明即可申请登记为武汉市常住户口，对于毕业三年以上的普通高校大学生，"在汉有合法稳定住所（含合法租赁），与就业单位签订劳动合同、

在汉连续参加城镇社会保险1年以上，创业的（含合伙人、个体工商户）正常经营半年以上，可申请登记为武汉市常住户口"①。

第二，简便落户手续。西安市推行大学生凭学生证即可在线落户政策。天津市为吸纳各类人才、简化经办程序，推出了"天津公安"民生服务平台，外来人口只需登录该平台在线提出落户申请，3个工作日内即可得到公安部门的反馈结果。

2. 出台一系列人才奖励优待政策，吸引人才

此次"抢人"大战中，各大城市普遍通过住房和现金补贴等优惠政策吸引人才。代表性的做法有：

第一，制定人才住房保障和优惠政策。西安市规定，对刚毕业的大学生，若其租住公租房，可免资格审核并享受一到两年的廉租房租金标准。成都市为吸引外地优秀人才推出了"蓉漂"计划，为稀缺急需的优秀人才提供人才公寓租赁住房保障，为来蓉求职的外地本科生提供七天免费入住的青年人才驿站。南京市对人才住房保障的管理更为精准，针对满足要求的六类人才，制定了不同的待遇：人才公寓、共有产权房、购房补贴、租赁补贴和公共租赁住房等。②

第二，出台现金补贴奖励人才政策。济南市新出台的"人才新政30条"规定，灵活引进并获"泉城学者"称号的人才，每人最多可获得100万元的项目扶持资金和10万元的生活补贴。杭州市推出"人才新政27条"，五类人才不仅可以得到不同的租房或住房补贴，还可以将最高不超过3万元的车辆上牌补贴收入囊中。福州市财政更注重高端人才的引进，对于应届的博士研究生给予15万元的安置补助费，并要求用人单位助其解决住房困难问题。

---

① 参见《"抢人大战"的背景、原因和策略》，http://blog.sina.com.cn/s/blog_16e7643650102xang.html。

② 同上。

第三，制定人才医疗优待政策。北京为高水平人才开辟了畅通的就医"绿色通道"，并给予他们一定比例的商业医保补贴。上海"人才30条"中要求完善养老医疗保险待遇在医疗和教育方面，优化海外人才医疗环境，支持市场主体建立第三方国际医疗保险结算平台。深圳实行分层分类的人才医疗优待政策，三级保健待遇面向的是后备级人才和海外C类人才，二级保健待遇面向的是国家级领军人才、地方级领军人才和杰出人才外的其他海外A类人才、B类人才，三级保健待遇面向的是杰出人才。[1]

第四，为人才子女教育提供便利。例如，北京要求在科技创新产业聚集区域和国际人才聚集区域配置优质教育资源。上海"人才30条"中提出要保障配偶子女相关待遇，扩大国际化教育资源供给，研究试点社会力量举办外籍人员子女学校。深圳规定，高层次人才的随迁就读子女，其户籍虽不在本地，但在小学和高中阶段，仍可享受与本地户籍学生相同的待遇。

**3. 营造尊重人才的良好氛围，为人才创新创业方面提供便利**

数轮抢人大战中，一些城市主动打破人才流动的制度障碍，通过制定和完善职称评定、薪酬制度、社会保障等配套政策体系，营造尊重人才、尊重知识、尊重知识产权、鼓励创业的社会氛围来吸引人才，获得了不错的效果。例如上海"人才30条"中提出强化人才创新创业激励机制。完善科技成果使用、处置、收益管理制度，落实促进科技成果转移转化的税收政策，完善科技成果转移转化奖励机制。[2]武汉为鼓励大学生创业，设立大学生创业贷款担保基金，为毕业5年内或在校的大学生创

---

[1] 参见《西宁晚报——数字报刊》，2018年4月11日，http://www.xnwbw.com/html/2018-04/11/content_139282.htm。

[2] 参见《上海：30条人才新政吸引世界知名高校毕业生就业》，2016年9月27日，http://www.jyb.cn/job/jysx/201609/t20160927_675163.html。

业企业申请贷款提供担保，担保贷款额度最高可达200万元。海口加大科技创新创业团队的扶持力度，对审核通过的科技创新创业团队，提供30万元的启动资金。

4. 重点瞄准大学生为主的年轻群体，留住大学生

大学生是各地抢人大战的主要"猎物"，也是抢人政策的重要对象。这些政策通过租房购房补贴、就业创业资助、"零门槛"落户等措施，满足毕业大学生深深关切的住房、就业、户籍等多种现实需求。相关统计显示，截至2018年5月，至少20个城市颁布了包括提供租房购房优惠、支持就业创业、解决户籍问题等在内的抢大学生政策。

## 二 国内其他主要全球城市的人口发展战略

### （一）北京

1. 北京人口发展情况

作为我国的文化、政治和国际交流中心，北京汇聚着国内最优质的教育、卫生、公共服务等优质资源。在虹吸效应的带动下，北京人口在过去几十年间呈现爆炸式增长的态势。截至2017年年底，北京市常住人口达2170.7万人，与国内同类一线城市相比，仅次于上海2420万人的规模，远远高于深圳市1252.83万的常住人口规模，也大大高于广州1449.84万的常住人口规模。2017年北京常住人口相比于1949年增长了1750.4万人，平均每年增加26.5万人，年均增长率为2.52%。人口快速增长是一把"双刃剑"，在助推北京经济和社会发展的同时，也给北京带来了诸如房价过高、交通堵塞、治安隐患增加等诸多问题。

在此背景下，2015年2月10日，习近平总书记在中央财经领导小组第九次会议上指出要疏解北京非首都功能。北京市陆续采取一系列政策措施，开始疏解北京非首都功能，优化人口分布，将常住人口增长控制在合理区间。2017年9月发布的

《北京城市总体规划（2016—2035年）》从战略全局的高度确定了北京未来的人口发展规划，进一步提出要严格控制人口规模，优化人口分布，确定北京市常住人口规模到2020年控制在2300万人以内，2020年以后也要长期稳定在这一水平。[①]现阶段北京主要采取以下措施控制人口增长[②]（于丽娜，2015）：

一是推进产业结构调整升级，以业控人。第一，严格推行产业准入制度。提高产业准入门槛，严格把控各个审批关口，合理控制低附加值的新增项目。第二，构建高精尖的产业结构。淘汰不符合首都战略定位的落后产能和存量产业，聚焦生态化、高端化、融合化、服务化的发展方向，加速构建"高精尖"的产业结构。第三，搬迁转型升级低端市场。疏解提升人流量大且占地面积较大的低端市场，疏解物流中心。第四，关停部分工业企业。疏解退出一般制造业企业，大力整治"散乱污"企业，对按照节能减排量达标企业给予现金奖励。[③]

二是加强出租房屋管理，以房管人。第一，加强群租房治理。制定相关法规重罚群租行为。第二，加强地下空间治理。开展地下空间整治专项行动，腾退地下空间修建公益便民项目。第三，坚决遏制违法建设。着力拆除现存的违法违规建设，引导人口有序聚集；从源头上遏制违法违规建设。第四，清理农村地区出租大院。北京将农村集体土地上的出租大院集中整治作为工作重点。

三是加快中心城区功能疏解，腾低换优。第一，加快推进棚户区改造。第二，稳步推进部分商品批发市场的改造升级和迁出工作。第三，严格限制体育、卫生、教育等大型基础服务

---

[①] 参见《北京市城市总体规划（2016—2035）》，2018年8月1日，http://www.bjghw.gov.cn/web/ztgh/ztgh002.html。

[②] 于丽娜：《北京市人口规模调控的实践及其面临的问题》，决策论坛——企业精细化管理与决策研究学术研讨会。

[③] 参见《疏解非首都功能，北京已迈出有力步伐》，2018年7月20日，http://beijing.qianlong.com/2017/1121/2191048.shtml。

设施的扩建和新建，将中心区的教育、卫生等公共资源外迁。

四是完善和落实居住证制度，以证管人。完善"现居住地"管理，实施单位属地管理，人员居住地管理，通过对本单位部门本行业流动人口进行摸底清查，做到谁用工，谁负责。落实流动人口的社会服务管理优惠政策。推行《居住证》制度，确保流动人口享有与本地市民相同的待遇。

五是推动京津冀区域协调发展，推进产业向外疏解。具体举措包括：与周边地区合作，疏解相关产业。北京与天津、河北两地分别签署了合作框架协议与备忘录，稳步推进将一般制造业和高端产业中比较优势不突出的制造业向北京之外的地区疏散转移。

经过各方的持续努力，北京市的人口调控措施初见成效。2017年年末，北京市常住人口2170.7万人，比上年年末减少2.2万人，下降0.1%，为2000年以来首次出现负增长。

2. 北京人口老龄化发展情况及战略

截至2016年年底，北京市全市户籍总人口1362.9万人，其中：60岁及以上户籍老年人口329.2万人，占总人口的24.1%（见表5-1）；65岁及以上户籍老年人口219.3万人，占总人口的16.1%；80岁及以上户籍老年人口59.5万人，占总人口的4.4%。[①] 按照国际通用老龄化衡量标准，北京市老龄化比例超过24%。老年人口抚养系数达38.1%，这意味着每百名劳动年龄人口至少需抚养38位老人，每两名多劳动力就要抚养一名老人。人口老龄化程度持续加深。根据北京市民政局发布《北京市老龄事业和养老服务发展报告（2016年—2017年）》的观点，北京户籍人口老龄化程度居全国第二位，仅次于上海。

---

① 参见《北京市老龄事业与养老服务发展报告（2016—2017年）》，2018年8月15日，http://zhengwu.beijing.gov.cn/sy/bmdt/t1497329.htm。

表5-1　　2016年北京市按不同年龄划分的户籍老年人口构成　　单位：万人，%

| 年龄组 | 人数 | 占总人口比例 | 占60岁及以上的比例 | 男 人数 | 男 占同年龄组人口比例 | 女 人数 | 女 占同年龄组人口比例 |
| --- | --- | --- | --- | --- | --- | --- | --- |
| 60岁及以上 | 329.2 | 24.1 | 100.0 | 158.2 | 48.0 | 171.0 | 52.0 |
| 65岁及以上 | 219.3 | 16.1 | 66.6 | 104.5 | 47.7 | 114.8 | 52.3 |
| 80岁及以上 | 59.5 | 4.4 | 18.1 | 28.7 | 48.2 | 30.8 | 51.8 |

数据来源：《北京市老龄事业和养老服务发展报告（2016—2017年）》。

与之相对应的是，北京市在应对人口老龄化领域也走在了全国前列，目前北京市养老机构医疗覆盖率已达90%以上。另外，北京市在城市和人口发展规划中对老龄化问题已有前瞻性的战略认知，《北京城市总体规划（2016—2035年）》中指出，要采取措施积极应对人口老龄化。当前北京应对人口老龄化采取的主要措施有：

一是坚持居家养老为主，构建"三边四级"服务网络的社区居家养老格局。"三边"是养老服务的内容，包括老年人的周边、身边和床边服务。在老年人周边3公里范围内递送养老照顾中心升级服务，在老年人身边1公里范围内递送社区驿站综合服务，在老年人的床边递送专业化的上门服务。"四级"是养老服务责任体系。第一，发挥市级老龄委的协调职能，统筹安排全市老龄工作。第二，建设区级养老服务指导中心，统筹安排区内服务资源。第三，建设街乡镇养老照料中心，打造区域养老服务平台。第四，建设社区养老服务驿站，构筑居家养老总服务台。[1]

二是提升社区居家养老服务水平，改善老年人口生活条件。第一开展养老助餐服务。市财政拨出7000多万元，着力推进养

---

[1] 参见《北京养老驿站将达1000个》，2017年10月31日，http://www.sohu.com/a/201251903_148767。

老助餐服务体系试点工作,并加快助餐服务体系的完善,探索总结出"政府+协会+公司+老年人""中央厨房制作分餐+社区配送+集中就餐"等模式。第二,积极兴办居家养老服务单位。对护理机构、休闲健身、生活照顾、老人饭堂等各类服务单位进行帮扶,被帮扶的机构总数超过1万家。第三,发放居家养老服务券。北京市居家养老服务券发放从2010年开始起向60岁以上的重度残疾人及老年人发放居家养老服务券,受惠老年人数量达到361万人。第四,建设"一刻钟社区服务圈"。2016年累计建成"一刻钟社区服务圈"1342个,覆盖2540个社区,覆盖率达到84%,惠及1569万社区居民。第五,推动社区硬件升级改造,完成社区用房为老服务规范化建设。全市建成的养老服务规范化社区示范点超过680个,社区养老服务的用房面积率基本达标。这些措施改善了养老服务的硬件环境,为社区开展老年健身活动、构建全方位的老年服务体系提供了强有力的保障。[1]

三是扶持社会力量参与发展养老事业。第一,培育养老服务社会组织。加大政府购买服务力度,制定政府向养老服务社会组织购买养老服务的政策,使之发展为养老服务公益慈善组织。第二,采取现金奖励方式鼓励社会力量参与养老事业。北京市出台政策,对参与应建未建空白区域建设养老照顾中心建设的社会组织,给予设备采购、床位建设及运营、辐射居家服务等优惠补贴,参与建设的社会组织最高可享受设备购置补助和床位建设补助合计450万元。第三,加大养老服务业投融资力度。设立支持养老服务业发展的投资引导基金;利用中小企业、科技创新、创业投资等方面的扶持资金以及医疗卫生资金、就业资金、社会保障基金等,采取投入直接补助、财政贴息、小额贷款等多种方式引导社会资本加速进入养老服务领域。第

---

[1] 参见《北京市老龄事业和养老服务发展报告(2016—2017年)》,https://max.book118.com/html/2017/1112/139819645.shtm。

四,引导社会资本投资养老机构。大力鼓励社会组织创办连锁化、规模化的养老服务机构。通过加大财政投入、给予建设支持和运营补贴、税费优惠政策、用水、用电、用气、供暖价格减免等政策支持社会力量投入养老事业。

3. 北京的人口布局优化及战略

北京当前除了面对人口快速膨胀的问题之外,也面临着亟待解决的优化人口布局问题。2015年,北京中心的首都核心功能区的人口密度均大于2万人/平方公里,是全市密度最高的区域,核心区域人口密度已经趋于饱和。人口布局上的非均衡性不仅造成了区域间经济发展差距的持续扩大,也使得中心城区的负荷过重,造成中心城区拥挤过度与外围地区人力不足同时并存的奇怪现象。因此,优化人口布局也是北京市人口发展中必须要面对的巨大挑战。

北京当前已经在战略高度重视优化人口布局问题,在《北京城市总体规划(2016—2035年)》中,专门设有一章来论述如何调整人口布局,疏解非首都功能,提升首都功能。具体来说,当前阶段北京在优化人口布局方面采取的主要做法有:

一是依托产业疏解带动人口疏解。采取的主要措施有:第一,疏解核心城区低端批发市场。例如西城区完成"动批"和天意市场等疏解工作。第二,调整退出落后工厂企业。比如,2016年,北京东城区调整退出的落后工业企业就有16家,4369家个体工商户及企业没有获得落户审批的通过。清理空挂户、集体户,核销、外迁户籍2.95万。

二是加强房屋居住管理,疏解人口。第一,推进老旧房屋腾退。第二,加强地下空间治理。大量人口蜗居在地下室,是造成北京中心城区人口过密原因之一。北京挂账整治散租住人普通地下室,清理普通地下室。第三,加强群租房治理。群租房的存在使大量人口密集居住在狭小空间内,进一步加重了核心城区人口过密程度。重重惩罚违反规定的群租行为,严厉整顿群租房现象。

三是向外迁出医疗教育功能。东城区完成了天坛医院的整体外迁工作，预计门诊服务数将会减少138万人次/年。将新增区属职业学校的办学规模控制在合理的范围；推进北京工商大学等高等学校的本科教育功能整体外迁工作。

四是行政中心迁移带动人口外迁。北京市委、市政府明确提出"聚焦通州战略，打造功能完备的北京城市副中心"。同时北京市计划将部分北京市及中央部分政府机关外迁到通州区建设城市副中心。通过循序推进市级党政机关和市属行政事业单位的外迁工作，带动其他相关功能和人口的外迁，到2030年通州区将承接中心城区40万—50万人常住人口疏解。

五是建设新城疏解中心城区人口压力。北京中心城区溢出人口向环京集聚，目前形成了多个新城，仅燕郊一地2016到2017年就吸纳了近一百万常住人口入驻。北京计划发展顺义、通州等11个新城，以缓解中心城区人口压力。位于东部发展带上的通州、亦庄和顺义是此次发展的重点，它们将在未来成为缓解北京中心城区人口压力的重要地区。

### （二）上海

#### 1. 上海人口发展情况

近年来，得益于大批外来务工人员的迁入，上海的人口总量剧增且人口布局较为集中。1949年年末户籍人口为520万；截至2017年年末，全市常住人口2418.33万人，其中外来常住人口972.68万人，户籍常住人口1445.65万人。其中2010—2014年，上海市人口规模保持持续增长态势。2014年前后，上海市政府开始陆续出台人口调控措施，取得了较好效果。受人口调控政策的影响，上海市常住人口规模增长在2015年出现转折，首次出现负增长。虽然2016年小幅增长，但2017年又出现小幅下降。（见图5-1）。

## 第五章 广州人口发展面临的国内竞争形势分析

单位：万人

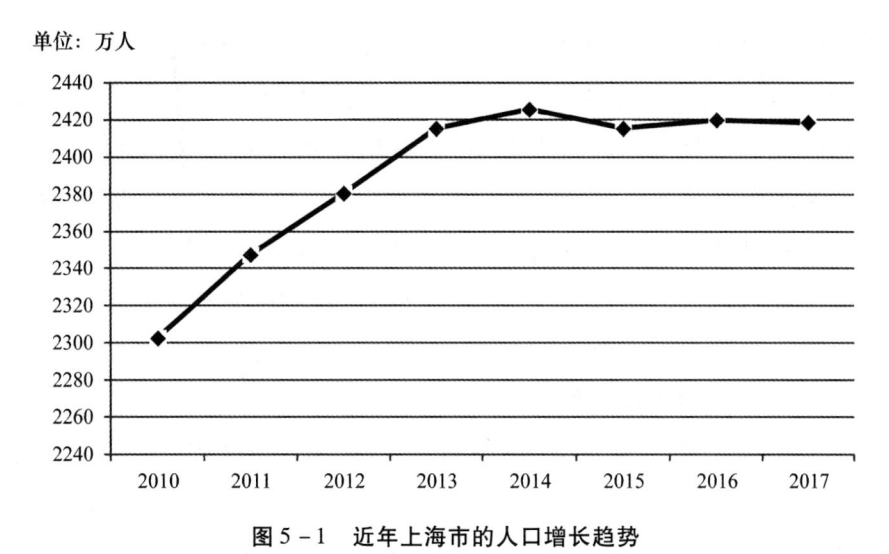

**图 5-1 近年上海市的人口增长趋势**

数据来源：2018 年《中国统计年鉴》。

从人口规模发展的目标设定上来说，根据 2016 年 12 月出台的《上海市城市总体规划（2017—2035 年）》中的要求，到 2020 年上海市要将常住人口控制在 2500 万人以内，并以 2500 万人左右的规模作为 2035 年常住人口调控目标。至 2050 年，常住人口规模保持稳定。但从数量上而言，现阶段上海人口调控的压力巨大，但调控力度之大也前所未有。主要通过实施以下策略控制人口[①]：

一是全面进行群租和规模租赁整治。上海市针对全市存在较为严重的群租和规模租赁现象，在旧区改造过程中，对城市中的群租和规模租赁进行了全面整治。二是推进"城中村"改造整治。三是加速推进违建拆除工作。城市中存在大量违建可以容纳较大容量的流动人口，门面房违建出租现象严重，上海进行了大规模违建拆除行动。截至 2018 年 7 月，全市累计拆除存量违法违规建筑面积达到 2373 万平方米。四是规范居住证办理工作，以证管人。

---

① 杨雄、周海旺：《上海社会发展报告：优化社会政策促进社会治理 2016》，社会科学文献出版社 1900 年版。

以居住证为抓手，严格居住证件日常管理工作，强化相关职能部门的合作，加大违规居住（租住）和违法就业（经营）人、房信息的收集、汇总力度。五是严格实施积分落户政策，控制人口增长。和国内其他城市的积分落户政策相比，上海设置了极为苛刻的积分落户条件。来沪创业、就业人员要满足无犯罪记录、持居住证并缴纳社保满7年以上，每年都要达到120分等基础条件。而广州规定总积分只需满60分就可以提出入户申请。

上海市人口调控措施与北京相比，采取的主要措施基本一致。两个中国超大城市都通过行政手段强力干预的方式，通过整治拆迁、加强居住管理等行政手段，力求在较短时间内有效控制住城市人口过快增长的趋势，也取得了良好的成效。但从长期来看，粗暴干预人口正常集聚的方式并不利于城市长远发展，反而会使城市发展受限。

2. 上海人口老龄化发展及战略

上海是我国最早跨入老龄化社会行列的都市，亦是我国老龄化程度最深的大型都市。早在2017年，上海的老龄化率就已经达到了14.3%（指65岁及以上常住人口占全部常住人口的比重），与国内老龄化程度较高的大型城市相比，老龄化程度算是最高的，与国际上大城市相比，也处于较高水平（见表5-2）。上海中心城区人口老龄化程度尤为严重。截至2016年年底，上海市60岁及以上人口占户籍人口比重为31.6%，而北京市、广州市、深圳市该比重分别为24.1%、17.76%、6.9%。

表5-2　　　　　上海与国内外主要城市老龄化程度　　　　　单位：%

| 城市 | 老龄化率 |
| --- | --- |
| 上海（2017年） | 14.3 |
| 北京（2017年） | 10.9 |
| 广州（2017年） | 7.9 |
| 深圳（2017年） | 3.4 |
| 中国香港（2016年） | 15.9 |

续表

| 城市 | 老龄化率 |
| --- | --- |
| 东京（2016年） | 22.2 |
| 纽约（2016年） | 12.1 |
| 伦敦（2016年） | 11.1 |

数据来源：《上海人口老龄化现状和预判》，http://www.stats-sh.gov.cn/html/fx-bg/201805/1002033.html。

上海市将老龄化问题放在了人口发展的突出位置，是国内城市中较早开始应对老龄化问题的城市之一。目前主要落实了以下政策：

一是推行柔性退休政策。为了积极应对人口老龄化，上海市高瞻远瞩，在国家出台弹性退休政策之前，于2010年发布了《关于本市企业各类人才柔性延迟办理申领基本养老金手续的试行意见》，从当年10月1日开始试行柔性退休政策。弹性退休政策主要面向本市的人才，即参加本市城镇养老保险的企业中具有专业技术职务资格人员，具有技师、高级技师证书的技能人员和企业需要的其他人员，且男性一般不超过65周岁，女性一般不超过60周岁，可以申请延迟退休。[1] 从当前的政策效果看，为了更好地服务上海市的人才发展战略和顺应民意、有效应对人口老龄化危机，弹性退休政策仍有诸多需要改善和调整的地方。

二是构建"9073"居家养老模式。为满足老年群体日益增长的养老服务需求，近年来，上海市积极推动并构筑了"9073"的养老服务格局，即90%的老年人待在自己的家中，由亲友或邻里提供照顾和护理的服务，政府的职责主要是倡导社会形成敬老、爱老的良好风气，为年轻人提供类似于日本"喘息假"的护理假以及护理津贴。7%老年人在自己生活的社区中获得居

---

[1] 参见《上海柔性退休仅限"专业人才"：男不超65 女不超60》，https://i.ifeng.com/news/news? aid = 75501162&srctag = cpz_ newsnext。

家养老服务，社区中设有老年人文化娱乐中心、老年人日间看护中心、老年人心理疏导中心等服务实体，通过上门、日间服务等主要形式，为老年人提供康复护理、生活照料、心理疏导等服务。3%的老年人在政府主导、社会力量参与构建的具有全托生活护理功能的养老机构获得全方位、全天候的养老服务，这类老年人绝大多数是失能、半失能的弱势群体，因此需要政府的干预和扶持。

三是引入社会力量参与养老事业。主要在资金支持、税收减免、政策优惠等方面引导社会力量参与养老事业，加强政府与社会合作。例如，积极推广政府与社会资本合作（PPP）模式，吸引社会资本参与投资、建设和运营；鼓励符合条件的养老服务企业通过企业债券等融资手段解决资金来源的问题；积极支持社会组织参与居家、社区专业养老服务事业中；全面落实养老服务机构优惠政策，对非营利性养老机构建设全额免征、对营利性养老机构建设减半收取相关行政事业性费用；对养老机构提供服务减免超计划加价水费；统筹市、区县两级政府性资金，引导公益基金、慈善基金等社会性资金投入到养老服务事业中，扩充养老服务事业的资金来源问题。①

3. 上海的人才发展战略

一是出台人才"30条"，"放权松绑""聚天下英才而用之"。上海市在先前实施《关于深化人才工作体制机制改革促进人才创新创业的实施意见》，即人才"20条"的基础上，针对上海当前具体实际情况，进一步破除阻碍人才发展机制体制性障碍，发布了《关于进一步深化人才发展体制机制改革加快推进具有全球影响力的科技创新中心建设的实施意见》，提出了30

---

① 参见上海市《市政府办公厅印发〈关于完善本市养老基本公共服务的若干意见〉和〈关于鼓励社会力量参与本市养老服务体系建设的若干意见〉的通知（沪府办〔2015〕124号）》，http://www.yanglaocn.com/shtml/20171128/1511825652113295.html。

条具有实践性较强的具体举措,"人才30条"中一些特色做法主要集中在以下几个方面:

一是大力引进海外高层次人才。依靠诸如将外籍高层次人才纳入直接申办永久居留证范围;聘用世界各地知名高校的应届毕业生来沪就业;提高海外人才市民待遇等方式吸引海外人才来沪。第二,充分发挥户籍政策在吸引人才中的导向和激励作用。制定居住证积分、居住证转办户籍、直接落户等优惠政策吸引高层次人才。第三,坚持"向用人主体放权,为人才松绑",创新科学高效的人才管理制度。保障和落实用人主体的用人权、用物权、用财权、内部机构设置权和技术路线决定权。第四,强化人才创新创业激励。通过诸如完善科技成果使用、处置、收益管理制度;促进科技成果转移转化的税收政策;科技成果转移转化奖励机制等政策,构建全方位、科学化的人才激励机制和体制。[1]

二是实施人才高峰工程行动方案,坚持"量身定制、一人一策"。除实施人才"30条"之外,上海另一引进人才重磅之举就是实施人才高峰工程行动方案,方案主要聚焦以下三个方面:第一,坚持"量身定制、一人一策",加快培养和集聚"四大品牌"建设的紧缺人才,吸引一批具有世界影响力的大文学家、大企业家、大科学家等高层次人才,汇聚一批具有国际顶尖水平的名人、名师、名家。第二,开展重点领域的职业技能提升行动,打造一批标志性服务大使、老字号技艺传人、国际级能工巧匠。第三,强化人才服务意识,营造人人爱才、人人惜才、人人成才的良好社会风尚。[2]

---

[1] 参见《上海:30条人才新政吸引世界知名高校毕业生就业》,2016年9月27日,http://www.jyb.cn/job/jysx/201609/t20160927_675163.html。

[2] 参见《中共上海市委上海市人民政府关于全力打响上海"四大品牌"率先推动高质量发展的若干意见》,2018年4月26日,http://www.shanghai.gov.cn/nw2/nw2314/nw2315/nw44/。

小结：经过以上对上海人才政策的梳理，可以发现上海在严控外来人口流入的同时，并没有关闭人才引进的大门。在人才"20条"基础上出台了人才政策的"优化版、加强版、升级版"——人才"30条"，人才利好政策不断升级，这也从侧面反映出上海对"求才若渴"的紧迫感和"人才问题"的深刻认知。这些政策有利于破除人才引进、评价、激励、流动及科技成果转化等关键政策的"最后一公里"落地问题，可以为广州人才引进工作提供有益借鉴。

**（三）深圳**

1. 深圳人口发展基本情况

深圳作为最年轻的一线城市，在其过去近四十年的发展过程中，外来人口的不断注入为城市不断发展提供了巨大的人口红利。从人口总量上看，根据《2015年深圳统计年鉴》的数据显示，截至2014年年底，深圳市常住人口达到1077.89万人，其中常住人口年平均增长约为10.17万人，非户籍人口约有745.68万人，户籍人口332.21万人。深圳市人口规模呈现快速增长趋势，体现出了深圳市具有较强的人口吸纳能力。

相对于北京、上海严厉的人口控制政策而言，依靠外来人口发展起来的深圳市并没有向外"赶人"，而是采取了相对温和的人口调控政策。既没有放任鼓励人口膨胀，也没有严格控制外来人口流入，而是把质量型人口发展、强化人才引进与培育、提高人口素质放在了城市人口发展的突出位置。这在深圳制定的"十三五"规划中已有体现。根据规划，深圳要打造质量型人口发展红利，同时强化人才引进与培育，到2020年，常住人口预期目标1480万人，在册户籍人口550万人，常住人口中的大专以上学历人口比例要占到30%。

2. 深圳人口发展面临的主要问题

一是人口老龄化趋势日渐明显。作为一座充满活力的城市，深圳市人口年龄结构呈现"两头小中间大"的纺锤形结构。根据《深圳市2015年全国1%人口抽样调查主要数据公报》数据显示，全市常住人口中，0—14岁人口为152.53万人，占13.40%；15—64岁人口为946.99万人，占83.23%；65岁及以上人口为38.37万人，占3.37%。从各抚养比的变动情况来看，少儿抚养比、老年扶养比和总抚养比一直保持在相对稳定状态上，人口老龄化程度处于较低水平（见表5-3）。但到了2015年，深圳市的老年人口已经突破120万，占深圳总人口6.6%，深圳的城市人口结构老化处于加速期，预计在2020年年底，深圳的老年人口将增长至156万人，占人口10.54%，增幅达到30%。随着人口老龄化程度的日益加深，深圳在不久的未来将正式迈入人口老龄化社会。

表5-3　　　2010年、2015年全国、深圳市人口年龄结构对比　　单位：万人，%

| 地区 | 0—14岁 人数 2010 | 0—14岁 人数 2015 | 0—14岁 占比 2010 | 0—14岁 占比 2015 | 15—64岁 人数 2010 | 15—64岁 人数 2015 | 15—64岁 占比 2010 | 15—64岁 占比 2015 | 65岁及以上 人数 2010 | 65岁及以上 人数 2015 | 65岁及以上 占比 2010 | 65岁及以上 占比 2015 |
| --- | --- | --- | --- | --- | --- | --- | --- | --- | --- | --- | --- | --- |
| 全国 | 22245.97 | 22696.0 | 16.6 | 16.52 | 99843.34 | 100279.0 | 74.53 | 73.01 | 11883.2 | 14374.0 | 8.87 | 10.47 |
| 深圳 | 101.88 | 152.5 | 9.84 | 13.40 | 915.64 | 946.99 | 88.40 | 83.22 | 18.28 | 38.37 | 1.76 | 3.37 |

数据来源：全国数据来自《2015年全国1%人口抽样调查主要数据公报》；深圳数据来自《深圳市2015年全国1%人口抽样调查主要数据公报》。

二是人口素质结构有待提高。从人口受教育背景的结构来看（见图5-2），截至2015年，深圳人口中初中及以下教育学历的人口比例高达57%，大专及以上学历的人口比例仅约为15%，而高中或中专学历的人口比例约为28%。深圳市大学文化程度人口比例与北京市、上海市相比，仍有不小的差距[1]。

---

[1] 陈东平：《基于整体数据建设的深圳市"织网工程"的实践与思考》，《大数据》2016年第2期。

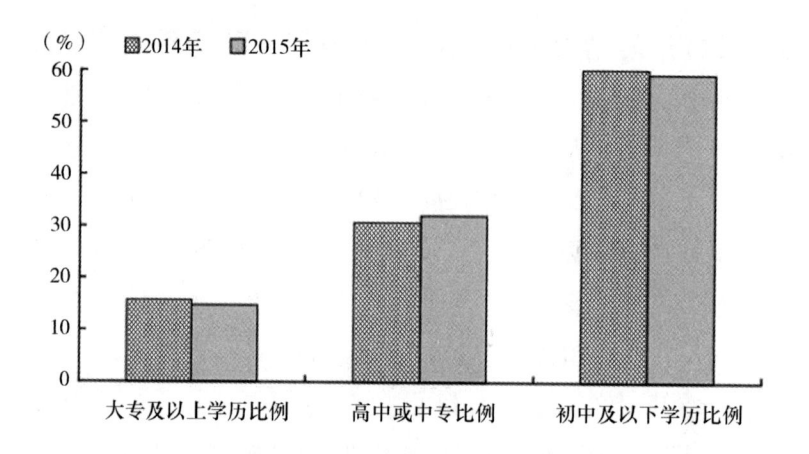

图 5-2　深圳市人口受教育背景

数据来源：陈东平：《深圳市人口结构分析报告（2016）》，社会科学文献出版社2016年版。

### 3. 深圳的人口优化政策

一是实施积极有为的人才政策，保持城市发展活力。深圳先后出台中长期人才发展规划纲要、高层次专业人才的"1+6"政策、引进海外高层次人才和团队的"孔雀计划"、促进人才优先发展的《若干措施》、"十大人才工程"，实施全国首个人才条例《深圳经济特区人才工作条例》，建成全国首个人才公园、人才研修院、将11月1日确定为深圳首个法定"人才日"等一系列重要举措。[①] 深圳在引进人才方面不断加码，将城市引才工作做到了极致。截至2017年年底，已认定海内外高层次人才9933人，累计引进海内外留学人员10万余人，全市各类人才总量超过510万人，占常住人口的40.7%。深圳人才总量超510万，每10人就有4个是人才。高素质人口的输入，必将成为深圳优化人口结构，获得"人才红利"的一个重要法宝。

二是放松落户政策，积极吸纳年轻人口落户深圳。2016年，

---

① 参见《深圳宣布高层次人才突破1万人！附2018年深圳市高层次专业人才认定奖励补贴及标准》，2018年6月20日，https://www.sohu.com/a/236765339_675420。

深圳市政府先后印发《深圳市人民政府关于进一步加强和完善人口服务管理的若干意见》《深圳市户籍迁入若干规定》和《深圳市居住登记和居住证办理规定》，即"1＋2"文件提出，深圳将扩大户籍人口规模，开辟居住社保迁户渠道，并扩大了人才入户范围，将居住证免社保直接办理的范围扩大至大专以上。① 2017 年，深圳再次把积分入户的门槛降低，对学历无要求，为长期在深稳定就业和居住的外来人口新增一条入户渠道。得益于不断放宽的落户政策，2017 年，深圳市在册户籍人口达到 449.86 万人，全年增长 45.07 万人，这对于改善深圳人口倒挂状况，提高人口素质具有积极意义。

三是大力发展高等教育事业，提升人口素质。深圳市大力发展教育事业，补上教育量和质的短板，提升人口素质。第一，财政预算向教育事业倾斜。2018 年，深圳全市财政预算支出中将安排教育支出 634 亿元，占全市财政支出的 16% 左右，比 2017 年增长 25%，超过 2017 年北京和上海教育支出的总额。第二，大力发展高等教育事业，与国内外优秀学府开展合作办学。深圳在办好南方科技大学、深圳大学等本地大学的基础上，强化与内地和香港著名高校（1 所 211，17 所外来 985 和 6 所港校）的合作，力争在几年内建成若干高水平大学，几所新办大学。② 预计"再过三五年，深圳的高等学校在校生要超过 25 万人，成为高等教育强市之一"。

四是积极打造人才品牌，营造爱才惜才的人才氛围。深圳作为一个朝气蓬勃的现代化城市，不断提高人才服务和管理水平，优化引才用才留才环境，其人才环境在全国名列前茅。例如率先提出的"来了就是深圳人"的口号响遍全国，成为宣传

---

① 参见《深圳出台人口新政：放宽入户条件对人才落户不设上限》，2016 年 8 月 26 日，http://www.fangchan.com/news/6/2016-08-26/6174858655725588607.html。

② 参见《深圳来了 17 所 985，不知不觉占据教育界"半壁江山"》，2018 年 1 月 30 日，http://www.sohu.com/a/219859078_620476。

城市形象的经典案例。

五是积极布局养老产业，推进"两城六中心"建设。为应对2020年深圳即将到来的"银发浪潮"，深圳大力发展养老产业，提出推进"两城六中心"建设，即建设全国养老服务业综合改革试点城市、高科技老年用品研发制造中心、国际老年友好型城市和养老企业总部集聚中心、养老金融创新中心、老年用品会展营销和国际分销中心、养老服务教育培训科研中心、养老服务业规范和标准创制中心。[①]

## 三　国内其他城市的人口发展战略经验借鉴

相对于北京、上海而言，深圳人口发展更加注重人口发展质量，更加注重吸纳城市赖以发展所需要的外来年轻人口，保持人口红利。深圳吸引人才的方式和方法也十分弹性灵活，外引内培，独具特色。深圳灵活主动的人才政策所带来的人才红利，是推动深圳近年来在创新驱动发展方面走在全国前列的重要因素。

### （一）被动控制的人口调控政策使城市的发展受限

合理调控人口规模使之与人口资源环境相适应。实现人口规模适度、人口布局均衡、人口结构合理，逐步构建与国家重要中心城市功能定位要求相适应的人口发展动态调控机制，推进人口自然增长率有序增长，是广州未来人口发展的战略选择。建立人口总量动态调控机制，而不是简单设定刚性控制目标，主要是基于以下三点：

一是我国城市人口调控历史经验已经证明，设定刚性调控目标的做法不可取。我国政府一直具有严格控制大城市规模的

---

① 参见《市民政局推"九项改革"新增70地块建设养老机构》，2014年2月28日，http://sz.house.qq.com/a/20140228/007168.htm。

倾向。从1980年全国城市规划工作会议提出"控制大城市规模",1990年开始实施的《城市规划法》中规定"严格控制大城市规模",再到2014年《国家新型城镇化规划(2014—2020年)》和《国务院关于进一步推进户籍制度改革的意见》中"严格控制500万人以上特大城市人口规模"等。但是,从实践中看,北京、上海等政府制定或预测的人口控制目标不断被突破。例如,2005年年初通过国务院批复的《北京城市总体规划(2004—2020)》明确指出,2020年北京的总人口规模要控制在1800万。实际上2010年北京市人口就已经突破1800万人,比规划中2020年控制在1800万的目标早了整整十年。①

二是过分过度关注人口规模会使城市发展受限。截至2016年年末,广州户籍人口870.49万、常住人口1404.35万,距离广州2020年常住人口1800万人的规划目标还有一定回旋空间。一方面,广州还有相当大的土地发展利用空间。例如,广州的南沙和花都,这两个地区还有较大的人口承载能力,可以为城市发展承载大量新增人口,成为新的人口增长极,南沙广州城市副中心的定位和花都空港经济区建设的规划将为这两个地区的发展提供契机。依据住建部《城市用地分类与规划建设用地标准GB50137—2011》以及相关资料,可初步确定大城市人均建设用地标准可集中90.0—105.0平方米/人,截至2015年年底,广州城市建设用地规模达到1787.14平方公里,那么广州目前大约可承载的人口容量约在1608.43万—1876.50万人。2017年广州常住人口为1450万人,低于广州土地所能承载的人口规模,广州未来发展还可容纳较大人口容量。

三是城市人口承载力不是固定不变的,资源要素对城市人口承载力的影响具有较大的弹性。长期以来,一些主要城市以水资源承载力为依据来控制城市人口数量的增长,这种做法实

---

① 参见《大城市该不该控制人口?》,2016年10月14日,http://club.kdnet.net/dispbbs.asp?id=11909838&boardid=1。

际上忽略了水资源要素对城市人口承载力的影响具有较大的弹性，忽略了水资源会随着经济社会的发展和水资源开发技术的进步而动态增长。国内城市中，成都市采用"以水定人"的原则，规划至2035年，随着城市人口发展和人才落户，成都常住人口规模控制在2300万，中心城区的未来人口将达到1360万。同样依据可利用水资源量、目标年份的生活水平和单位GDP耗水量等要素，《"十三五"时期京津冀国民经济和社会发展规划》中提出，北京市到2020年常住人口总量控制在2300万人以内。广州位于亚热带地区，气候湿热，雨量充足，虽然也存在水质性缺水和水源性缺水的隐忧，但总体城市供水充足且会随着供水技术的发展而动态增长，例如随着技术进步，北京市2005年万元GDP水耗近50立方米，到现在只需要30立方米左右，显然以"以水定人"的方式限定城市人口发展上限的方式不可取。广州的人口发展必须综合考虑经济社会发展和资源环境状况，确定一定时期的合理目标。从这个角度来看，广州可以结合市情建立人口总量动态调控机制，而不是一味按照目前人口承载力刚性标准来控制人口。

结合北京、上海等地的人口调控经验，广州在制定城市人口战略时要尽可能减少北京、上海式的"运动式"行为，避免过度行政化调控，减少短视行为和表面化措施。可以得出以下启示：

一是实现适度生育水平，使生育水平逐渐与城市经济社会发展需要相协调。根据广州社科院《2040年广州人口预测研究报告》表明，到2030年，广州老龄化程度将比目前增加1倍左右。人口增长的拐点将出现在2030年左右。到2040年，"老少比"将产生逆转，人口年龄结构将发生改变。低生育率将把人口红利的时代送入历史，劳动力短缺的危机将威胁到社会经济的可持续发展。现在距离2030年人口增长拐点以及2040年人口老少比反转尚有二十多年，广州应果断抓住老龄化形势空窗期，积极应对人口危机。通过出台鼓励政策内生育的一系列奖励政策，吸引年轻人才，促进人口增长。

二是提升城市土地综合开发效率，使人口承载力在城市发展中动态增长。资源环境状况对城市人口承载力的影响存在较大的弹性，通过提升城市土地综合开发效率，可以进一步提升人口承载力。第一，合理调整建筑高度和建筑容积率，适当让建筑拔高变瘦，为市民营造更多公共空间，扩大住宅人口承载力。第二，通过城中村改造，土地的深层次再利用可以进一步扩展城市居住面积。第三，建设开放式小区，实现内部道路公共化，减少因住宅聚集而产生的城市拥堵现象。第四，加强基础设施建设，优化道路管网，例如大规模升级公共交通系统，提高运量和效率，逐渐提高城市人口承载力，以便能够支持更大的人口规模和城市规模。第五，提高居住就业的空间匹配度，缩小上班通勤距离，减少职住分离，能够大大提高城市就业生活满意度。

三是变被动控制人口为主动吸引人口。历史经验已经证明强行控制城市人口的做法不可取，而城市人口对于城市的可持续发展至关重要，与其耗费大量财力物力资源被动控制人口，不如主动吸引高素质人口。一方面，在特大城市不断出台控制人口政策的背景下，控人政策负面影响不断显现，劳动力供需的结构性矛盾日益凸显。企业普遍存在选人、用人、留人、育人方面的困难。据2017年国家统计局上海奉贤调查队随机抽取101家招聘企业的调研显示，招工和留人是上海企业普遍存在的问题和困难，77.1%企业表示缺工，其中28家企业表示缺工现象一直存在。[①] 同时实施控人政策过程中整治群租和拆除违建中的官民冲突时有发生，如果处理不当，极易激化社会矛盾，影响社会和谐与稳定。另一方面，人口是支撑城市永续发展的动

---

[①] 参见《企业招工难、留人更难》，2018年8月1日，http://www.stats-sh.gov.cn/html/fxbg/201703/294050.html。

力源泉。在各大城市争相吸引人才的背景下，应改变以往控制城市人口规模的陈旧思维，主动吸纳年轻人口，优化城市人口布局，提升人口发展质量，为城市未来发展提供不竭的动力。

**（二）居家养老是城市应对老龄化的最佳模式**

居家养老服务是指政府和社会力量依托社区，为居家的老年人提供生活照料、家政服务、康复护理和精神慰藉等方面的一种服务形式。国内老龄化比较严重的北京、上海市居家养老实践证明，居家养老服务是应对人口老龄化的最佳选择。可以从中总结出以下经验：

一是居家养老模式是城市应对老龄化的现实选择。一方面，我国老龄化的一个显著特征是"未富先老"，老龄化是在国民平均生活水平尚未达到发达国家水平的情况下发生的，养老保障体系亟待完善，养老服务机构发育不足，一些私人养老机构收费偏高，超过了老年人的经济承受能力。另一方面，我国大城市人口众多，老龄化人口动辄上百万，不可能有足够的社会资源和国家能力来支撑如此庞大的养老人群，这就决定城市中绝大多数人口要依靠居家养老。因此，北京、上海是国内城市中人口老龄化较为严重的城市，都采取了坚持90%老年人口家庭照顾养老的模式。上海提出要逐步形成居家养老为主，机构养老为辅的"9073"养老格局。而北京市则采取的是"9064"模式。广州也明确提出到2020年要实现"9064"的目标。未来应该围绕这一目标，坚定不移地落实执行。

二是围绕社区居家养老的养老模式，提升养老服务水平。在确定居家养老的为主的养老模式后，北京、上海等国内老龄化形势严峻的城市围绕这一目标，着力提升居家养老的服务质量，为日后大规模的居家养老早奠定基础。例如，发放居家养老服务券；建设社区老年人日间照料中心，让老年人在子女上班期间可以享受照料服务；设立老年人助餐服务点等。新建小区或将同步配建养老服务设施的相关规定，未按要求配建养老设施的将追究法律责任予以罚款；积极推进家庭无障碍设施的升级改造工作。这些举措都着眼于服务未来老龄化形势下庞大的居家养老人群。

三是积极引入社会力量，推动居家养老提质增效。单纯依靠政府的力量来应对如此巨大的养老压力是不现实的，因此北京和上海陆续出台了一系列激励政策，积极引导社会力量参与养老服务中去。这些政策概括来说主要集中于以下三个方面：第一，直接现金补贴。例如北京对应建未建空白区域建设养老照料中心建设的最高可享受补助450万元。第二，优惠政策倾斜。在养老设施土地供应、银行信贷等方面给予大幅度的优惠政策。第三，税费减免支持。在养老机构免收电话宽带初装费，及在用水、用电、用气方面等进行相应减免优惠。

引入社会力量入局养老事业，体现了政府尊重市场规律，降低了行政成本，有利于更大程度地发挥利用各种资源。有利于相关慈善组织和养老企业的发育和完善，实现老龄事业多层次、专业化的发展。同时能够针对老年人不同层次的需求提供不同类型和层次的服务，实现养老服务递送主体的多元化，提高老年人晚年生活的幸福感和获得感。

**（三）柔性退休政策有利于挖掘二次人口红利**

在城市经济的高速发展以及人口老龄化趋势日益严峻的双重压力下，我国已实行几十年的退休年龄标准已经逐渐不能适应社会的发展。国民平均预期寿命的提高和人口结构的日益老化对之前退休年龄标准的调整提出了要求。在此背景下，上海市高瞻远瞩，在全国范围内率先试行柔性退休年龄政策，从2010年10月起，上海开始实施柔性延迟办理申领基本养老金手续。从上海推行柔性退休的实践中可以总结出以下经验：

一是柔性延长退休政策是应对老龄化的重要手段。2012年，全国城镇全年基本养老保险基金总收入比上年增长18.39%，总支出增长21.91%，支出增速高于收入增速。此外，在2001—2012年期间，城镇集体企业和国有企业职工参加养老保险人数的平均增长速度为4.04%，而离退休职工人数的平均增长速度6.64%。这意味着领取养老金的人数增加的比缴纳保险费的人数快。这不仅可能导致中国养老保险基金收支出不平衡，将来甚至会出现巨大赤字[1]。据《中国养老保险基金测算与管理》课题组的估计，中国退休年龄每增加一年，养老保险统筹基金可增加40亿元收入，减少160亿元支出，减缓基金缺口200亿元。在短期内，柔性延迟退休会带来社会总储蓄率的增长，促进社会财富的积累，并为整个社会的消费和投资提供动力，从而推动经济增长，实现第二次人口红利[2]，也是缓解老龄化形势的重要手段。

二是设定柔性退休相关门槛，差别化实施柔性退休政策。上海市在推行柔性退休政策时，设定了柔性退休门槛，将适合柔性退休的人群限定在人才方面，即参加本市城镇养老保险的企业中具有专业技术职务资格人员，具有技师、高级技师证书的技能人员和企业需要的其他人员。差别化实施柔性退休政策，避免"一刀切"，在充分尊重人自主退休意愿的基础上，严格限定适用柔性退休的人群。例如公务员群体不属于柔性退休制度群体，将防止柔性退休制度可能滋生的贪污腐败、滥用职权和行政僵化的问题。

人口学专家穆光宗认为，老年人并非完全是社会的沉重包袱，提倡实施积极的老龄化战略，延长老年人口红利的收获期。上海市推行的柔性退休制度就是挖掘老年人口红利的重要举措，

---

[1] 姚梦影：《我国推行"柔性退休"政策的利弊和建议分析》，《现代经济信息》2017年第4期。

[2] 刘渝琳、李宜航：《延迟退休年龄是否会带来二次人口红利?》，《人口与发展》2017年第5期。

具有以下三大优点：第一，缓解养老金支付压力。从收入端看，延迟退休可以增加职工缴纳基本养老保险费的年限，从而做大资金池，提高养老保险基金的可持续性；从支出端看，延迟退休有利于增加老年人的可支配收入，减少基本养老保险金的支付。第二，充分利用现有人力资源。一些知识密集型的岗位特别注重工作经验的积累，老员工的工作经验往往是企业一笔宝贵的无形资产，如果让这些老员工过早退出劳动力市场无疑是对人力资源的巨大浪费。适当延长退休年龄，特别是高素质、高技术人才的退休年龄，有利于充分发挥人力资源的巨大潜力，也体现了国家和社会对知识和人才的尊重。第三，柔性退休制度具有相当大的灵活性。其灵活性主要体现于尊重职工退休意愿，自愿选择，协商一致后即可延迟申领基本养老金。避免了强制延长退休造成的抵触情绪，降低政策推行阻力，体现了上海政府的政治智慧。

上海实行柔性退休制度的成功实践可以为广州带来以下启示。第一，根据实际情况，保证居民能够逐步适应和理解这项政策。可先行规定女性延迟办理申领基本养老金手续的年龄一般将不超过57周岁，男性不超过62周岁。然后逐步将延迟办理申领基本养老金手续的年龄过渡到女性不超过60周岁，男性不超过65周岁。这样既不会对那些有意愿按时退休的人群造成太大影响，也使那些有意愿继续工作并延长领取养老金的员工能继续为国家做贡献、在各行各业发挥余热。第二，构建对选择柔性退休劳动者的激励机制。政府要对选择延迟退休的人员构建科学合理的激励机制。使申请柔性退休的员工真正获得经济上的激励，确保制度的激励性能够真正发挥作用。应对选择办理延迟退休的人员给予一定的经济激励，向达到正常退休年龄后仍推迟退休者提供补助。可规定每推迟一年退休，增加其一定比例的养老金。第三，采用补贴、税收等政策杠杆激励企业推行柔性退休制度。劳动者申请延迟退休后，就意味着劳动者增加了其缴纳职工基本养老保险的年限,这实际上增加了企业的用工成本,降低了企业的市场竞争力。建议政府为维持企业在经济市场上的综合竞争力,避免柔性退休制度给其额外增加的经济负担,可适当给予企业一定的补贴基金或税收优惠,减少柔性退休政策在企业推行的阻力。

### (四)引进年轻人才有效稀释户籍人口老龄化

劳动年龄人口对于一个城市的发展异常重要,中国的城市化进程主要是大量外来年轻人口推动的。一个城市要在未来三十年继续保持其竞争力,保持一个稳定的劳动年龄人口结构就显得非常必要。长期以来,广州常住人口的老龄化程度显著低于全国人口老龄化程度,而广州户籍人口的老龄化程度显著高于全国人口的老龄化程度(见表5-4)。

表5-4 广州户籍人口、广州常住人口、全国人口中65岁及以上人口占比　　　　　　　　　　　　　　　　单位:%

| 人口类型 | 2010年人口普查 | 2015年1%人口抽样调查 |
| --- | --- | --- |
| 广州户籍人口 | 10.10 | 11.56 |
| 广州常住人口 | 6.62 | 7.90 |
| 全国 | 8.87 | 10.47 |

数据来源:2010年人口普查数据和2015年1%人口抽样调查数据。

这从侧面表明流入广州的流动人口中老年人口占比极低,流动人口在很大程度上延缓和稀释了广州人口老龄化的发展趋势。引入年轻人才来穗工作,客观上有利于缓解城市老龄化形势。一是发挥教育、医疗的城市优势,吸引人才来穗就业居住。二是深入推进户籍制度改革,吸引各行各业的青年才俊落户广州。三是营造和谐包容开放的城市文化,发挥爱才惜才的城市品牌效应,增强对年轻人才的吸引力。

## （五）项目留人、产业留人比户口留人更有效

国内各大城市主要通过租房补贴、买房优惠、先进奖励、项目资助等手段来吸引和留住人才。但是必须清晰地看到，一个城市如果没有与人才相配套的产业，没有合适的工作岗位，不能各尽其才，即使能引进来也是难以长久留人的。因此，能否留住人关键在于清晰的产业定位和完善的产业基础，营造优渥的市场环境和宽松的干事创业氛围，这是城市吸引人才的关键。

总结国内城市吸引人才经验，一些城市推行以市场和项目为导向的人才引进政策，与地方经济发展的战略紧密结合，依照当地产业特点和行业需求，可以有效避免盲目"抢人"造成的人才浪费现象。例如西安大刀阔斧引进人才的同时，通过"3+1"万亿级大产业为支撑的西安现代经济体系，加强人才与产业之间的对接。主要经验有：

第一，以优势产业为载体，以产业集聚人才。重点围绕未来城市重点发展的新能源、新材料、现代化人工智能、新一代通信技术、都市消费工业、健康医疗与生物医药、智能与新能源汽车等重大战略性新兴领域，吸引、集聚和培育高水平人才。根据人才特点和需要量身打造专门岗位和项目，"筑巢引凤"，搭建事业平台，创造有利的政策和制度环境。达到"引进一个高端人才、带进一个高端团队、成就一个高端企业"效果。第二，营造优渥的市场环境和宽松的干事创业氛围，服务人才扎根城市。为人才在科技研发、项目融资、知识产权转化运营等方面制定出台相关扶持政策，打造人才创新创业项目孵化平台、投融资平台、科研平台、服务平台。加强各类人才的医疗保障、配偶就业、子女就学、社会保障、住房保障等基础性服务保障。

## （六）优良教育、医疗资源是吸引人才的软实力

随着医疗、教育等行业逐步发展成为高端服务业，子女教

育、健康保健已成为吸引各行各业人才"扎根"落户的关键考量要素。优质的医疗和教育资源是城市良好公共服务的标志，是吸引人才的软件支撑，同时也是建设全球城市应有的功能。

在近期国内主要城市抢人大战中，城市的医疗、教育也成为吸引人才的金字招牌。这些城市凭借着自身集聚的全国顶尖医疗、教育优势，在吸引人才方面不遗余力，承诺为人才提供优良的教育资源和医疗资源，为人才在子女就学、医疗保健等方面提供优惠和便利。主要手段有：

一是出台便利子女本地就学政策。代表性的城市有上海和北京两地。如上海人才30条中强调要在海外人才集中的区域，增设外籍人员子女学校。其他城市也在诸如提供学位、方便转学等方面出台了相关便利政策。这些政策的出台在高层次人才落户中起到了极为重要的吸引作用。尤其是在当前城市优质教育资源极其紧张的情况下，充分利用教育资源向人才倾斜的引才政策可以起到事半功倍的作用。

二是出台人才就医保健优待政策。为人才提供医疗保健优待政策是国内各大城市的标配。一线城市中的北京提出北京还将畅通优秀杰出人才就医"绿色通道"，为引进的优秀杰出人才提供一定比例的商业医疗保险补贴支持。二三线城市如沈阳也出台了此类政策。健康关系到高层次人才能否持续为城市发展贡献力量，也体现了城市对人才的高度重视，也构成了能否在人才大战中抢占优势的核心竞争力。

通过对其他城市依靠教育医疗引才政策的梳理，可以发现教育和医疗的软实力因素在吸引人才方面起着至关重要的作用。同上海等潜在与广州竞争的大城市相比，医疗和教育是广州的两大优势，这是广州城市发展的优势所在，也是吸引和留住人才的两大法宝，也应成为未来广州吸引人才的一个重要亮点。因此，应充分发挥自身所具备的医疗教育优势，提高医疗、教育水平，做好引才大文章，为建设全球城市引进高层次人才提供助力。一是在办好基础教育方面下大气力，着力提升基础教育的教学质量。二是继续重点推动建设一批高水平医院、高水平专科，提升医疗水平。大力提升广州医疗品牌在全国的影响力。三是要畅通高层次人才就医"绿色通道"，保障高层次人才的就医待遇。借鉴其他城市经验，不断优化人才医疗环境。四是加大对重点医学院校的支持力度，保障医学后备人才的培养。加大市财政对医学教育的财政支持力度，以及对国家级、省级重点学科和社会急需的新学科、新专业、高水平临床基地建设的支持力度。

**（七）留住本地大学生就是留住城市的未来**

国内其他主要城市在争夺年轻人口时所普遍采取的一个关键策略就是重点瞄准大学生为主的年轻群体，留住本地大学生。代表性的城市有西安、武汉等地。这些城市所出台的抢人政策也主要聚焦于毕业大学生最为关切的就业创业扶持、户籍、医疗等方面。实践证明，留住本地大学生可以有效减少人才流失，也有助于缓解当前日益严峻的老龄化形势，为城市未来发展注入活力。

根据国家统计局统计数据，2016 年广州高等学校在校生共计 105.7281 万人，在校大学生总量在全国城市中名列前茅。数量庞大的高校毕业生理应成为支撑广州发展的重要动力，也有助于缓解广州市劳动力短缺的严峻形势。但近年来广州大学生流失状况愈演愈烈，前往周边城市就业的毕业生不在少数，客观上不利于广州城市竞争力的提升，不利于提升人口发展质量和优化广州人口结构。

据 2017 年 10 月 OfO 公司联合"城市数据团"发布的《八城市大学生就业流向报告》，数据显示，在一线城市中，上海大学生留在本地就业的比例达到 70%，北京的本地就业吸引指数也高达 60%，而广州本地就业吸引力指数仅为 45%，远远落后于同为一线城市的北京、上海。广州大学生中流入上海和北京的比例为12%，前往深圳的比例大于30%，还有部分流动到了佛山、东莞等地。与此相对照的是，北京和上海几乎没有大规模向外流出毕业生。这背后折射出这样一个尴尬的现实——广州留不住本地大学生。

如何才能留住本地大学生，提高广州大学生本地就业吸引力，应该引起足够的重视。国内城市中武汉、西安已经提供了宝贵经验，可以参考和借鉴的主要有以下四点：

一是放宽落户政策，实施户籍新政留住大学生。例如通过大幅降低本科及以上毕业生积分落户要求。适时全面放开毕业生落户，依靠本地毕业生落户政策对冲改善户籍人口老龄化，改善城市人口结构。二是制定面向本地高校毕业生的补贴优惠政策，提高毕业生的生活满意度。例如武汉等地经验，制定相关补贴政策，给予适当的生活补贴、租房补贴。南京、郑州经验，面向毕业生发放住房补贴。这些政策有效地减轻了毕业生的生活压力，提高了城市生活的幸福指数。三是积极出台鼓励高校毕业生本地创业政策。在诸如无抵押担保贷款、税费减免、创投、注册登记等方面加大政策支持，优化创新创业环境。四是加大政策宣传力度，积极深入本地高校巡回宣传落户政策。例如西安发动社会各阶层力量深入本地高校中去，通过召开人才政策宣讲会、校园巡回宣讲招聘会、落户政策现场咨询会等方式，宣传本地就业落户政策，抢夺大学生。

## （八）落户新政是城市吸引人才的重要抓手

在全国各主要城市争相争取人才的大背景下，各主要城市旨在吸引人才落户的户籍政策争相出台。通过梳理各大城市的引才政策，我们可以清晰地看出，国内主要一线城市引进人才不遗余力，通常在人才优惠落户方面开出了诸多优惠条件，除京沪外其他各大城市都得益于不断加码的宽松落户政策，城市户籍人口在短时间内呈现快速增长的态势。未来广州要建设引领型全球城市，离不开大量各类人才的智力支撑。各主要城市吸引人才的实践证明，以户籍改革为突破口来吸引人才的方式行之有效。稳步推进户籍制度改革，为人才落户城市提供便利，各大城市提供了丰富参考经验。

一是全面放开放宽重点群体落户限制。国内城市放开落户限制方面主要聚焦两类人群，针对重点群体落户限制，放宽入户年龄要求。第一类是优先解决进城时间长、创新能力强、就业创业能力强、能够适应城市经济结构转型和市场经济竞争的非户籍人口落户问题。第二类是大力吸引高等院校大学生、专职院校毕业生、海外留学回国人员和高技术员工等高水平人才、创新型人才、技能型人才、产业稀缺人才来城市落户，提升城市人口竞争力。

二是户籍新政以放宽户籍准入条件、降低积分入户难度。大幅增加积分制入户名额，大幅降低积分入户难度是各大城市的普遍做法。第一，全面放宽高校毕业生落户条件。代表城市有成都、武汉、西安等地，针对本地大学生流失严重的现状，开通针对年轻高校毕业生、部分专业的职高毕业生的不设门槛的一键式入户绿色通道，加快人才引进步伐。第二，降低积分入户门槛。代表城市有天津、深圳等地，为长期在城市居住和稳定就业的非户籍人口创造一条入户渠道，进一步取消了申请人员学历限制，缩短居住证和缴纳社保年限。第三，全面取消农业、非农业户口性质划分。这是未来城市人口发展的必要措施，必须进一步加快落实，统一将户口登记为城市居民户口。

三是要简化落户流程，提高服务效率。西安、天津等城市聚焦完善配套政策，推动重点群体落户，简化落户程序，实施简洁明了、便于操作的落户措施，提高落户服务质量和效率。主要经验有：第一，推行在线落户政策。在线申请、在线审核、在线实名认证，上传审核材料，使用快递寄发证件，足不出户办结落户手续，提高落户效率。第二，简化落户流程，创新落户服务形式和管理方式，最大程度上优化户籍审批流程，缩短审批时限，减少申请材料，提高服务质量。

### （九）优化产业布局是疏解人口的根本之策

实践证明，依靠非中心区功能的疏解，通过产业合理布局疏解人口降低核心城区过密人口是一条行之有效的人口疏解路子。一线城市中如北京和上海在各自的城市发展实践中，都依靠推进产业向周边辖区和小城镇转移，科学优化人口布局，对疏解中心城过密人口起到了一定的作用。广州的人口疏解可以参考借鉴北京、上海经验，结合非中心区功能的疏解来引导人口的有序流动及合理布局。

一是逐步淘汰中心城区第二产业，发展现代服务业，擦亮核心城区蕴含的优秀传统文化风貌底色。北京市在调整人口空间布局，疏解非首都功能时，确定人随产业走、人随功能走，降低城六区人口规模的总体目标。先后疏解核心城区内以动物园批发市场为代表的数十家"区域性批发市场"，实现了主城区的整体提质增效。主要有以下经验：第一，将核心城区内批量大、影响交通大的低端仓储物流、批发功能外迁，打造商贸文化休闲片区。第二，引进一些高端产业，替代低端产业，发展现代服务业实现"腾低换优"。第三，构建传统中轴线历史文化街区发展框架，修复和保护好老城区传统文化风貌，擦亮核心城区所蕴含的传统文化底色。

二是进一步优化产业布局，通过产业的梯度转移，城市功能的合理分区，实现人口合理分布。实现人口不再局限于在中心城区就业和生活，有利于城市人口分布更加科学化。北京市在具体推进疏解非首都功能工作时，将工业中心向郊区或者周边其他城市转移。同时在国家层面规划建设雄安新区，实现相关就业人口的分流和转移。主要有以下经验：第一，进一步明确城市各大区块定位，优化产业合理布局，带动人口均衡流动。就广州市而言，以越秀区、天河区为代表的主中心分区可以大力发展以金融保险、商务服务、不动产业三大主导产业为代表的生产性服务业，重点定位建设广东省行政管理中心、珠三角城镇群生产性服务业中心、华南地区文化中心。同时依据先前《广州建设"中国制造2025"试点示范城市实施方案》相关规划，加快形成功能齐全较为成熟的72个产业区块，形成较强的产业培育能力和创新发展能力，促进就业人口快速增长，逐步形成大量居住及生活需求。加快人口向周边产业区块的流动和集聚，完成人口疏解。第二，加大基础设施建设和各类公共服务配套方面投资力度，提高产业区块内的生活便利程度。针对产业区块内主要就业人群，匹配相应的公共配套设施，使产业区块内商务金融、文化娱乐、行政办公、大型公园、商贸物流、会议展览等相应城市功能日臻完善，以完善多元的服务助推产业的转型升级和人口的合理集聚。推动城市由"单核城市"向"全局式"城市群发展转变，在城市整体协同发展中实现人口疏解和布局优化。

### （十）建设城市副中心和新城疏解人口

建设新城区和城市副中心是国内外城市疏解人口的常用方法。国外新城建设较具代表性的典型案例有东京、巴黎、伦敦、巴西利亚、首尔等大城市。这些城市都依靠规划建设新城来疏解功能、调整产业结构。实现都市圈内从单中心向多中心布局，培育城市群，推动区域协同发展。国内城市中以北京市最具代表性。北京市划定通州区为城市唯一副中心，计划将部分北京市及中央部分政府机关外迁到通州区建设城市副中心。通过有序推动市级党政机关和市属行政事业单位部分或整体转移，带动人口和中心城区其他相关功能疏解，到2030年承接中心城区40万—50万人常住人口疏解。北京城市副中心的建设既是疏解人口拥挤地区的有益探索，也是推动京津冀协调发展的一剂良方。主要经验和启示有：

一是加快建设城市副中心，疏解过密人口。在广州城市发展格局中，南沙区被定位为自贸试验区、国家级新区、粤港澳深度合作示范区、新一轮改革开放先行地、21世纪海上丝绸之路重要枢纽等，确定了产城融合的发展之路，赋予了"再造一个广州"的重大责任。但到目前为止，人口和人力资源不足却成为掣肘南沙实现经济腾飞的关键要素。"十二五"期间南沙人口数量仅增长不到10万，截至2017年年末全区仅有72.5万常住人口，距离国土人口承载目标还有相当一段距离。要抓住建设全球城市和南沙城市副中心建设的历史性机遇，发挥南沙位处珠三角"几何中心"的优势，加快构建多中心城市格局，均衡基础设施建设和分布，引导城市内部人口有序流动，优化人口布局。

二是充分利用南沙优美生态环境，坚持绿色发展理念，建设生态宜居城区，吸引人口流入。南沙应对标雄安新区，按照"创新、协调、绿色、开放、共享"的发展理念，积极推进南沙的城区建设，建设绿色自贸区和国际化城区。努力使南沙成为全市新型城镇化主战场，疏解主城及周边区域人口转移的重要承接地。通过借鉴国内其他城市新城发展范例，倾力打造绿色、清新、生态、宜居的"深绿城市"，以生态宜居的环境，吸引承接城区人口转移。

三是发展创新型、高附加值的引领性新产业，积极吸纳和集聚高层次创新人才。以先进理念、高附加值、知识密集为核心特征的创新型引领性新产业是我国产业结构调整的方向，也是衡量一国现代化水平和社会文明程度的重要标志。南沙可以学习借鉴浦东新区依靠创新快速崛起的经验。将创新型、国际化、高产值的项目作为发展重点，在特色金融、航运物流、总部经济等领域形成产业集聚态势。优化城区规划布局，发挥南沙珠三角几何中心的交通优势，强化区域性综合交通枢纽功能，提高交通通达度，助推创新型产业项目建设。要在以往出台科技、人才、总部、融资租赁等23项扶持政策的基础上，出台更多灵活有效的便利措施，进一步完善产业发展扶持政策。

四是提供优质公共服务，建设优质公共设施，打造服务之城。学习北京等城市人口疏解经验以及新城区发展经验，打造优质公共服务环境，吸引人口流入。着重加强南沙的医疗、教育、文娱、商业、公共交通等公共服务领域基础设施建设。深入贯彻落实广州"人才绿卡"相关政策，打造宜居宜业生活工作环境。为创新型的高技术核心人才在就业创业、租房住房、子女入学、社会保险以及就医等方面提供绿色通道和便利条件。让南山能够吸引和留住一大批创新型的高技术核心人才。加强南沙政务服务平台建设，营造更好的政务服务环境。在土地、财税、金融、人才、对外开放等方面，制定实施一揽子优惠政策措施，为企业提供一个政府服务功能健全、发展成本低的优良环境，让市场更为开放，使得企业能够公平竞争。确保疏解对象来得了、留得住、发展好。

### （十一）发展高等教育打造素质型人口红利

城市的发展不能仅仅依靠引进外来人才，提高人口受教育水平，加强本地人才的培养也是一条必由之路，也能从根本上获得持续而长久的素质型人口红利。深圳市在放宽落户政策吸引外来人才的同时，把加强本地人才培养放在重要位置。逐渐普及高等教育，是提高城市整体人口素质的关键一招。主要经验和启示有：

一是积极引进国内外高校开展合作办学。广州作为全国著名高等学府的汇聚地，高等教育在广州的经济腾飞中扮演着极其重要的角色。但同时也要清醒地看到，无论是一流大学数量、高校高层次人才数量还是整体大学科研实力，广州都整体落后于北京、上海等城市，伴随着深圳近几年在国内高等教育领域的跑马圈地，广州甚至大有被深圳压过的势头。广州应当牢牢抓住新一轮双一流大学建设的历史契机，向深圳"取经"。通过加强与国内一流大学合作，通过设立研究院、广州分院、分校区等合作形式，以开放的姿态欢迎各大高校来穗开展本科及以上教育，进一步提升广州高等教育的整体质量。

二是重点支持一批本地高校发展，补齐长期以来产生的高等教育短板。在广州地区的985院校纷纷前往深圳等地办学的形势下，广州要继续深入实施广州高水平大学建设计划，加大对本地区高校的支持力度，留住人才。打破过去单一支持广州市属高校的陈旧思维，适当将广州高水平大学建设经费相应分摊到位于广州地区的其他非市属的部署和省属重点高校，为这部分高校在完善配套设施、改善教学科研生活条件等方面提供相应政策支持。通过高等教育的跨越式发展，提高人口整体受高等教育水平，鼓励在穗就读大学生毕业后留穗就业生活。提升全市人口整体素质，培育自己的技能人才、创新创业人才和高层次人才。

### （十二）加强城市品牌形象宣传吸引人才

城市的品牌形象对于一个城市的重要性不言而喻。塑造和强化富有吸引力的城市品牌形象可以提升本地居民的自豪感、幸福感和凝聚力，是吸引和留住高技术企业和人才的重要法宝。以深圳为例，深圳作为一个朝气蓬勃的都市，依靠坚持人才优先发展战略实现了经济的快速崛起。深圳市不断提高人才服务水平，力图树立爱才惜才的城市形象，其率先提出的"来了就是深圳人"的口号响遍全国，成为宣传城市形象的经典案例。在此推动下，深圳在引进人才方面取得了瞩目成就。截至2017年年底，全市各类人才总量超过510万人，占常住人口的40.7%。[1] 高素质人口的

---

[1] 参见《深圳人才总量超510万 每10人就有4个是人才》，2018年8月5日，https://www.baidu.com/link?url=1U4hH28SlBNElWT57cv1dSNy1AkmPrvIo82VSxqpzv3xG86fCh6uQxlv6sBcDEOM-q9QNM2shMVoc4UuQR4guK&wd=&eqid=f2f969bd0000ad0300 0000065b87ad31。

输入,势必成为深圳提高人口发展质量,改善人口结构的一个助推器。深圳依靠经营城市品牌形象吸引人才的成功实践至少可以为广州带来以下经验与启示:

一是加强组织领导,将人才工作放在事关城市未来发展全局的战略高度。第一,建立更高规格人才工作领导机构,负责统筹领导人口、民政、公安、教育等相关部门,形成人才引进的合力。全面开展了解城市人才数量、结构、质量的大普查,在深入基层调研、全面听取各方意见的基础上,厘清当前的人才状况,制定积极、开放、有效、精准的人才政策。第二,研究制定和完善具有城市特色的人才发展规划,研究制定《城市人才工作条例》。制定和修订中长期人才发展规划纲要,实施人才优先发展人才工程,引进海外高层次人才和团队专项计划、高层次专业人才计划等。

二是努力打造自己的城市人才品牌,讲好"城市故事"。借鉴深圳"来了就是深圳人"的宣传经验,将城市的传统历史文化与人才引进工作有机融合在一起,讲好"城市奋斗故事",在宣传城市惜才爱才的城市形象方面下足功夫,打造自己的城市引才品牌。逐渐扩大城市引才计划在全国乃至世界的知名度和影响力。具体来说,第一,着力提升广州国际人才交流大会知名度,打造具有全国影响力的城市人才品牌。对标深圳中国国际人才交流大会、借鉴珠海国际人力资源科技博览会办会经验,打造国内具有国际影响力的海内外人才交流平台,拓展城市的国际化视野,推动人才的快速集聚,推动科技创新成果的对接和转化。第二,加强城市形象的国际传播能力,打造广州城市形象的靓丽名片,以开放包容的心态向世界展示广州、推介广州、宣传广州。可以通过加强与英文媒体合作,与境内外有影响力英语频道合作,提高城市国际知名度,吸引海外高层次人才来穗就业创业。第三,充分发挥新媒体和传统媒体的组合优势,讲好广州拼搏奋斗的传奇故事。例如通过创作反映中国特色社会主义新时代下广州新风貌的优秀影视作品，宣传广州城市品牌形象。

三是营造和谐、包容、开放的城市文化，增进外来人才的文化认同、情感认同和城市认同。将"敢为人先，团结友爱，奋发向上，自强不息"的城市精神与引才工作有机结合起来，学习深圳"来了就是深圳人"的宣传经验，提高城市包容度。第一，加强城市精神文明建设，提升城市市民素质，营造和谐文明包容的城市文化。第二，在制度层面破除户籍制度和公共服务对外来人口歧视，推进城市社会融合。政府有义务为建设本城做出贡献的外来人口提供与户籍人口平等的公共服务。第三，挖掘和利用好传统文化资源建设品位之城，宣传城市特色。以品质文化吸引品质资本与人才，提升城市的亲和力和归属感。

四是不断提升城市软环境，着力提升公共服务水平。从长远来讲，对人口人才的争夺，是城市基本公共服务、软环境方面的高层次的竞争。提升公共服务质量，组织专家研究制定完善人口人才服务体系的政策法规。完善基础设施建设，打造绿色海绵城市。构筑生态基础设施，打造城市品牌形象，营造宜居宜业宜玩的城市环境。实现城市的可持续发展，为全球城市建设提供智力支撑。

# 第六章　我国、广东及广州人口发展的政策轨迹

当前我国对人口发展的关注，主要聚焦在三个层面：第一是"出生人口"，第二是"流动人口"，第三是"老年人口"。总体而言，出生人口政策由严格管制向放松管制转变，流动人口政策由"防范管控"向"吸纳融合"过渡，老年人口政策由"排外"向"对外"、由单一化向系统化发展。

## 一　我国生育政策的变迁

### （一）国家层面生育政策

1. 严格限制节育时期（1949—1970年）

早在新中国成立之初，中央就开始关注人口总量的调控。新中国成立初期，在毛泽东人口观的指引下，1950年4月20日，卫生部发布了《机关部队妇女干部打胎限制的办法》，其中规定"凡未经批准施行打胎者，对其本人及执行打胎者，应分别给予处分"。1952年12月31日，中央人民政府政务院文化教育委员会同意《婚前健康检查试行办法》《限制节育及人工流产暂行办法》两份草案，第二份草案规定："凡违反本办法，私自施行绝育手术或人工流产手术者，以非法堕胎论罪，被手术者及施行手术者均由人民法院依法处理……医师应予以处分。"此时国家生育政策以鼓励生育，限制堕胎为主，对绝育、流产、

避孕做出了严格的限制。

2. 严格限制生育时期（1971—2012 年）

备受争议的计划生育政策，开始实施的标志性文件是 1971 年 7 月 8 日国务院批转的《关于做好计划生育工作的报告》，它第一次将人口增长的控制纳入国民经济社会发展规划。此后的十年中，我国生育政策总体呈现"晚、稀、少"特征，其中"晚"是指男 25 周岁、女 23 周岁才结婚；"稀"是指延长生育两胎之间的间隔，一般要 4 年左右；"少"是指只生两个孩子。

"晚、稀、少"政策在短时间内有效地降低了我国新生婴儿的数量，但计划生育并没有因此放松，而是转向了更为严厉的"一胎制"。1980 年 9 月，中央发表《中共中央关于控制我国人口增长问题致全体共产党员、共青团员的公开信》，要求国家干部带头施行"一胎制"，而某些群众确实有符合政策规定的实际困难，可以同意他们生育两个孩子，但是不能超过两个孩子，少数民族的生育政策则相对宽松一些。1982 年，中共十二大将计划生育定为基本国策，并载入宪法，这反映了国家在计划生育上的工作进一步收紧。

"一胎制"的升级版本为"双独二孩"政策。2001 年 12 月 29 日，第九届全国人民代表大会常务委员会第二十五次会议审议通过《中华人民共和国人口与计划生育法》，并于 2002 年 9 月 1 日起施行，提倡一对夫妻生育一个子女，同时允许双方均为独生子女、已生育一个子女的夫妻可以再生育一个子女，也即"双独二孩"政策。当然，由于当时"双独"家庭较少，"双独"政策发挥的作用微乎其微，"一胎制"依然是国家主要工作对象，且越来越严厉，2006 年 12 月颁布的《中共中央国务院关于全面加强人口和计划生育工作统筹解决人口问题的决定》强调了必须坚持计划生育基本国策和稳定现行生育政策不动摇、党政一把手亲自抓、负总责不动摇。随着计划生育后第一代、第二代独生子女的与日俱增，至 2011 年年底，全国绝大部分省份方才向"双独二孩"过渡。

3. 逐步放开生育时期（2013年至今）

随着低生育率的不断下降和人口老龄化危机的加深，国家开始逐步放开生育。2013年11月，《中共中央关于全面深化改革若干重大问题的决定》提出："坚持计划生育的基本国策，启动实施一方是独生子女的夫妇可生育两个孩子的政策，逐步调整完善生育政策，促进人口长期均衡发展"，"单独二孩"政策在全国范围内实施；2015年10月，中国共产党第十八届中央委员会第五次全体会议公报指出："坚持计划生育基本国策，积极开展应对人口老龄化行动，实施全面二孩政策"；2015年12月21日上午，十二届全国人大常委会第十八次会议初次审议了《人口与计划生育法修正案（草案）》，并于2016年1月1日起施行，"全面二孩"政策在法律层面的确立，意味着独生子女政策被送进了历史。如今，国家对计划生育的关注重点逐渐转向提高生育率，抑制老龄化问题，2017年1月25日，国务院发布《国家人口发展规划（2016—2030年）》，明确提出当前我国的人口发展目标为，到2020年，全面二孩政策效应充分发挥，生育水平适度提高，人口素质不断改善，结构逐步优化，分布更加合理。到2030年，人口自身均衡发展的态势基本形成，人口与经济社会、资源环境的协调程度进一步提高。

## （二）广东省生育政策

广东省顺应国家的政策发展趋势，根据国家法规、政策的调整，出台了相应政策文件，详细划分为三个阶段：

1. 动荡时期：充满变数的生育政策（1949—1969年）

新中国成立初期广东省的生育政策处于动荡期，充满了变数。1954年以前，广东省顺应国家趋势，大力鼓励生育，对人工流产和绝育进行限制。1954年，中央召开"计划生育座谈会"，标志着广东省计划生育工作正式启动。1956年，省卫生厅出台《妇幼卫生工作十二年远景及七年规划》和《广东省避孕工作实施方案》，前者修改了人工流产及绝育限制和掌握的标准，后者则对避孕节育的意义、目的以及避孕方法、实施步骤做出了具体的规定。1957年7月，毛泽东部署反右派斗争，在斗争中，马寅初关于人口问题的观点遭遇大肆批判，计划生育工作又陷于停滞。

随着反右斗争的结束，广东省又开始了新一轮计划生育工作。1963年，广东省正式成立省计划生育指导委员会，计划生育工作由城市扩展到了农村。但由于经济的恢复与发展，此时人口总量非但没有削减，反而出现了补偿性剧增。此后，受"文化大革命"的影响，计划生育工作遭到严重的干扰和破坏，各级计划生育部门陷入瘫痪，计划生育工作停滞不前。

2. 发展时期：刚柔并济的生育政策（1969—2014年）

1969年，广东省重新组建了省计划生育领导小组，地方也相应恢复了计生机构的相关职能，计划生育工作重新开始运作起来。1970年，又于东莞市召开了全省计划生育工作会议，全省性的计划生育工作全面展开。1980年2月，广东省人大常委会在全国率先发布《广东省计划生育条例》，规定："实行计划生育的要求是：'晚婚、晚育、少生'，重点是少生。晚婚年龄应是：女子，二十三周岁以上；男子，农村二十五周岁以上，城市二十六周岁以上。女性二十五周岁以上生育，称为晚育。少生即每对夫妇只生一个孩子。"1986年省人大常委会修订了《广东省计划生育条例》，在鼓励晚婚晚育和独生之外，还规定了可再生一个子女的情况，其中一条即"独生子与独生女结婚的夫妻"。

从1992年开始至2002年十年间，《广东省计划生育条例》总计被修改了五次，成为《条例》被修改次数最多的省份之一，这期间，顺应国家政策的调整和实际工作的需要，删除了部分不合时宜的陈旧政策，做出了大量的创新工作，例如改变农村人口经报批可生育两个孩子的规定,普遍推行"一孩半"生育政策(农村人口生育第一胎为女孩,间隔四年还可再生一个子女),等等。但是此时的多数政策以严厉的罚款等作为主要内容,引起部分群众抵触心理。

此后,广东省不断探索以奖代罚的计划生育工作机制,2003年12月,广东省成为国家人口与计划生育委员会所倡导的"农村部分计划生育家庭奖励扶助政策"的试点省份之一,于2004年3月8日发布了《广东省部分计划生育家庭奖励办法》,给予满足条件的计划生育对象奖励金,发放标准为每人每月80元,直至本人死亡为止。2006年5月,广东省委、省政府又出台《关于进一步加强人口与计划生育工作的决定》,把"建立健全计划生育利益导向机制"作为广东省人口和计划生育工作"十大"机制建设任务之一。

流动人口聚集是广东省自改革开放以来的特有省情,因此流动人口的计划生育工作一直受到省委、省政府的特别重视。1986年的《广东省计划生育条例》首次提出加强流动人口计划生育工作的要求;1987年7月,省政府颁发《广东省流动人口计划生育管理办法》,首次以单独文件的形式对流动人口计划生育工作进行严格规定;1989年8月,广东省政府发布《广东省加强计划生育管理工作的若干规定》,对流动人口计划生育管理工作做出了明确具体的规定;1990年1月,广东省统一实施计划生育"两证"制度,规定已婚的育龄流动人员要持《广东省流动人口计划生育节育证》,未婚的要持《广东省流动人口未婚证》;1992年12月省人大常委会重新修订的《广东省计划生育条例》和1993年7月省政府修订的《广东省流动人口计划生育管理办法》均对流动人口的计划生育工作做出了新的规定,标志着全省流动人口计划生育工作进入了依法治理的阶段。

3. 新时期:逐渐放开的生育政策(2015年至今)

2015年修订的《广东省人口与计划生育条例》顺应国家人

口转变趋势，根据《中共中央关于制定国民经济和社会发展第十三个五年规划的建议》等文件精神，将晚婚晚育的规定删除了，并开始提倡一对夫妻生育两个子女。2017年2月22日最新修订的《广东省人口与计划生育条例》也持续提倡一对夫妻生育两个子女，并做了相关的规定。

### （三）广州市出生人口政策变迁

改革开放以前，广州市计划生育政策与国家形势相适应，积极调整计划生育政策。随着改革开放的深入，广州市政府针对与日俱增的流动人口，于1990年6月1日首先发布了《广州市流动人口计划生育管理暂行规定》，《规定》中强调："流动人口必须执行国家和省、市关于计划生育的有关政策规定，坚持晚婚晚育，少生优生，严禁计划外二胎和多胎生育。"

全市人口层面的生育政策在前期主要源自于对《广东省计划生育条例》的进一步细化。1993年8月14日广州市政府出台《广州市实施〈广东省计划生育条例〉办法》，即为将省《条例》内容具体化，便于操作和落实；2001年2月12日，市政府常务会议审议通过《广州市实施〈广东计划生育条例〉办法》，根据市情对《广东省计划生育条例》生育节制等部分做了完善的补充说明，同时规定过去有关计划生育的规定与本办法不一致的，以本办法为准。

2004年后，广州市开始独立制定计划生育政策。2004年11月15日市政府第12届53次常务委员会讨论通过《广州市人口与计划生育管理办法》，同时废止《广州市实施〈广东计划生育条例〉办法》，2007年10月22日市政府第13届28次常务会议又修订了《广州市人口与计划生育管理办法》，重新提及"鼓励公民晚婚、晚育，提倡一对夫妻生育1个子女"的规定。2009年1月1日，广州市计生局印发《贯彻〈关于解决广州市城镇独生子女计划生育奖励问题的若干规定〉实施细则》的通知，开始通过奖励的形式对城镇居民开展计划生育工作。2013年新修订的《广州市人口与计划生育管理办法》，首次通过政府规章来明确：外市户口的违法生育者，违法生育者及其超生子女不能获得广州户口。至2017年8月18日，市政府常委会讨论通过的《广州市人口与计划生育服务和管理规定》，把生育调节部分删除，政策主要聚焦于计划生育服务提供和具体的管理工作。

## 二　流动人口政策变迁

### （一）国家层面流动人口政策变迁

1. 自由流动时期（1949—1957年）

新中国成立初期，人民群众刚刚从封建土地制度的束缚中解脱出来，人口流动相对自由。1949年9月通过的《中国人民政治协商会议共同纲领》第5条规定，中华人民共和国人民有迁徙自由权。1950年11月召开第一次全国治安工作会议指出："户口工作的任务——保证居民居住迁徙自由，安心从事生产建设。"1951年7月16日，经国务院批准，公安部颁布了《城市户口管理暂行条例》，提出本条例的制定目的是维护社会治安，保障人民之安全及居住、迁徙自由。1954年9月20日，我国第一部宪法颁布，其中第90条第2款明确规定："中华人民共和国公民有居住和迁徙的自由。"

2. 限制流动时期（1958—1977年）

全国人民代表大会于1958年1月9日通过的《中华人民共和国户口登记条例》规定，"公民由农村迁往城市，必须持有城市劳动部门的录用证明，学校的录取证明，或者城市户口登记机关的准予迁入的证明，向常住地户口登记机关申请办理迁出手续"。这一规定标志着我国以严格限制农村人口向城市迁移流动为核心的户口管理制度的形成和我国城乡分隔的"二元社会"体制的建立。在这一阶段，城乡人口流动受到极大的限制，除特殊情况外，农村人口难以进入城市。

3. 流动管控时期（1978—1999年）

1978年中共十一届三中全会召开，僵化的计划经济体制被摒弃，市场经济体制登上历史舞台，户籍制度严格限制人口流动的历史发生逆转，人口流动特征逐渐显现。随着改革开放的纵深发展，流动人口逐年增加，依据《中华人民共和国户口登记条例》，公安部颁布了城镇人口管理的暂行规定和相关的政策措施，为中国公民在非户籍地长期居住提供了合法性。1985年7月12日颁布的《公安部关于城镇暂住人口管理的暂行规定》，《规定》中提到，"对暂住时间拟超过三个月的十六周岁以上的人，须申领《暂住证》。对外来开店、办厂、从事建筑安装、联营运输、服务行业的暂住时间较长的人，采取雇用单位和常住户口所在地主管部门管理相结合的办法，按照户口登记机关的规定登记造册，由所在地公安派出所登记为寄住户口，发给《寄住证》"。《暂住证》的新政为人口的流动打开了新的缺口，意味着国家在对流动人口严格控制政策上的某种程度上的松动，国家逐步由控制流动人口向管理流动人口转变。

4. 流动融合时期（2000年至今）

2000年6月13日，中共中央、国务院下发《关于促进小城镇健康发展的若干意见》，提出："为鼓励农民进入小城镇，从2000年起，凡在县级市市区、县人民政府驻地镇及县以下小城镇有合法固定住所、稳定职业或生活来源的农民，均可根据本人意愿转为城镇户口，并在子女入学、参军、就业等方面享受与城镇居民同等待遇，不得实行歧视性政策。对在小城镇落户的农民，各地区、各部门不得收取城镇增容费或其他类似费用。"《意见》的下发，标志着我国流动人口政策开始进入融合阶段，国家开始积极鼓励农村人口流入城镇，于是大量农村人口的涌入，对流入地提出了更艰巨的挑战和更高的管理服务要求。为进一步促进流动人口融合，2007年中央综治委出台《关于进一步加强流动人口服务和管理的意见》，提出"公平对待、合理引导、搞好服务、完善管理"的工作方针，树立了"以人为本、共建和谐"的管理理念，积极完善流动人口住房、就业、医疗、教育等多方面服务，实现流动人口与户籍人口的公平对待。

近年来，国家政策转向加快推进农业转移人口的市民化，并不断降低流动人口在大城市的落户门槛：2014年3月16日，中共中央、国务院发布了《国家新型城镇化规划（2014—2020年）》，其中提道："逐步使符合条件的农业转移人口落户城镇，不仅要放开小城镇落户限制，也要放宽大中城市落户条件。"2016年2月6日，国务院下发《国务院关于深入推进新型城镇化建设的若干意见》，首次提出："积极推进农业转移人口市民化。"2016年3月17日颁布的《中华人民共和国国民经济和社会发展第十三个五年（2016—2020年）规划纲要》，则进一步提出："加快农业转移人口市民化"，2016年12月30日国务院颁布《国务院关于印发国家人口发展规划（2016—2030年）的通知》，提出要"加大对农业转移人口市民化的财政支持力度并建立动态调整机制，建立财政性建设资金对吸纳农业转移人口较多城市基础设施投资的补助机制，建立城镇建设用地增加规模与吸纳农业转移人口落户数量挂钩机制"并"深化财政制度改革，建立农业转移人口市民化成本分担机制"。国务院于2018年4月12日最新下发的《国务院关于落实〈政府工作报告〉重点工作部门分工的意见》中明确要提高新型城镇化质量，并提议"今年再进城落户1300万人，加快农业转移人口市民化"。国家发改委也在最新的文件中提及了加快农业转移人口市民化的具体举措：2018年3月9日于下发的《国家发展改革委关于实施2018年推进新型城镇化建设重点任务的通知》中提到："全面放宽城市落户条件。继续落实1亿非户籍人口在城市落户方案，加快户籍制度改革落地步伐，促进有能力在城镇稳定就业生活的新生代农民工、在城镇就业居住 5 年以上和举家迁徙的农业转移人口、农村学生升学和参军进入城镇人口在城市举家落户，鼓励对高校和职业院校毕业生、留学归国人员及技术工人实行零门槛落户等。"2018 年 4 月 28 日下发的《国家发展改革委办公厅关于印发第一批国家新型城镇化综合试点经验的通知》总结了对第一批新型城镇化综合试点的经验，提出要"持续降低大城市、特大城市和超大城市落户门槛"。

## （二）广东省流动人口政策变迁

1. 流动人口管理时期（1978—2007 年）

广东省的流动人口管理始于改革开放以后，是伴随着与日俱增的流动人口以及引发的诸多问题开始的。1995 年 8 月 1 日广东省人民政府颁布《广东省流动人口管理规定》的通知，坚持以管理为主的理念，沿用计划经济体制下的行政管理思维，主要强调了在广东省的流动人口应当遵守的规定以及违反部分规定后的处罚。1998 年 12 月 31 日广东省第九届人代会常务委员会第七次会议通过的《广东省流动人员管理条例》虽然在第 5 条中规定："流动人员的合法权益受法律保护。禁止侮辱、歧视流动人员。流动人员的合法权益受到侵害时，有关部门应当及时处理，依法维护。"但是关于流动人员的权利保护规定属凤毛麟角，《条例》中大篇幅内容依然在强调流动人口的义务。

2. 流动人口服务与融合时期（2008 年至今）

2008 年 6 月 19 日，中共广东省委、广东省人民政府发布《关于争当实践科学发展观排头兵的决定》，要求"加强流动人口服务和管理，建立流动人口服务管理'一证通'制度"。该文件的发布，标志着广东省流动人口由"重管理轻服务"向"管理服务结合"过渡。在此基础上，2009 年 7 月 30 日广东省第十一届人民代表大会常务委员会第十二次会议修订了《广东省流动人口服务管理条例》，把服务融入流动人员管理之中，同时弱化了

"户籍"与"暂住"概念,强化了"居民"与"居住"概念。

近年来,广东省的政策不断强调人口聚集,注重农民工的市民化工作。2016年4月20日,广东省人民政府制定《广东省国民经济和社会发展第十三个五年规划纲要》指出:"有序推进农业转移人口市民化。把促进有能力在城镇稳定就业和生活的常住人口有序实现市民化作为首要任务,统筹推进户籍制度改革,推动基本公共服务逐步覆盖全部常住人口,使全体居民共享城镇化发展成果。推进符合条件的农业转移人口落户城镇等。"2017年8月2日,广东省住房和城乡建设厅、广东省发展和改革委员会联合下发《广东省新型城镇化规划(2016—2020年)》,提出"有序推进农业转移人口市民化",分地区推行人口市民化:珠三角地区"除广州、深圳市外,全面放宽农业转移人口落户条件",粤东西北地区则"全面放开放宽重点群体落户限制,省内大中城市均不得采取购买房屋、投资纳税等方式设置落户限制"。2018年2月22日广东省人民政府关于印发《广东省人口发展规划(2017—2030年)》的通知预计了未来十多年的发展态势,认为:"人口城镇化将进入新的发展阶段。城镇化水平经过持续提高之后发展速度将有所减缓,农业转移人口市民化的存量积压和现量增加相互叠加。"而人口城镇化的主要矛盾之一是"农业转移人口市民化的进程较慢,户籍人口城镇化需要着力推进",因此提出了"不断完善基本公共服务制度体系和工作机制,推动基本公共服务常住人口全覆盖,有序推进农业转移人口市民化,不断提升以人为核心的城镇化水平"的要求。

### (三)广州市流动人口政策变迁

1. 流动人口管理时期(1978—2008年)

1989年,广州市开始采用办理《暂住证》的政策对流动人员进行管理,管理重点主要是防范违法犯罪人员。为加强对流动人员，尤其是不法分子的管理和防控，广州市政府先后发布了《广州市暂住人口管理规定》（1990年10月1日）、《关于加强流动人员管理的通告》（1999年6月9日）、《广州市流动人员IC卡暂住证管理规定》（2001年8月1日）等文件。2003年，广州市委、市政府制定了《关于加强广州出租屋管理工作的意见》，把工作重心放在出租屋管理上，提出要按照出租屋的硬件条件、业主的守法纳管意识、租住人员的行为表现等情况，分为"放心类""关注类""严管类"和"禁租类"，重点加强对"禁租类"和"严管类"出租屋的巡查管控，引导"关注类"建成"放心类"出租屋。此后市政府相继出台《关于加强我市出租屋管理工作的意见》（2003年）、《广州市出租屋管理员管理办法》（2005年）、《广州市出租屋档案管理办法》（2015年）等，集中对广州市现存出租屋进行专项整治。2005年6月18日，广州市政府法制办官网公布了《广州市流动人员权益保障与管理规定（注释稿）》，向全社会公众征求意见，该规定与以往的不同之处在于开始提倡流动人员的权利保障，同时在规定的第4条中提出在"市人民政府设立流动人员管理综合协调机构，各区、县级市人民政府相应设立流动人员管理综合协调机构，负责组织协调实施本规定。各街道办事处、镇人民政府设立流动人员管理服务机构，依照本规定负责辖区内流动人员权益保障、服务与管理的具体工作"。至此，广州市流动人员管理进入了综合性管理的范式。

2. 流动人口服务时期（2009年至今）

广州市流动人口管理理念由管理向服务转变的标志是2009年出台的《广东省流动人口服务管理条例》，该文件实现了流动人口管理"以人为本、服务为先"的转向。2014年2月25日广州市人民政府出台的《广州市人民政府印发关于加强我市人口调控和服务管理工作的意见及配套文件的通知》也提出："坚持政策引导与行政推动相结合、管理与服务相结合，以人为本，刚柔相济,促进社会和谐稳定。"

如今,广州市中心区因当前人口集聚程度较高,相较于市内其他区的人口资源更为密集,所以广州市的政策不仅仅重视农民工融合性的市民化工作,人口的适当疏解也是广州市政府的长期工作。2012年11月22日,广州市人民政府出台《广州城市总体规划(2011—2020年)》,提出"重点疏解中心城区人口、分流外来人口,提升人口素质"的要求。2016年3月16日出台的《广州市国民经济和社会发展第十三个五年规划纲要(2016—2020年)》提出,"加大人口集聚力度,积极引导中心城区人口疏解和来穗人口合理分布",不仅需要疏散人口,还强调人口的合理分布。2017年2月16日《广州市人口发展和基本公共服务体系建设第十三个五年规划(2016—2020年)》提出要"科学预测全市人口分布,结合各区功能定位进行人口布局分类指引"。同时对各区具体人口数做出规划:"到'十三五'期末,各区人口规模分别控制在:从化区75万人,荔湾区95万人,南沙区100万人,花都区111万人,越秀区120万人,黄埔区125万人,增城区135万人,番禺区155万人,海珠区180万人,天河区175万人,白云区279万人。"[①]

此外,广州市政府还积极探索外来人口积分制落户办法,为流动人口提供公共服务,让外来人口真正融入广州。2018年3月29日市政府发布了《广州市人民政府关于印发广州市来穗人员积分制服务管理规定(试行)的通知》,广州市来穗局则于2018年4月9日发布《广州市来穗人员服务管理局关于印发广州市来穗人员积分制服务管理规定实施细则(试行)的通知》,对来穗人员积分制服务管理规定做了进一步细则说明。广州市流动人口管理与服务迈进了新的时代。

---

[①] 《广州市人民政府办公厅关于印发广州市人口发展和基本公共服务体系建设第十三个五年规划(2016—2020年)的通知》,2017年2月16日,http://zwgk.gd.gov.cn/007482532/201703/t20170324_697546.html。

## 三　老年人口政策变迁

### （一）国家层面老年人口政策变迁

1. 早期的老年人政策

我国政府很早就对老年人发挥余热，对老年人参与社会活动采取了支持态度。早在20世纪70年代，政府就出台了许多鼓励老年人为社会做贡献的政策，如1978年5月24日国务院颁布的《国务院关于工人退休、退职的暂行办法》中规定，"街道、社队集体所有制单位如果需要他们从事力所能及的工作，可给予一定的报酬"。但尚未对老龄化做初步认识。

2. 老龄化危机及政策调整

1982年7月26日，奥地利维也纳召开第一届老龄问题世界大会，中国政府开始接触老龄概念，并预见性地预测了人口老化及其产生的社会后果，并于次年援引入政策文件中。1983年4月22日，国务院办公厅出台《关于我国老龄工作中的几个问题的请示》，提出："老龄问题主要是对老年人生活特殊需要的照顾和老年人参与社会发展作贡献的问题。"党的十三大明确提出"要注意人口迅速老龄化的趋向，及时采取正确的对策"，党的十四大则提出要"重视研究人口老龄化问题，认真做好这方面的工作"。在我党密切关注老龄事业的背景下，1994年12月14日，国家计委、民政部、劳动部等下发《关于印发〈中国老龄工作七年发展纲要（1994—2000年）〉的通知》，提出："我国人口正在迅速老龄化"并且"随着人口老龄化，人口高龄化的问题日益突出"。1996年8月29日，八届全国人大常委会第二十一次会议通过《中华人民共和国老年人权益保障法》，标志着我国对老年人问题的关注已上升至法律层面。2000年8月19日，中共中央、国务院发布《关于加强老龄工作的决定》，对老龄工作高度重视，看到"我国老龄工作基础还比较薄弱，不能很好地适应人口老龄化的要求",并提出了完善养老保障制度等系列有效举措。

3."十五"期间的老年人政策

2001年8月13日,《中国老龄事业发展"十五"计划纲要(2001—2005年)》制定,国务院正式提出"世纪之交,我国60岁以上老年人口超过总人口的10%,人口年龄结构开始进入老龄化阶段"。《纲要》同时指出,"鼓励老年人继续参与社会发展。根据社会需要和自愿量力的原则,创造条件,积极发挥老年人在两个文明建设中的作用。在城镇,要重视老年人才资源的开发和利用,引导老年人从事教育、科研、咨询以及维护社会治安、社区服务等社会公益活动;在农村,鼓励健康老人从事种植、养殖和加工业。支持老年人自助互助。注意充分发挥老年人在基层民主政治建设中的作用"。

4."十一五"期间的老年人政策

2006年2月9日,国务院办公厅转发全国老龄委办公室和发展改革委等部门文件《关于加快发展养老服务业意见的通知》,首次提出"逐步建立和完善以居家养老为基础、社区服务为依托、机构养老为补充的服务体系"。2006年8月6日制定的《中国老龄事业发展"十一五"规划》进一步分析了"十一五"期间的老龄化情况,指出"和'十五'时期相比,老年人口增长速度明显加快,高龄化显著,农村老龄问题加剧,社会养老负担加重,养老保障问题突出,社区照料服务需求迅速增加,老龄问题的社会压力日益增大,对我国政治、经济、社会都将产生深刻影响"。在开发老年人人力资源的基础之上,还提出了"积极开发老年人才市场,建立国家老年人才信息数据库和老年人才信息中心"的要求。2006年12月17日,中共中央、国务院下发《关于全面加强人口和计划生育工作统筹解决人口问题的决定》,强调应当积极应对人口老龄化,并提出要"要制定和落实老龄事业发展战略规划和政策,把逐步建立覆盖城乡居民的养老保障制度作为社会保障体系建设的重点，构建以居家养老为基础、社区服务为依托、机构照料为补充的养老服务体系"。2008年1月29日，全国老龄委等部门下发关于《全面推进居家养老服务工作的意见》，提出"坚持政府主导和社会参与，不断加大工作力度，积极推动居家养老服务在城市社区普遍展开，同时积极向农村社区推进"。2011年国务院制定《中国老龄事业发展"十二五"规划》，认识到"老龄化进程与家庭小型化、空巢化相伴随，与经济社会转型期的矛盾相交织，社会养老保障和养老服务的需求将急剧增加"。因此，此次规划还尤其注重了老年家庭建设，提出：改善老年人居住条件、完善家庭养老支持政策和弘扬孝亲敬老传统美德三大举措。同时，《规划》还对老龄科研方面提出了"开展应对人口老龄化战略研究，制定国家老龄事业中长期发展规划"的要求。

5. "十二五"期间老年人政策

2011年12月16日，在《中国老龄事业发展"十二五"规划》的指导下，国务院办公厅印发了《社会养老服务体系建设规划（2011—2015年）》，以积极主动地应对人口老龄化带来的挑战，构建与经济社会发展水平相协调、与人口老龄化进程相适应的社会养老服务体系，同时强调："我国的社会养老服务体系主要由居家养老、社区养老和机构养老等三个有机部分组成。"2013年9月6日，国务院提出《关于加快发展养老服务业的若干意见》，提出："我国已经进入人口老龄化快速发展阶段"，"积极应对人口老龄化，加快发展养老服务业，不断满足老年人持续增长的养老服务需求，是全面建成小康社会的一项紧迫任务"，并在总体要求中强调充分发挥社会力量的主体作用。2013年11月12日，中国共产党第十八届中央委员会第三次全体会议通过的《中共中央关于全面深化改革若干重大问题的决定》中首次指出："研究制定渐进式延迟退休年龄政策。"2014年9月12日，国家发改委等部门下发《关于加快推进健康与养老服务工程建设的通知》，重视养老服务体系建设、健康服务体系建设和体育健身设施建设三大板块的内容。2015年10月29日，中共中央印发的《中共中央关于制定国民经济和社会发展第十三个五年规划的建议》提出："积极开展应对人口老龄化行动，弘扬敬老、养老、助老社会风尚，建设以居家为基础、社区为依托、机构为补充的多层次养老服务体系，推动医疗卫生和养老服务相结合，探索建立长期护理保险制度。全面放开养老服务市场，通过购买服务、股权合作等方式支持各类市场主体增加养老服务和产品供给。"2015年11月18日，国家卫生计生委等部门联合下发《关于推进医疗卫生与养老服务相结合的指导意见》，指出："医疗卫生与养老服务相结合，是社会各界普遍关注的重大民生问题，是积极应对人口老龄化的长久之计，是我国经济发展新常态下重要的经济增长点。"并明确了基本原则、发展目标和重点任务。

6. "十三五"期间老年人政策

2016年12月30日，国务院下发《国务院关于印发国家人口发展规划（2016—2030年）的通知》，提出"实施渐进式延迟退休年龄政策，逐步完善职工退休年龄政策，有效挖掘开发老年人力资源"。2017年1月23日，为解决养老服务业的发展瓶颈，激活市场各个主体的活力，促进社会力量逐步成为发展养老服务业的主体，民政部等13个部门联合发布了《关于加快推进养老服务业放管服改革的通知》，《通知提出》要"进一步调动社会力量参与养老服务业发展的积极性，降低创业准入的制度性成本，营造公平规范的发展环境，培育和打造一批品牌化、连锁化、规模化的养老服务企业和社会组织"。2017年2月28日，国务院发布的最新的《"十三五"国家老龄事业发展和养老体系建设规划》则估计了当前老龄化的严峻形势，"预计到2020年，全国60岁以上老年人口将增加到2.55亿人左右，占总人口比重提升到17.8%左右；高龄老年人将增加到2900万人左右,独居和空巢老年人将增加到 1.18 亿人左右,老年扶养比将提高到 28%左右;用于老年人的社会保障支出将持续增长;农村实际居住人口老龄化程度可能进一步加深"。因此构建了更为全面和系统的应对老龄化的措施,亮点颇多,针对性强,例如根据国家的要求,创立长期护理保险制度,充分发挥政府、社会和个人的共同作用,精准发力,减轻各方养老负担。2017年 3 月 9 日,国家卫生计生委、国家发展改革委等 11 个部门下发《关于印发"十三五"健康老龄化规划的通知》,提出:"围绕国民经济和社会发展目标,优化老年医疗卫生资源配置,加强宣传教育、预防保健、医疗救治、康复护理、医养结合和安宁疗护工作,建立覆盖城乡老年人的基本医疗卫生制度,构建与国民经济和社会发展相适应的老年健康服务体系,持续提升老年人健康水平。" 2017 年 6 月 16 日,国务院印发《关于制定和实施老年人照顾服务项目的意见》,立足老年人服务,从社会保障、公共卫生医疗、公共设施、合法权益、教育等不同层面进行规定。2018 年 2 月 27 日,全国老龄委发布《关于开展人口老龄化国情教育的通知》,通过国情教育,使老龄化问题得到全国性重视,以期鼓励举全社会之力共同应对老龄化问题。《通知》指出:"人口老龄化的国情教育应该面向全社会,重点对象是党政干部、青少年和老年人。到 2020 年,人口老龄化的国情意识明显增强,关爱老年人的意识和老年人的自爱意识大幅提升,积极应对人口老龄化的社会氛围更加浓厚。"

## (二)广东省老年人口政策变迁

### 1. 老龄工作的逐渐重视

1983 年 11 月,经由省政府批准,广东省创办了第一个应对老龄问题的机构——广东省老龄问题委员会。1991 年 1 月 10 日广东省第七届人民代表大会常务委员会第十七次会议通过的《广东省维护老年人合法权益条例》,是国内较早制定的地方性老年法规之一,《条例》着重保障老年人的人身、受赡养扶助、婚姻自由、合法财产等多项权利,并对老年人基础设施建设、精神文化建设、医疗保健工作均做出了原则上的规定,标志着广东省老龄工作步入正轨。1995年,广东省机构编委会下发文件,把省老龄问题委员会更名为省老龄委员会,把"老龄委"职能由老龄问题研究转向老龄工作开展。2000年6月7日,广东省人民政府办公厅发布《关于成立广东省老龄工作委员会的通知》,批准成立广东省老龄工作委员会,明确指出广东省老龄工作委员会是省政府主管老龄工作的议事协调机构。

2. "十五"期间老年人政策

2001年12月,《广东省老龄事业发展"十五"计划纲要》出台,对广东省老龄事业做了前瞻性规划,2005年5月26日,省人大常委会废止了1991年制定的《广东省维护老年人合法权益条例》,公布了《广东省老年人权益保障条例》,相较于1991年的条例,2005年的条例更多地从强调子女养老义务向强调举全社会力量解决老年问题过渡,同时强调政府责任,对老龄工作委员会有了新的定位,突出了该机构的新职能。

3. "十一五"期间老年人政策

2007年10月9日省政府发布的《广东省老龄事业发展"十一五"规划》指出全省除了珠海、深圳、汕尾之外,其他地区全部步入老龄化行列,并提道:"到2010年,我省城镇参加基本养老保险人数达到100%,实现基本养老保险全面覆盖城镇各类从业人员,按时足额社会化发放离退休人员的基本养老金。"

4. "十二五"期间老年人政策

2011年11月12日,广东省民政厅下发《广东省2011—2015年社会养老服务体系建设规划》,提出到2015年实现"9073"养老新格局,即"90%的老年人在社会保障体系和服务体系支持下通过家庭照顾养老,7%左右的老年人可由社区提供日间照料和托老服务;3%的老年人可入住养老机构"。2012年4月26日,广东省人民政府办公厅印发了《广东省老龄事业发展"十二五"规划的通知》，提出："一方面，我省正处于老年人口较快增长阶段，预计2015年60岁以上老年人口将达到1243万人，其中80岁以上的老年人口将达到200万人，人口老龄化、高龄化、家庭小型化和空巢化问题日益突出，对老年社会保障体系和养老服务体系建设提出了更高的要求。另一方面，我省社会养老保障制度不够完善，公益性老龄服务设施和服务网络建设滞后，老龄服务市场发育不全、供给不足，老年社会管理工作相对薄弱，侵犯老年人权益等现象仍然存在。"因此，"十二五"规划在"十一五"规划的基础上，着重构建多层次、广覆盖的老年社会保障制度体系，开发不同类别、更为全面的服务体系，强调老年人参与社会生活的同时，加强老年人的社会管理等。2012年7月13日，广东省人民政府办公厅印发《广东省人民政府办公厅印发关于加快社会养老服务事业发展的意见的通知》，进一步阐述了广东省社会养老服务体系建设的指导思想、总体目标、主要任务、重点建设项目和保障措施。2014年1月16日，广东省人民政府下发《广东省老年人优待办法》，根据2012年12月28日修订的《老年人权益保障法》中规定的"国家鼓励地方建立八十周岁以上低收入老年人高龄津贴制度"，首次提出"县级以上人民政府应当建立本地户籍80周岁以上高龄老人政府津贴制度"。2015年2月16日，广东省人民政府下发《广东省人民政府关于加快发展养老服务业的实施意见》，提出："大力推进广州、深圳两市养老服务业综合改革（国家联系点）试点工作，着重在财政、金融、用地、税费、人才、技术及服务模式等方面进行探索创新，先行先试，完善体制机制和政策措施，为全省养老服务业发展探索经验，成为全国养老服务业综合改革示范区。"

5. "十三五"期间老年人政策

2016年4月18日，广东省民政厅办公室印发《广东省民政厅广东省财政厅广东省老龄工作办公室关于建立经济困难的高龄失能等老年人补贴制度的实施意见》，建立失能、高龄等老年人补贴制度，减轻经济困难的失能、高龄等老年人的养老经济负担，帮助他们提高养老支付能力。2016年7月12日，广东省人民政府办公厅下发《广东省人民政府办公厅关于促进医疗卫生与养老服务相结合的实施意见》，以国务院精神为指导，统筹资源，把养老服务与医疗卫生相结合，激发各类服务主体的活力和潜力，推动医养融合式发展，切实提高医疗卫生和养老机构的服务水平，满足人民群众日益增长的多元化、多层次的健康养老服务需求。2016年11月9日，广东省民政厅、广东省发展和改革委员会联合印发的《广东省养老服务体系建设"十三五"规划》提出："我省的养老服务体系建设总体上仍处于历史性的起步阶段，养老服务供给与人口老龄化的发展速度和养老需求还不相协调，需求与供给矛盾十分突出。"因此，养老服务体系建设是该《规划》的重点任务，总体目标为"全面建成以居家为基础、社区为依托、机构为补充、医养结合的多层次养老服务体系"。2017年9月28日，广东省第十二届人民代表大会常务委员会第三十六次会议修订通过了最新《广东省老年人权益保障条例》，比2005年的《条例》更系统化、具体化，首次明确了保障老年人合法权益工作中所涉及的权利与义务，建立了"一扩面、两优先、双补贴、四资助"制度，进一步扩大了优待老年人的范围，明确了文体休闲、政务服务、交通出行、法律维权、卫生保健、公共商业服务六方面的优待项目，并强化了优待政策落地，同时结合"啃老""坑老"和"骗老"等时下热点问题，做了具体回应。"十三五"时期，随着人口老龄化程度不断加深、老龄化压力日益增大，广东省政府审时度势，根据中央精神，由卫生计生委等13个部门于2017年12月25日联合印发《广东省"十三五"健康老龄化规划》，增强部门之间的联动，强调对所有影响健康的相关因素的系统、综合的干预，营造有利于老年健康的生活环境和社会支持，提高老年人的健康水平。

### （三）广州市老年人口政策变迁

1. 老年人优待政策

广州市人口年龄结构自 1992 年就进入了老龄化阶段，为积极应对老龄化，广州市政府于 1993 年开始实施了优待老人办法，但此时的优待政策限制在广州市区，政策辐射面较狭窄。为进一步拓宽政策辐射面，广州市于 2001 年 6 月 13 日发布新的《广州市老年人优待办法》，这是全国首个以"市长令"形式颁布的优待老人规定。《办法》规定把"优待"范围扩展向全市行政辖区。2011 年 10 月 9 日公布的《广州市老年人优待办法》修订草案中更进一步把优待项目向外地户籍老人开放，如每年中秋节当日，外地老年人可凭身份证进入公办公园、景区、景点等场所，享受半价优惠。

2. "十五"期间老年人政策

"十五"期间，根据中共中央、国务院《关于加强老龄工作的决定》，广东省委、省政府《关于进一步加强老龄工作的通知》和广东省发展计划委员会、广东省老龄办印发的《广东省老龄事业发展"十五"计划纲要》精神，广州市人民政府于 2003 年 3 月 3 日制定《广州市老龄事业发展 2002—2005 年计划纲要》，从经济供养、社会参与、照料服务、医疗保健、权益保障、老年服务产业、精神文化生活等方面分别提出老龄事业发展的任务和具体措施。

3. "十一五"期间老年人政策

"十一五期间"，广州市发展和改革委员会、广州市民政局、广州市老龄工作委员会办公室三部门于 2007 年 4 月 30 日联合制定《广州市老龄事业发展第十一个五年规划（2006—2010）》，提出："我市老龄事业的发展在总体上仍不适应人口老龄化发展趋势和经济社会发展要求。"并对社会参与、照料服务、权益保障、经济供养、精神文化生活、医疗保健、老龄产业等方面分别提出新的任务和措施。之后市政府又制定了大量配套执行性政策，如《广州市社区居家养老服务实施办法》（2008年），进一步规范了社区居家养老服务管理工作；《广州市社会福利机构管理办法》（2010年）和《广州市民办社会福利机构资助试行办法》（2009年），建立民办福利机构的新增床位补贴和运营补贴制度，规范和支持民办福利机构发展；《广州市星光老年之家管理办法》（2010年），规范了星光老年之家运营管理。

4. "十二五"期间老年人政策

"十二五"期间，市民政局、市发改委、市老龄办于2011年6月29日制定《广州市老龄事业发展第十二个五年规划（2011—2015）》，《规划》认识到广州市老龄化的严峻形势："'十二五'期间广州市将面临人口老龄化的更大挑战。一是随着新中国成立后第一次人口出生高峰期出生的人口步入老年，老年人口规模将持续加速增长，人口老龄化进一步加剧。二是家庭小型化、老龄化、高龄化、空巢化'四化叠加'。"同时提出了"十二五"期间，广州市老龄事业发展的主要任务是：健全完善老年人基本养老保障体系，健全完善老年人医疗保障体系，完善形式多样的养老服务，不断提高老年人优待水平，推动老年教育、文化、体育事业大发展，进一步促进老年人社会参与，全面加强老年维权和老龄宣传工作，积极推动老龄产业发展，加快为老服务信息化建设。"十二五"时期广州市老龄事业最鲜明的特色是以服务为导向。2012年9月17日，广州市民政局、人社局、卫生局、财政局、残联联合下发《广州市社区居家养老服务实施办法》，提出要"推进本市居家养老服务工作，加快社会养老服务体系建设，推动老年人社会福利事业发展"。2012年12月28日，广州市人民政府办公厅制定《广州市社会事业发展第十二个五年规划》，提出要提升养老服务水平。2015年7月1日，广州市人民政府废止1994年制定的《广州市改组转制企业职工安置管理暂行办法》并发布《广州市退休人员社会服务管理规定》，对退休人员社会化服务事项、管理对象等内容进行了比较详细具体的说明。由于2014年9月，省民政厅、省发展改革委发布《转发民政部办公厅发展改革委办公厅关于做好养老服务业综合改革试点工作的通知》确定广州市为全国养老服务业综合改革试点城市之一，因此广州市政府办公厅于"十二五"末（2015年11月25日）下发了《广州市人民政府关于加快养老服务业综合改革的实施意见》，提出健全社会养老服务体系、推进养老服务社会化运行、促进养老产业集聚式发展、加快医疗卫生与养老服务融合发展、推动跨境养老服务合作五大主要任务。

5. "十三五"期间老年人政策

"十三五"期间的大量工作均围绕2015年下发的《广州市人民政府关于加快养老服务业综合改革的实施意见》开展：2016年10月26日，广州市人民政府发布《广州市人民政府关于全面深化公办养老机构改革的意见》，提出："牢固树立创新、协调、绿色、开放、共享发展理念，及时、科学、综合应对人口老龄化，适应全面放开养老服务市场形势，加快推进公办养老机构改革，完善体制机制，明确职能定位，增强保障能力，激发运营活力，提升管理水平，促进持续健康发展。"2016年12月6日，广州市民政局、广州市教育局、广州市财政局、广州市人力资源和社会保障局、广州市卫生和计划生育委员会公布《广州市加强养老服务人才队伍建设行动方案》，采用不同的针对性手段全面提升广州市养老服务的职业化、专业化水平。2018年4月12日，广州市民政局、广州市财政局出台该方案的具体行动办法——《广州市民政局广州市财政局关于印发广州市养老机构服务人员就业补贴及岗位补贴试行办法的通知》，对养老机构服务人员就业补贴、岗位补贴条件及标准，补贴申请流程与监督进行了详细规定。2016年12月10日，广州市民政局、广州市财政局发布《广州市民政局广州市财政局关于印发广州市特殊困难老年人入住养老机构资助办法的通知》，对特殊困难老人入住养老机构定点情况、资助标准、申请程序、监督检查等方面进行了规定。2017年2月23日，广州市人民政府办公厅秘书处发布《广州市人民政府办公厅关于促进医疗卫生和养老服务相结合的实施意见》，提出"到2020年，实现医疗卫生和养老服务的深度结合，基本适应老年人健康养老服务需求"。2017年4月6日，广州市民政局公布《广州市公办养老机构入住评估轮候管理办法》，提出要加强广州市公办养老机构入住评估轮候管理，保障符合条件的老年人公平、透明轮候入住，需要机构照料的困难老年人优先入住。为了进一步引导和扶持社会力量参与养老服务，规范民办养老机构运营管理，2017年4月19日，广州市民政局、财政局公布《广州市民办养老机构资助办法》。广州市民政局、广州市老龄工作委员会办公室于2017年7月29日发布的《广州市老龄事业发展第十三个五年规划（2016—2020）》，也强调了关于加快发展养老服务业的要求，提出："以加快养老服务业综合改革为主线，深化社区居家养老服务改革，探索建立长期护理保险制度，推进医养融合发展，发展老年教育，加强老年人文体工作，推动老年宜居环境建设。"根据中央精神，广州市政府于2018年2月23日发布了《广州市促进健康及养老产业发展行动计划（2017—2020年）》，提出"到2020年底前，基本建立内涵丰富、结构合理、覆盖全生命周期的健康及养老产业体系，成为新常态下我市经济社会持续健康发展的新引擎，总体水平走在全国前列"的要求，并争取广州市在三年内"基本形成'一核引领、五基驱动、三带联动、多点支撑'的健康及养老产业空间总体格局"。

## 四 人口发展政策评述

人口红利是指劳动年龄人口在总人口中占有较大的比重，

人口抚养比下降，为经济发展创造了有利的人口条件，整个国家的经济发展呈高储蓄、高投资和高增长的特点。这意味着人口红利的出现有两方面原因，其一是老年人、儿童占比较低，养老、哺育资金比重少，更多资本可用于市场流通；其二是大量的劳动年龄人口，意味着更充足的市场劳动供给。

　　但广州市人口红利正在逐渐衰退。首先是老年人口负担重。计划生育政策对出生人口的限制，迫使老少比反转，老年人占比迅速提升，同时大大提高了社会的养老负担，人口红利受到减损。其次是劳动力不断减少。虽然当前我国已经开始逐步探索流动人口市民化的政策，强调为流动人口提供与市民同等的服务，广州市还积极探索积分制落户办法，使外来人员有序地融入城市，但是从总体上看，政策在效果上不显著，积分入户的人数依然有限，这在一定程度上不利于流动群体在广州的长期稳定工作，加上各省的"抢人大战"和乡村振兴的深入推进，农民工的回流现象越发明显，城市的劳动年龄人口不断减少，导致市场劳动力不足。

　　从最新的政策文件趋势来看，当前广州市政府为刺激人口红利反弹，依旧在走"老路"——即在强调放开二孩的基础之上不断推进人口市民化政策，其中最关键的一环是持续升级的"抢人大战"，为吸引年轻劳动力，不断扩大积分入户指标，以服务理念促使流动人口融合，为进城农民工提供与城里人一样的各方面保障，并在广州扎根。

　　但是，由于当前全国各地都在出台不同的吸引人才政策，在"抢人大战"中，到底谁是赢家，我们不得而知，因此，广州市制定的人才吸引政策是否发挥了效用，效用几何，这些问题都在全国众多的"抢人政策"中被冲淡。而旧的抢人政策真正吸引人口的效用尚不明确，国家对新的"抢人政策"又开始了限制。国家面对各地的"抢人"，规定人才的吸引政策必须经过国家审批方可发布。因此，人口吸引政策开始受限，新一轮的人口吸引前途未卜。

二孩政策放开时间较晚，人口不可能在短时间内得到有效增长。既然新生人口跟不上，"抢人大战"困难重重，只能在已有人口基础上做文章。广州市有着广阔的外来人口市场，广州市统计局的分析数据显示，2016年全市纳入登记的流动人口达888.97万人，同比增加了94.95万人，增量扩大，同比增长12.0%，实现两位数的迅速增长，增速比上年提高3个百分点，外来人口从数量上基本能够得到满足，因此广州市外来人口在数量上暂不需要太强的危机意识；但是，外来人口有一个致命的缺陷，即他们的质量难以对经济高速增长做出贡献——外来人口普遍为农民工群体，他们数量庞大，受教育程度普遍较低，人力资本存量不足，大多在劳动密集型行业从事低附加值的工作，人力资源开发受到局限。因此，如果能把农民工这一庞大流动群体激活，使他们从简单的劳动中解脱出来，从事更高级别的生产性劳动，即可激发新一轮人口红利。

古老的经济学理论早已告诉我们，救济穷人其实是帮助穷人制造穷人，如果当前的人口发展政策仅仅停留在吸引人、服务人、保障人等救济层面，没有从战略层面思考如何开发这部分人，那么"穷人"依然是"穷人"，对经济发展不能带来任何益处。

因此，短期内，广州应重视人口吸引，但长期来看，广州市人口发展政策应当把重心放在"激活"人口上，用政策杠杆撬动流动人口中的学生、农民工，甚至是老年人的行动力，激发他们的活力和创造力，开发实业，而非从事简单的劳动生产，如此方能在当前环境背景下有所突破，才能开发出新一波人口红利，或称之为"新人口红利"。

# 第七章　粤港澳大湾区人口特征及广州定位

当前世界区域竞争往往是以城市群的形式竞争，某个城市的发展与其所在的城市群紧密相关。制定广州市人口发展战略，需要立足于粤港澳大湾区人口背景之上。

2019年2月18日，中共中央、国务院印发《粤港澳大湾区发展规划纲要》，粤港澳大湾区的建设进入实质性阶段，粤港澳三地的合作发展进入新的阶段。推进粤港澳大湾区建设，是以习近平同志为核心的党中央做出的重大决策。粤港澳大湾区能否发展为世界一流的湾区，重要指标之一就是能否聚集湾区发展所需的一定规模的人口。广州在粤港澳大湾区当中的定位是国家中心城市和综合性门户城市引领作用，全面增强国际商贸中心、综合交通枢纽功能，培育提升科技教育文化中心功能，着力建设国际大都市。人口对于粤港澳大湾区和广州市未来在粤港澳大湾区中功能的发挥都具有基础性、全局性和战略性的意义。广州目前在粤港澳大湾区9+2城市当中，人口结构状况如何，直接影响未来功能发挥和战略定位。

## 一　粤港澳大湾区人口与发展背景

### （一）粤港澳大湾区与纽约湾区、旧金山湾区、东京湾区的比较

纽约湾区由纽约、康涅狄格、新泽西等31个郡县共783个

城镇组成。纽约湾区制造业和金融业发达，是美国乃至世界的经济中心。根据2016年的统计数据，纽约湾区的土地面积为2.15万平方公里，占美国土地面积的0.23%；其人口为2340万人，占美国总人口的7.24%；其GDP为1.4万亿美元，占美国总GDP的7.52%，人均GDP为5.98万美元。（见图7-1）

图7-1 纽约湾区

旧金山湾区不是由政策规划建设而成的湾区城市群，而是基于旧金山湾和临近地区自然发展形成的，因此人们对旧金山湾区的边界有不同的划分。其中一个比较为人认可的划分是：旧金山湾区由圣克拉拉、阿拉梅达、康特拉科斯塔、旧金山、圣马特奥、索诺玛、索拉诺、马林和纳帕九个郡县共101个城市组成。根据2016年的统计数据，旧金山湾区的土地面积为1.79万平方公里，占美国土地面积的0.20%；其人口为760万人，占美国总人口的2.35%；其GDP为0.8万亿美元，占美国总GDP的4.30%，人均GDP为10.53万美元。旧金山湾区汇聚了一大批高科技研发和创业公司，截至 2014 年，总部坐落在湾区内的《福布斯》世界 500 强企业有 20 家，其中包括苹果、谷歌等科技巨头。旧金山湾区已经成为美国新经济发展的领头羊。（见图 7-2）

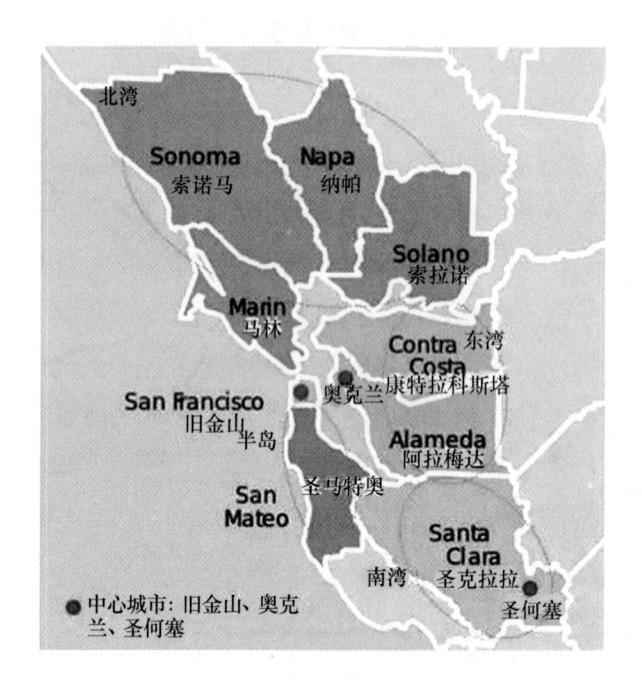

图 7-2　旧金山湾区

与旧金山湾区不同的是，东京湾区是人工规划湾区的典范。从 20 世纪 50 年代起，为了优化人口布局，疏解东京过于聚集的人口，日本政府先后五次对首都圈的发展规划进行调整。根据现行的《首都圈整备法》，可以认为东京湾区包含东京都、琦玉县、千叶县、神奈川县一都三县以及茨城县、栃木县、山梨县和群马县周边四县。当下的东京湾区是日本绝对的政治、文化、经济中心区。根据 2016 年的统计数据，东京湾区的土地面积为 3.68 万平方公里，占日本土地面积的 10.09%；人口为 4384 万人，占日本总人口的 34.52%；其 GDP 为 1.8 万亿美元，占日本总 GDP 的 36.36%，人均 GDP 为 4.11 万美元（见图 7-3）。

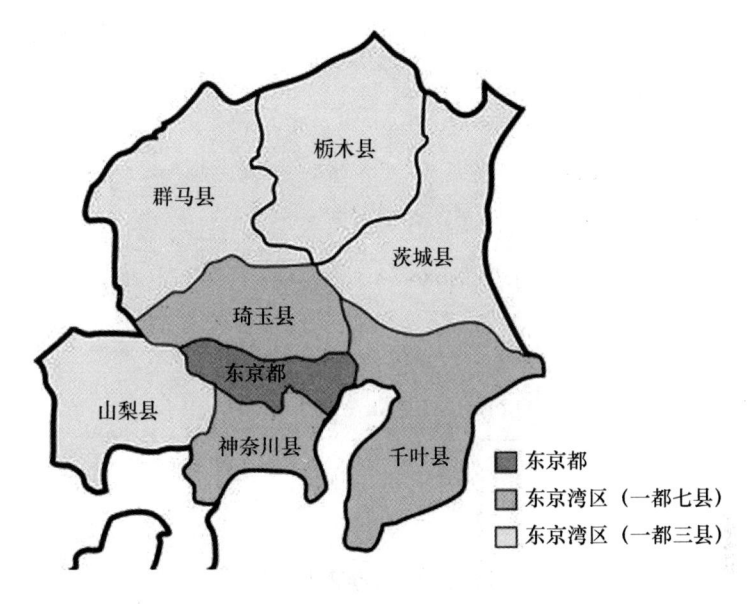

第七章 粤港澳大湾区人口特征及广州定位 189

图 7-3 东京湾区

粤港澳大湾区覆盖的空间地域范围包括香港、澳门两个特别行政区以及广东省下辖的广州市、深圳市、珠海市、佛山市、中山市、东莞市、惠州市、江门市和肇庆市九市。粤港澳大湾区拥有轨道、高速等畅通的交通网络，以及全球最大的空港群、海港群，泛珠三角区域作为粤港澳大湾区的重要腹地，是全球物流量最大的区域之一。根据 2016 年的统计数据，粤港澳大湾区的土地面积为 5.60 万平方公里，占我国土地面积的 0.60%；其人口为 6672 万人，占我国总人口的 4.84%；其 GDP 为 1.3 万亿美元，占我国总 GDP 的 11.62%，人均 GDP 为 1.95 万美元。（见图 7-4）

比较四大湾区，在土地面积方面，粤港澳大湾区是东京湾区的 1.5 倍，纽约湾区的 2.6 倍，旧金山湾区的 3.1 倍；在人口规模方面，粤港澳大湾区是东京湾区的 1.5 倍，纽约湾区的 2.9 倍，旧金山湾区的 8.8 倍。然而，土地面积和人口规模方面的优势并没有带来相应的经济优势。对比四大湾区的 GDP 总量，东京湾区遥遥领先，是纽约湾区的 1.3 倍，粤港澳大湾区的 1.4

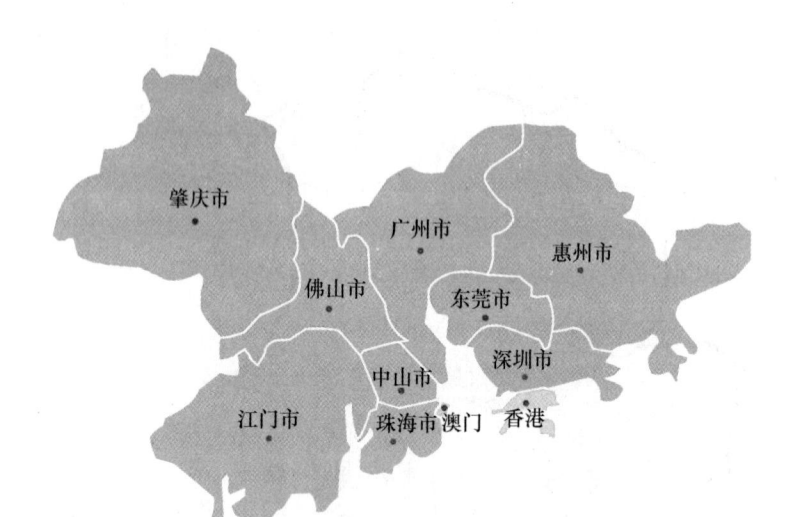

190　广州建设全球城市的人口发展及战略选择

图 7-4　粤港澳大湾区

倍，旧金山湾区的 2.3 倍。对比四大湾区的人均 GDP，粤港澳大湾区与其他三大湾区差距明显，不到东京湾区的二分之一，纽约湾区的三分之一，旧金山湾区的五分之一，换句话说，粤港澳大湾区有着巨大的发展潜力和空间。（见表 7-1）

表 7-1　粤港澳大湾区与全球三大湾区对比（2016 年）

| 项目 | 纽约湾区 | 旧金山湾区 | 东京湾区 | 粤港澳大湾区 |
| --- | --- | --- | --- | --- |
| 土地面积（万平方公里） | 2.15 | 1.79 | 3.68 | 5.60 |
| 人口（万） | 2340 | 760 | 4384 | 6672 |
| 人口密度（人/平方公里） | 1088 | 425 | 1191 | 1191 |
| GDP（万亿美元） | 1.40 | 0.80 | 1.80 | 1.30 |
| 人均 GDP（万美元） | 5.98 | 10.53 | 4.11 | 1.95 |

数据来源：Fung Business Intelligence。①

---

①　注：此处采用香港 The Fung Business Intelligence Centre 提供的数据进行相关分析。值得注意的是，不同的数据来源，在同一数据上可能会存在差异。

与纽约湾区、旧金山湾区、东京湾区相比较，粤港澳大湾区也有一些独特的地区特点，主要表现在以下几点：

第一，粤港澳大湾区呈"一个国家、两种制度、三个关税区"格局。粤港澳大湾区11个城市同属于一个中国，香港和澳门实行资本主义制度，内地9个城市实行社会主义制度，在经济发展模式、司法制度等方面存在明显的差异。同时，粤港澳大湾区存在香港、澳门两个独立的关税区和归属内地关税范围的广东省共三个相互独立的关税区，在税制体系方面也存在较大差异。因此，如何在坚持"一国两制"不动摇、不变形的前提下，实现珠三角九市和港澳经济发展模式的对接、资源要素的自由流动和行政管理的同构，是粤港澳大湾区规划建设首先要解决的问题。

第二，与纽约湾区、旧金山湾区、东京湾区分别以纽约、旧金山、东京为核心城市不同，粤港澳大湾区存在香港、澳门、广州、深圳四个核心城市，各城市之间在机场、港口物流、资源要素等诸多方面存在较强的竞争关系。城市间交通规划一体化、新兴产业错位发展、公共服务同城化等方面的协调也存在一定的难度，原始创新缺乏，区域内协同创新合作程度仍需加深，创新资源未能完全实现优势互补。湾区东西岸连接、区域对外通道较为薄弱，跨界交通基础设施衔接还不够顺畅。地方保护、无序竞争、行政壁垒等非市场化因素并未完全消除，各城市国际化存在较大的不均衡，城市间没有形成强大的聚合力，融合难度较大。

第三，产业层级偏低，目前由于要素自由流动存在障碍，难以满足更高的产业分工协作需要。相比于其他三大湾区，粤港澳大湾区内产业尚未完全实现从低端化到高端化的转变。粤港澳大湾区内城市空间经济结构呈东重西轻状态，珠三角大部分城市在支撑经济发展的教育、人力资源、科研创新等领域存在先天不足，加大了产业升级转型的难度。而香港、澳门在发展方式转变、产业结构转型方面也面临相当大的压力。实现资源要素的自由流动，促使粤港澳大湾区利用自身产业体系的多元性和完备性，形成更为高效的协作分工机制，是大湾区进一步发展的迫切需要。

第四，粤港澳大湾区面临较大的资源环境问题。起源于加工业生产基地的迅猛工业化使珠三角地区土壤和水环境受到较大损害，治理成本日益趋高。各城市都在实施或准备填海造地，对湾区自然环境的损伤不容小视，湾区水体面积萎缩，湿地遭大面积蚕食，生物多样性退化，环境污染问题依然突出。同时，香港特别行政区、澳门特别行政区和深圳经济特区的畸高房价，广州等城市交通拥堵等"城市病"的蔓延和扩散，或多或少地阻碍了粤港澳大湾区的宜居宜业"品质"的提升。

根据2017年的统计数据，粤港澳大湾区以占全国0.5%的土地面积、5.0%的常住人口，创造了占全国12.4%的经济总量，显示出了大湾区的经济实力（见表7-2）。对比2017年相关数据，可以发现粤港澳大湾区11个城市内部存在较大的差异。在经济总量方面，香港、深圳、广州三城市遥遥领先，均在2万亿元之上，三城地区生产总值之和占到了大湾区的65.6%。紧随其后的是佛山、东莞两市，地区生产总值分别达到了9000亿元和7000亿元。其他珠三角城市的地区生产总值则在4000亿元之下，将这些城市的地区生产总值加起来仍不到2万亿元，占粤港澳大湾区的比重不到18%。据此，可以将粤港澳大湾区内的城市划分为"3+2+6"三个梯队。在人均GDP方面，澳门一枝独秀，人均GDP高达55万元，与人均GDP最低的城市肇庆相差近11倍。香港居于第二位置，人均GDP为31万元。深圳、珠海、广州、佛山、中山五市人均GDP处于10万元至20万元之间。其他城市则不足10万元，其中，江门、肇庆两市人均GDP比全国平均水平还要低一些。根据暨南大学经纬粤港澳大湾区经济发展研究院编制的《粤港澳大湾区高质量发展报告（2018）》，按高质量发展指数，粤港澳大湾区 11 个城市可以被划分香港、广州—深圳—澳门—珠海、中山—东莞—惠州—江门—佛山—肇庆三个梯队，同样地，三个梯队之间的发展不平衡。因此，在建设粤港澳大湾区时，如何推动区域内城市协调发展，实现经济发展成果共享是一大挑战。

表7-2　　　　粤港澳大湾区基本情况（2017年）

| 城市 | 土地面积<br>（平方公里） | 人口<br>（万人） | 人口密度<br>（人/平方公里） | GDP<br>（亿元） | 人均GDP<br>（元） |
| --- | --- | --- | --- | --- | --- |
| 香港 | 1050 | 739 | 7040 | 23014 | 311348 |
| 澳门 | 30 | 62 | 20752 | 3394 | 545222 |
| 广州 | 7249 | 1450 | 2000 | 21503 | 148314 |
| 深圳 | 1997 | 1253 | 6272 | 22490 | 179514 |
| 珠海 | 1736 | 177 | 1017 | 2675 | 151534 |
| 佛山 | 3798 | 766 | 2016 | 9399 | 122749 |
| 江门 | 9507 | 456 | 480 | 2690 | 58975 |
| 肇庆 | 14891 | 412 | 276 | 2110 | 51271 |
| 中山 | 1784 | 326 | 1828 | 3430 | 105224 |
| 东莞 | 2460 | 834 | 3391 | 7582 | 90885 |
| 惠州 | 11347 | 478 | 421 | 3831 | 80188 |
| 总计 | 55850 | 6951 | — | 102118 | — |

数据来源：内地城市数据来自广东省统计年鉴；香港、澳门数据来自快易理财网。[①]

## （二）粤港澳大湾区的内部联系

历史文化联系。早在春秋战国时，粤港澳大湾区各城市就同属于百越之地，秦始皇统一岭南后，又基本同属于南海郡的范畴。两千多年来，虽然政制不断发生变化，但是 11 城之间的

---

① 参见快易理财网（https：//www.Kuaiyilicai.com/stats）。

文化交流始终以各种形式在不同空间进行着。尽管香港、澳门渗入了一些殖民文化，但以包容求新和务实重商为特质的岭南文化和珠江文化一直在粤港澳大湾区占据统治地位。

经济联系。改革开放初期，珠三角地区在土地和劳动力方面具有价格低廉的优势，但是缺乏资金和技术，与之相反，香港、澳门有充足的资金和成熟的技术，但土地成本和用工成本高昂。随着内陆对外开放的推进和深化，珠三角地区的城市利用政策优势，主动把握产业转移机遇，顺势而为，承接了从港澳转移来的劳动密集型产业，与港澳形成了"前店后厂"的经济合作模式。随着对外贸易网络的扩大、制造业规模的裂变，珠江口边上以香港为代表的港口城市迅猛发展，港口群迅速崛起，带动了深圳、广州、东莞、佛山、中山等制造重地崛起。可以说，港澳为珠三角城市经济起飞提供了最初的支持，而珠三角城市也为港澳产业顺利转移做出了贡献。时至今日，粤港澳大湾区城市之间的关系发生了重大变化。从地区生产总值看，香港不再一家独大，深圳与香港之间的差距越来越小，广州也紧追在后，粤港澳大湾区已经由香港单中心演化为深圳、香港、广州三中心的发展格局。城市之间并非零和博弈，而是基于资源禀赋和比较优势进行合理分工，共同致力于大湾区的经济发展。（见表7-3）

表7-3 粤港澳大湾区的产业布局

| 城市 | 产业布局 |
| --- | --- |
| 香港 | 贸易及物流业、金融服务业、专业及工商业支援服务业与旅游业 |
| 澳门 | 博彩旅游、出口加工、建筑地产、金融服务 |
| 广州 | 石化产业、汽车制造业、电子产品制造业 |
| 深圳 | 电子信息产业、生物医药、新能源、新材料 |
| 珠海 | 电子信息产业、石油化工、家电电气、精密机械制造、生物医药、电力能源 |

续表

| 城市 | 产业布局 |
|---|---|
| 佛山 | 机械设备、家电、陶瓷、金属加工、家具 |
| 江门 | 电子信息、交通及海洋装备、石油化工、包装印刷及纸制品、食品饮料、现代农业 |
| 肇庆 | 电子信息、金属加工、汽车零配件、食品饮料、生物制药、林产化工、农业等 |
| 中山 | 电子电器、五金家电、灯饰光源、装备制造、健康医药、纺织服装 |
| 东莞 | 电子信息、电气机械、纺织服装、家具、玩具、造纸及纸制品业、食品饮料、化工 |
| 惠州 | 电子信息产业、石化产业、汽车产业及现代服务业 |

数据来源：各地方政府官网，新华网，广发证券发展研究中心。

## 二 粤港澳大湾区人口发展情况及特征

粤港澳大湾区人口规模大，分布集中。育龄妇女生育水平普遍较低，大部分城市的育龄妇女总和生育率均已跌破1，人口老龄化趋势愈演愈烈。大湾区内香港、澳门、珠三角城市在人口自然增长率、人口年龄结构、人口性别结构、人口城镇化水平、人口就业结构、受教育水平等诸多方面均存在明显的非均衡性。具体状况和特点如下：

### （一）粤港澳大湾区人口发展现状

截至2016年年底，粤港澳大湾区总人口为6672万人，占全国总人口的4.84%，大大高于旧金山湾区760万人的规模，也高于东京湾区4384万人的规模。截至2017年年底，广州、深圳均为千万级人口规模城市，人口分别为1449.84万人、1252.83万人；香港、佛山、东莞三城人口居于500万人至1000万人之间；中山、肇庆、江门、惠州四市人口也在300万以上，而珠海和澳门人口相对较少，分别为176.54万人和62.26万人。纵向来看，从2010年至2017年，除东莞在个别年份人口下降外，其他 10 个城市的人口均呈逐年增加的规律。说明粤港澳大湾区对人口的吸引力较强，建设有着较大规模的人口基础。（见表 7-4）

表 7-4　　　　　　粤港澳大湾区常住人口规模　　　　　　单位：万人

| 城市 | 2010年 | 2011年 | 2012年 | 2013年 | 2014年 | 2015年 | 2016年 | 2017年 |
|---|---|---|---|---|---|---|---|---|
| 香港 | 702.42 | 707.16 | 715.01 | 717.89 | 722.95 | 729.13 | 733.66 | 739.17 |
| 澳门 | 53.70 | 54.94 | 56.25 | 57.58 | 58.88 | 60.09 | 61.22 | 62.26 |
| 广州 | 1270.96 | 1275.14 | 1283.89 | 1292.68 | 1308.05 | 1350.11 | 1404.35 | 1449.84 |
| 深圳 | 1037.20 | 1046.74 | 1054.74 | 1062.89 | 1077.89 | 1137.87 | 1190.84 | 1252.83 |
| 珠海 | 156.16 | 156.76 | 158.26 | 159.03 | 161.42 | 163.41 | 167.53 | 176.54 |
| 佛山 | 719.91 | 723.10 | 726.18 | 729.57 | 735.06 | 743.06 | 746.27 | 765.67 |
| 江门 | 445.08 | 446.55 | 448.27 | 449.76 | 451.14 | 451.95 | 454.40 | 456.17 |
| 肇庆 | 392.22 | 395.14 | 398.25 | 402.21 | 403.58 | 405.96 | 408.46 | 411.54 |
| 中山 | 312.27 | 314.23 | 315.50 | 317.39 | 319.27 | 320.96 | 323.00 | 326.00 |
| 东莞 | 822.48 | 825.48 | 829.23 | 831.66 | 834.31 | 825.41 | 826.14 | 834.25 |
| 惠州 | 460.11 | 463.36 | 467.40 | 470.00 | 472.66 | 475.55 | 477.50 | 477.70 |
| 总计 | 6372.51 | 6408.6 | 6452.96 | 6490.66 | 6545.21 | 6663.50 | 6793.37 | 6951.97 |

数据来源：广东省统计年鉴，中国统计年鉴（香港、澳门为年中数据，其他城市为年末数据）。

**（二）粤港澳大湾区人口发展特征**

1. 湾区人口增长较快，高于全国平均水平

计算粤港澳大湾区人口每年的增加量和人口增长率。从 2010 年至 2017 年，粤港澳大湾区人口共增加 579.46 万人，年平均增加量为 72.43 万人，占同期全国人口年平均增加量（614.63 万人）的 11.78%，年平均增长率为 1.25%，比同期全国人口年平均增长率高 0.74 个百分点。在粤港澳大湾区 11 城之间，深圳和广州人口年平均增加量较大，分别为 30.80 万人、25.55 万人；深圳、澳门、珠海、广州年平均人口增长率较快，分别为

2.74%、2.14%、1.77%、1.95%。从增长幅度的变化情况来看，除澳门、惠州两市增幅变小外，其余城市整体上大致呈增幅变大的趋势，尤其是深圳和广州两市。在2011年至2014年三年时间里，深圳、广州人口年平均增长量仅10.17万人、9.27万人，而在2015年至2017年，这一增长量陡升至58.31万人、47.26万人。（见表7-5）

表7-5　　　　　　　粤港澳大湾区人口增长量　　　　　　单位：万人

| 城市 | 2011年 | 2012年 | 2013年 | 2014年 | 2015年 | 2016年 | 2017年 |
| --- | --- | --- | --- | --- | --- | --- | --- |
| 香港 | 4.74 | 7.85 | 2.88 | 5.06 | 6.18 | 4.53 | 5.51 |
| 澳门 | 1.24 | 1.31 | 1.33 | 1.3 | 1.21 | 1.13 | 1.04 |
| 广州 | 4.18 | 8.75 | 8.79 | 15.37 | 42.06 | 54.24 | 45.49 |
| 深圳 | 9.54 | 8 | 8.15 | 15 | 59.98 | 52.97 | 61.99 |
| 珠海 | 0.6 | 1.5 | 0.77 | 2.39 | 1.99 | 4.12 | 9.01 |
| 佛山 | 3.19 | 3.08 | 3.39 | 5.49 | 8 | 3.21 | 19.4 |
| 江门 | 1.47 | 1.72 | 1.49 | 1.38 | 0.81 | 2.45 | 1.77 |
| 肇庆 | 2.92 | 3.09 | 3.98 | 1.37 | 2.38 | 2.5 | 3.08 |
| 中山 | 1.96 | 1.27 | 1.89 | 1.88 | 1.69 | 2.04 | 3 |
| 东莞 | 3 | 3.75 | 2.43 | 2.65 | -8.9 | 0.73 | 8.11 |
| 惠州 | 3.25 | 4.04 | 2.6 | 2.66 | 2.89 | 1.95 | 0.2 |

数据来源：笔者根据《广东省统计年鉴》和快易理财网常住人口规模数据进行计算。

2. 生育水平均已进入低生育水平阶段

总体来看，粤港澳大湾区各城市均已进入了低生育水平阶段。2000年，我国育龄妇女总和生育率为1.5，低于世代更替水平，而粤港澳大湾区城市中育龄妇女总和生育率最高的城市为香港，其育龄妇女总和生育率也仅仅为1.03，不及世代更替水平的一半，其他城市的育龄妇女总和生育率更是低于1。到2005年，江门、肇庆两市育龄妇女总和生育率上升至1之上，而香港下跌至0.96,东莞甚至跌破0.5。不过,随着二孩政策的逐步放开,各城市育龄妇女总和生育率也在提高。根据2010年第六次人口普查数据显示,珠三角九个城市中深圳、中山、惠州三城育龄妇女总和生育率均超过了1,尽管如此,也低于全国育龄妇女总和生育率水平(1.59)。根据快易理财网提供的数据,2010年,香港、澳门两城育龄妇女总和生育率均有所提升,分别为1.13和1.06。此后几年,香港育龄妇女总和生育率稳定在1.20附近,而澳门育龄妇女总和生育率稳定在1.25附近。(见表7-6)

表7-6　　　　　粤港澳大湾区育龄妇女总和生育率

| 城市 | 2000年 | 2005年 | 2010年 |
| --- | --- | --- | --- |
| 香港 | 1.03 | 0.96 | 1.13 |
| 澳门 | 0.94 | 0.84 | 1.06 |
| 广州 | 0.80 | 0.81 | 0.77 |
| 深圳 | 0.62 | 0.59 | 1.03 |
| 珠海 | 0.75 | 0.90 | 0.63 |
| 佛山 | 0.79 | 0.86 | 0.87 |
| 江门 | 0.91 | 1.02 | 0.94 |
| 肇庆 | 0.91 | 1.51 | 0.94 |
| 中山 | 0.69 | 0.76 | 1.17 |
| 东莞 | 0.59 | 0.42 | 0.72 |
| 惠州 | 0.68 | 0.90 | 1.10 |

数据来源:内地城市数据来自广东省2000年、2005年、2010年人口普查资料;香港、澳门数据来自快易理财网。

3. 各城市人口自然增长面临不同的发展势头

总体来看,粤港澳大湾区各城市人口自然增长率大多都比全国同期水平要高,而且近几年来,人口自然增长率越来越高。自2012年后,香港人口自然增长率大幅度下降,2013年至

2017年人口自然增长率平均值为1.9‰，仅为2010年至2012年人口自然增长率平均值的5/18。同期，澳门人口自然增长率相对稳定，在6.2‰至9.6‰区间范围内。内地城市除江门外，人口自然增长率呈稳定上升的趋势。其中，深圳历年人口自然增长率均远高于同期全国的人口自然增长率，2010年至2017年人口自然增长率平均值高达18.1‰，比同期全国平均值高13.0‰。（见表7-7）

表7-7　粤港澳大湾区人口自然增长率　　　　单位：‰

| 城市 | 2010年 | 2011年 | 2012年 | 2013年 | 2014年 | 2015年 | 2016年 | 2017年 |
| --- | --- | --- | --- | --- | --- | --- | --- | --- |
| 香港 | 6.60 | 7.50 | 6.70 | 1.90 | 2.40 | 1.90 | 1.90 | 1.40 |
| 澳门 | 6.20 | 7.30 | 9.60 | 7.90 | 8.70 | 7.90 | 7.50 | 6.80 |
| 广州 | 6.78 | 5.29 | 6.27 | 8.56 | 8.02 | 11.94 | 10.45 | 15.84 |
| 深圳 | 13.58 | 14.32 | 18.00 | 17.77 | 17.48 | 18.36 | 20.99 | 23.92 |
| 珠海 | 9.46 | 9.21 | 10.02 | 9.37 | 9.62 | 9.40 | 11.04 | 17.10 |
| 佛山 | 4.55 | 6.07 | 5.98 | 6.71 | 6.60 | 6.69 | 18.65 | 29.94 |
| 江门 | 2.50 | 3.09 | 0.08 | 3.88 | 2.31 | 5.70 | 7.40 | 6.69 |
| 肇庆 | 6.20 | 6.14 | 7.97 | 7.02 | 6.74 | 6.48 | 7.35 | 8.47 |
| 中山 | 3.53 | 6.38 | 6.27 | 6.91 | 5.92 | 7.14 | 7.82 | 11.27 |
| 东莞 | 6.23 | 6.13 | 8.10 | 7.18 | 5.83 | 6.41 | 8.64 | 17.38 |
| 惠州 | 6.99 | 6.77 | 6.83 | 6.94 | 6.71 | 6.08 | 9.49 | 10.45 |
| 全国 | 4.79 | 4.79 | 4.95 | 4.92 | 5.21 | 4.96 | 5.86 | 5.32 |

数据来源：珠三角九城数据来自各城市统计年鉴；香港、澳门、全国数据来自《中国统计年鉴》。

4. 人口净迁入数量持续增长

20世纪八九十年代，香港净移民数量较多，进入21世纪后，净移民数量出现断崖式下降，而后逐年增加。澳门净移民人口数量自20世纪80年代以来保持稳定增加状态。（见表7-8）

表7-8　　　　　　　　香港、澳门净移民人口数　　　　　　单位：万人

| 城市 | 1982年 | 1987年 | 1992年 | 1997年 | 2002年 | 2007年 | 2012年 | 2017年 |
| --- | --- | --- | --- | --- | --- | --- | --- | --- |
| 香港 | 16.06 | 22.13 | 15.65 | 37.57 | 6.48 | 8.97 | 7.49 | 14.65 |
| 澳门 | 2.51 | 3.35 | 2.18 | 2.79 | 4.63 | 4.24 | 4.24 | 2.5 |

数据来源：快易理财网。

深圳户籍人口的机械增长迅速，从2010年至2017年，年平均户籍人口净迁入数量高达18.56万人，广州、佛山紧随其后，年平均户籍人口净迁入数量分别为5.80万人、3.48万人。江门、肇庆两市近几年户籍人口净迁入量呈负增长，从2012年至2017年，年平均户籍人口净迁入量分别为-1.1万人、-0.82万人。其他珠三角城市年平均户籍人口净迁入量居于1.38万人至2.45万人之间。从增长幅度变化来看，广州、深圳、佛山、中山、东莞近三年增幅明显变大，从2015年至2017年，年平均户籍人口净迁入量分别为8.31万人、23.40万人、7.02万人、2.76万人、3.90万人。（见表7-9）

表7-9　　　　　　珠三角各市年末户籍净迁移人口数　　　　　单位：万人

| 城市 | 2010年 | 2011年 | 2012年 | 2013年 | 2014年 | 2015年 | 2016年 | 2017年 |
| --- | --- | --- | --- | --- | --- | --- | --- | --- |
| 广州 | 5.34 | 4.52 | 2.75 | 4.31 | 4.55 | 4.34 | 7.25 | 13.35 |
| 深圳 | 10.79 | 14.75 | 14.92 | 20.27 | 17.52 | 17.21 | 20.15 | 32.84 |
| 珠海 | 1.31 | 2.67 | -0.36 | 0.93 | 0.58 | 0.67 | 0.86 | 2.55 |
| 佛山 | 1.63 | 1.65 | 0.71 | 1.40 | 1.43 | 1.42 | 7.36 | 12.27 |
| 江门 | -0.03 | 0.23 | -3.67 | -0.31 | -0.45 | -1.63 | -0.40 | -0.16 |
| 肇庆 | 1.07 | 0.52 | -0.36 | -1.73 | -0.68 | -0.69 | -0.90 | -0.58 |
| 中山 | 0.55 | 0.74 | 0.76 | 1.04 | 1.05 | 0.90 | 1.18 | 6.20 |
| 东莞 | 2.19 | 2.12 | 1.31 | 0.78 | 1.48 | 1.52 | 3.71 | 6.47 |
| 惠州 | 3.54 | 3.15 | -0.67 | -2.14 | 2.28 | 0.75 | 2.10 | 2.06 |

数据来源：历年广东省统计年鉴。

### 5. 地区分布很不均衡，人口高度集中

截至2017年年底，香港、澳门、广州和深圳常住人口规模各为739.17万人、62.26万人、1449.84万人、1252.83万人，分别占粤港澳大湾区总人口的10.63%、0.90%、20.86%、18.02%，这四个核心城市占大湾区总人口的比重超过了50%。从地域分布来看，珠三角九城人口总数量达到6150.54万人，占粤港澳大湾区总人口的88.47%。珠三角九城人口在粤港澳大湾区总人口中所占畸高的比例，决定了珠三角九城在整个粤港澳大湾区人口发展战略中占有重要的权重。（见表7-10）

表7-10　　　　粤港澳大湾区常住人口密度　　　　单位：人/平方公里

| 城市 | 2000年 | 2005年 | 2010年 | 2015年 | 2017年 |
| --- | --- | --- | --- | --- | --- |
| 香港 | 6348 | 6489 | 6690 | 6944 | 7040 |
| 澳门 | 14266 | 16085 | 17899 | 20031 | 20752 |
| 广州 | 1372 | 1310 | 1753 | 1862 | 2000 |
| 深圳 | 3511 | 4144 | 5193 | 5697 | 6272 |
| 珠海 | 712 | 815 | 899 | 941 | 1017 |
| 佛山 | 1406 | 1527 | 1896 | 1957 | 2016 |
| 江门 | 416 | 432 | 468 | 475 | 480 |
| 肇庆 | 227 | 247 | 263 | 273 | 276 |
| 中山 | 1326 | 1365 | 1751 | 1799 | 1828 |
| 东莞 | 2621 | 2667 | 3343 | 3355 | 3391 |
| 惠州 | 284 | 327 | 405 | 419 | 421 |

数据来源：笔者根据《广东省统计年鉴》和快易理财网常住人口规模数据与土地面积数据计算所得。

截至2017年年底，粤港澳大湾区常住人口密度高达1245人/平方公里，8倍于全国平均人口密度，是全国人口密度最高的地区之一。虽然粤港澳大湾区的人口密度普遍高于全国平均水平，但其内部也存在着较大的差异。澳门人口密度最高，高达20752

人/平方公里，澳门也是同时期全球212个国家和地区中，人口密度最高的地区。珠三角城市中肇庆市人口密度最低，为276人/平方公里，最高与最低之间相差近75倍。即便如此，肇庆的人口密度也比全国平均水平要高很多。纵向来看，从2000年至2017年，粤港澳大湾区11城常住人口密度均呈现逐年增高的规律。

  林珲等[1]进一步分析了粤港澳大湾区城市内部人口分布在时间和空间上的变化。他们采用遥感技术和Dasymetric映射方法获取了大湾区2007年至2015年间30m分辨率的网格化人口密度分布。他们分析发现，在时间维度上，粤港澳大湾区11城人口分布不断地从城市中心区向四周扩散，与之相伴的是，香港和澳门人口密度相对稳定，深圳的人口密度不断上升，广州、东莞和惠州老城区人口密度则随着人口分布的扩散出现了下降的趋势，但新扩散区人口密度也没有达到原来老城区的人口密度，其他城市人口扩张并不是很明显，相应地，人口密度保持稳定。在空间维度上，香港人口主要集中在九龙半岛和新界西北部的元朗—屯门地区，而新界的沙田、大埔和香港岛人口密度较低，大屿山人口更加稀少。广州人口主要集中于中部城区和北部城区（越秀区、荔湾区、天河区、黄埔区、海珠区、从化区等城区），而距离市中心较远的城区（花都区、白云区、南沙区等城区）人口密度较低。澳门以及其他城市人口分布比较均匀。

6. 人口年龄结构存在明显差异

  人口老龄化程度。就2000年数据来看，进入老龄化社会的只有香港、澳门两个城市，香港老龄化程度比较严重；江门、广州、肇庆、中山四市65岁及以上老年人口占比较高（指老年人口占比在5%以上），深圳、珠海、东莞、惠州、佛山五市老年人口占比较低。比较2000年数据与2010年数据，江门、深圳、佛山、广州、肇庆、珠海、香港七个城市变得更老，即65岁及以上老年人口比

---

[1] 林珲、张鸿生、林殷怡等：《基于城市不透水面——人口关联的粤港澳大湾区人口密度时空分异规律与特征》，《地理科学进展》2018年第37卷第12期。

重上升，其中上升最快的城市是香港和珠海；而东莞、中山、澳门、惠州四个城市变得更加年轻，即65岁及以上老年人口比重下降，其中下降最大的城市是东莞。就2010年数据来看，依然是只有两个城市步入老龄化社会，分别是香港和江门，而澳门因为65岁及以上老年人口从2000年的7.38%降到6.82%而退出老龄化社会；佛山、广州、肇庆、澳门四城老年人口占比较高，深圳、东莞、惠州、珠海、中山五市老年人口占比较低。与2010年相比，2015年粤港澳大湾区各城市65岁及以上老年人口占总人口的比重普遍提高，提高幅度最大的是江门市，2015年65岁及以上老年人口占比比2010年65岁及以上老年人口占比提高了3.21个百分点，提高幅度最小的是惠州，提高幅度为1.01个百分点。到2015年，进入老龄化社会序列的城市增加至5个，按老龄化程度大小排序，这5个城市分别为香港、江门、澳门、肇庆和广州。

劳动力资源。2000年，我国总人口中15—64岁劳动年龄人口的比重为70.10%。在粤港澳大湾区11城中，略低于或者略高于全国数据者有两城，它们是澳门、香港，占比分别为69.75%、72.12%，澳门15—64岁劳动年龄人口的比重仅低于全国平均水平0.35个百分点。其他城市15—64岁劳动年龄人口的比重都远高于全国平均水平。2005年，我国总人口中15—64岁劳动年龄人口的比重为72.00%。在粤港澳大湾区11城中，除江门外，其他城市都要比全国平均水平高一些。2010年，我国总人口中15—64岁劳动年龄人口的比重上升至74.50%。粤港澳大湾区11城均显著高于全国平均水平。2015年，我国总人口中15—64岁劳动年龄人口的比重开始下降，下降至73.00%。与之相应，粤港澳大湾区11城也出现了下降的趋势，相比2010年，下降幅度在1.47%至4.30%之间。但无论怎样，相比于全国平均水平，粤港澳大湾区的劳动力资源比较丰富，深圳、东莞尤甚。（见表7-11）

表 7-11　粤港澳大湾区年龄结构

单位：%

| 城市 | 2000年 0—14岁 | 2000年 15—64岁 | 2000年 65岁及以上 | 2005年 0—14岁 | 2005年 15—64岁 | 2005年 65岁及以上 | 2010年 0—14岁 | 2010年 15—64岁 | 2010年 65岁以上 | 2015年 0—14岁 | 2015年 15—64岁 | 2015年 65岁以上 |
|---|---|---|---|---|---|---|---|---|---|---|---|---|
| 香港 | 16.87 | 72.12 | 11.00 | 14.35 | 73.40 | 12.25 | 11.94 | 75.09 | 12.97 | 11.18 | 73.60 | 15.22 |
| 澳门 | 22.86 | 69.75 | 7.38 | 16.94 | 75.96 | 7.10 | 12.73 | 80.45 | 6.82 | 12.42 | 78.98 | 8.61 |
| 广州 | 13.95 | 80.03 | 6.02 | 14.91 | 77.62 | 7.48 | 10.94 | 82.40 | 6.66 | 12.57 | 79.59 | 7.84 |
| 深圳 | 8.80 | 89.95 | 1.25 | 9.21 | 89.18 | 1.62 | 9.90 | 88.30 | 1.79 | 13.10 | 84.00 | 2.90 |
| 珠海 | 13.95 | 83.31 | 2.75 | 16.39 | 78.12 | 5.49 | 13.71 | 81.74 | 4.55 | 14.99 | 78.90 | 6.11 |
| 佛山 | 15.07 | 80.47 | 4.45 | 14.19 | 79.97 | 5.84 | 11.93 | 83.03 | 5.04 | 12.75 | 80.76 | 6.49 |
| 江门 | 18.84 | 74.61 | 6.55 | 18.38 | 71.70 | 9.91 | 14.58 | 78.42 | 7.00 | 15.12 | 74.67 | 10.21 |
| 肇庆 | 18.99 | 75.21 | 5.81 | 26.55 | 64.38 | 9.07 | 14.76 | 78.49 | 6.74 | 16.09 | 75.34 | 8.58 |
| 中山 | 14.20 | 80.65 | 5.16 | 13.65 | 81.95 | 4.41 | 11.79 | 83.64 | 4.57 | 13.65 | 80.54 | 5.81 |
| 东莞 | 10.78 | 86.33 | 2.88 | 7.65 | 90.45 | 1.90 | 8.36 | 89.39 | 2.25 | 10.39 | 85.89 | 3.72 |
| 惠州 | 16.80 | 79.22 | 3.98 | 19.90 | 72.58 | 7.52 | 15.35 | 80.92 | 3.73 | 17.61 | 77.65 | 4.74 |

数据来源：内地城市数据来自广东省2000年、2005年、2010年、2015年人口普查资料；香港、澳门数据来自快易理财网。

人口抚养比。纵向来看，从2000年至2010年，深圳少儿抚养比有较大幅度提升，珠海少儿抚养比略有提升，其他城市少儿抚养比都出现了不同程度的下降，降幅最大的城市是澳门。老年扶养比方面，澳门、惠州、东莞、中山四市都有一定程度的下降，其他城市则有所提高。综合下来，十年间，仅有深圳、珠海两市的总人口抚养比上升，其他九城均下降，下降幅度最大的城市为澳门。从2010年至2015年，除香港、澳门少儿抚养比略有下降外，其他城市少儿抚养比均有提升，深圳少儿抚养比上升了4.38个百分点。在老年扶养比方面，所有城市都在上升，江门上升幅度最大，上升了4.75个百分点。在少儿抚养比上升和老年扶养比上升双重作用下，总抚养比也出现了大幅度的上升。横向来看，2000年，澳门拥有最高少儿抚养比，但也仅比全国平均水平高0.2个百分点，其他城市少儿抚养比与全国平均水平有较大差距。老年扶养比方面，除香港和澳门高于全国平均水平外，其他城市都低于全国平均水平。总抚养比方面，除澳门略高于全国平均水平（不到1个百分点）外，其他城市均低于全国平均水平。2010年，粤港澳大湾区11城少儿抚养比全部低于全国平均水平，惠州少儿抚养比最高，但也比全国平均水平低3个百分点。老年扶养比方面，香港拥有最高的老年扶养比，比全国平均水平高5.4个百分点。总抚养比方面，所有城市的总抚养比都低于全国平均水平，其中，香港总抚养比最接近全国平均水平，二者相差不过1个百分点。2015年，少儿抚养比方面，惠州、江门、肇庆与全国平均水平接近，其他城市依旧低于全国平均水平。老年扶养比方面，香港高于全国平均水平，肇庆、中山、澳门略低于全国平均水平，其他城市都远低于全国平均水平。总抚养比方面，香港、江门、肇庆比重较高，均在30%以上，但仍低于全国平均水平，澳门、广州、珠海、佛山、中山、惠州六市处于中间位置，比重居于20%—30%之间，而深圳、东莞两市比重低于20%。（见表7-12）

表 7-12　粤港澳大湾区人口抚养比

单位：%

| 城市 | 2000年 少儿抚养比 | 2000年 老年抚养比 | 2000年 总抚养比 | 2005年 少儿抚养比 | 2005年 老年抚养比 | 2005年 总抚养比 | 2010年 少儿抚养比 | 2010年 老年抚养比 | 2010年 总抚养比 | 2015年 少儿抚养比 | 2015年 老年抚养比 | 2015年 总抚养比 |
|---|---|---|---|---|---|---|---|---|---|---|---|---|
| 香港 | 23.39 | 15.25 | 38.64 | 19.55 | 16.69 | 36.24 | 15.90 | 17.27 | 33.17 | 15.19 | 20.68 | 35.87 |
| 澳门 | 32.77 | 10.58 | 43.35 | 22.30 | 9.35 | 31.65 | 15.82 | 8.48 | 24.30 | 15.73 | 10.90 | 26.63 |
| 广州 | 17.43 | 7.52 | 24.95 | 19.21 | 9.63 | 28.84 | 13.28 | 8.08 | 21.36 | 15.79 | 9.85 | 25.64 |
| 深圳 | 9.78 | 1.39 | 11.17 | 10.32 | 1.82 | 12.14 | 11.21 | 2.03 | 13.24 | 15.60 | 3.45 | 19.05 |
| 珠海 | 16.74 | 3.30 | 20.05 | 20.99 | 7.03 | 28.01 | 16.77 | 5.57 | 22.34 | 19.00 | 7.74 | 26.74 |
| 佛山 | 18.73 | 5.53 | 24.26 | 17.75 | 7.30 | 25.05 | 14.37 | 6.07 | 20.44 | 15.79 | 8.04 | 23.82 |
| 江门 | 25.25 | 8.78 | 34.03 | 25.64 | 13.82 | 39.46 | 18.59 | 8.93 | 27.52 | 20.25 | 13.67 | 33.92 |
| 肇庆 | 25.25 | 7.73 | 32.97 | 41.24 | 14.10 | 55.34 | 18.80 | 8.59 | 27.39 | 21.36 | 11.39 | 32.74 |
| 中山 | 17.61 | 6.40 | 24.00 | 16.65 | 5.38 | 22.03 | 14.10 | 5.46 | 19.56 | 16.95 | 7.21 | 24.16 |
| 东莞 | 12.49 | 3.34 | 15.82 | 8.46 | 2.10 | 10.56 | 9.35 | 2.52 | 11.87 | 12.10 | 4.33 | 16.43 |
| 惠州 | 21.21 | 5.02 | 26.23 | 27.41 | 10.36 | 37.78 | 18.97 | 4.61 | 23.58 | 22.68 | 6.10 | 28.78 |
| 全国 | 32.60 | 9.90 | 42.60 | 27.39 | 12.71 | 40.10 | 22.30 | 11.90 | 34.20 | 22.60 | 14.30 | 36.90 |

数据来源：粤港澳大湾区11城数据由笔者计算；全国数据来自《中国统计年鉴》。

## 7. 人口性别比总体均衡，港澳有失衡趋势

从总人口性别比来看，香港、澳门、佛山、中山四个城市表现为男少女多，其他城市表现为男多女少。从2010年至2017年，广州、深圳、珠海、江门、东莞、惠州男女人口比例逐年改善，越来越靠近1∶1比例。总体而言，粤港澳大湾区人口性别比优于全国水平。（见表7-13）

表7-13　　粤港澳大湾区人口性别比（以女性为100）

| 城市 | 2010年 | 2011年 | 2012年 | 2013年 | 2014年 | 2015年 | 2016年 | 2017年 |
|---|---|---|---|---|---|---|---|---|
| 香港 | 88.39 | 85.19 | 87.27 | 86.81 | 86.36 | 85.94 | 85.53 | 85.15 |
| 澳门 | 92.27 | 92.38 | 92.38 | 92.27 | 92.20 | 92.20 | 92.23 | 92.31 |
| 广州 | 102.98 | 102.63 | 102.30 | 101.93 | 101.55 | 101.05 | 100.65 | 100.20 |
| 深圳 | 113.06 | 112.14 | 110.76 | 109.01 | 107.56 | 106.30 | 104.66 | 102.76 |
| 珠海 | 104.15 | 104.38 | 104.39 | 104.27 | 104.09 | 103.90 | 103.37 | 101.49 |
| 佛山 | 99.22 | 99.11 | 99.00 | 98.98 | 98.88 | 98.61 | 98.06 | 97.28 |
| 江门 | 101.89 | 101.80 | 101.56 | 101.60 | 101.54 | 101.51 | 101.33 | 101.09 |
| 肇庆 | 106.84 | 106.66 | 107.02 | 108.14 | 108.63 | 107.87 | 107.95 | 107.99 |
| 中山 | 99.43 | 99.01 | 98.81 | 98.62 | 98.45 | 98.25 | 97.83 | 97.01 |
| 东莞 | 103.09 | 103.02 | 103.01 | 102.93 | 102.81 | 102.50 | 102.02 | 101.21 |
| 惠州 | 103.27 | 102.91 | 102.91 | 103.05 | 102.92 | 102.77 | 102.35 | 101.90 |
| 全国 | 106.06 | 106.10 | 106.14 | 106.19 | 106.23 | 106.27 | 106.31 | 106.31 |

数据来源：内地城市数据来自广东省统计年鉴；全国、香港、澳门数据来自快易理财网。

根据历次人口普查、抽查数据，通过比较0岁组男女性别比例，计算出生人口性别比。出生人口性别比是指某一时期内（通常为一年）每出生100名女婴数相对的出生男婴数，根据国际长期观察的结果显示，在没有受到人为干预的自然生育状态下，出生人口性别比的区间一般是103到107。1955年10月，联合国在其出版的《用于总体估计的基本数据质量鉴定方法》

（手册Ⅱ）中将出生人口性别比的正常值域认定为102至107之间，其他值域则为异常。根据2010年、2015年两年的数据，香港和澳门处于正常范围内，而其他城市出生人口性别比严重失衡。2000年，珠三角九个城市出生人口性别比均在120之上，比例失衡最严重的城市是肇庆市，比正常值域上限水平高37，比例失衡最轻微的城市是江门市，比正常值域上限水平高5。到2005年，出生人口性别比明显好转，其中深圳、中山两市出生人口性别比落入正常值域内。但是，这一趋势并未延续。2010年，除肇庆外，其余珠三角城市出生人口性别比均比2005年的性别比要高，不过要比2000年性别比低。2015年，珠海、肇庆两市出生人口性别比继续上升，其中，珠海市出生人口性别比甚至高于2000年水平。中山市出生人口性别比回归至正常值域内，江门市趋近正常值域上限水平。其他珠三角城市下降明显，但除惠州外，出生人口性别比例仍然高于2005年的水平。

表7-14　　粤港澳大湾区出生人口性别比（以女性为100）

| 城市 | 2000年 | 2005年 | 2010年 | 2015年 |
| --- | --- | --- | --- | --- |
| 香港 | — | — | 107 | 107 |
| 澳门 | — | — | 105 | 105 |
| 广州 | 123 | 114 | 123 | 116 |
| 深圳 | 130 | 107 | 118 | 110 |
| 珠海 | 126 | 118 | 116 | 127 |
| 佛山 | 126 | 115 | 122 | 121 |
| 江门 | 122 | 114 | 115 | 108 |
| 肇庆 | 144 | 126 | 123 | 139 |
| 中山 | 123 | 106 | 118 | 107 |
| 东莞 | 137 | 120 | 129 | 122 |
| 惠州 | 133 | 121 | 119 | 113 |
| 全国 | — | — | 116 | 115 |

数据来源：笔者根据历次人口普查数据计算；全国、香港、澳门数据来自快易理财网。

## 8. 人口城镇化水平较高，内部差异较大

根据2017年的数据，香港、澳门、深圳三个城市城镇人口在常住人口中所占比重已经达到或接近于100%，属于完全城镇化的城市。广州、中山、珠海、东莞、佛山五个城市城镇人口在常住人口中所占比重已经高达85%以上，属于高度城镇化的区域。江门、惠州人口城镇化水平也要高于全国平均水平。而肇庆人口城镇化水平落后于全国平均水平，2010年以来，城镇人口占常住人口的比重不到50%。（见表7-15）

表7-15 粤港澳大湾区各城市城镇人口占常住人口的比例 单位：%

| 城市 | 2010年 | 2011年 | 2012年 | 2013年 | 2014年 | 2015年 | 2016年 | 2017年 |
|---|---|---|---|---|---|---|---|---|
| 香港 | 100.00 | 100.00 | 100.00 | 100.00 | 100.00 | 100.00 | 100.00 | 100.00 |
| 澳门 | 100.00 | 100.00 | 100.00 | 100.00 | 100.00 | 100.00 | 100.00 | 100.00 |
| 广州 | 83.78 | 84.13 | 85.02 | 85.27 | 85.43 | 85.53 | 86.06 | 86.14 |
| 深圳 | 100.00 | 100.00 | 100.00 | 100.00 | 100.00 | 100.00 | 100.00 | 99.74 |
| 珠海 | 87.65 | 87.80 | 87.82 | 87.85 | 87.87 | 88.07 | 88.80 | 89.37 |
| 佛山 | 94.09 | 94.86 | 94.87 | 94.88 | 94.89 | 94.94 | 94.95 | 94.96 |
| 江门 | 62.30 | 62.80 | 63.20 | 64.10 | 64.20 | 64.84 | 65.06 | 65.81 |
| 肇庆 | 42.39 | 42.45 | 42.62 | 43.82 | 44.01 | 45.16 | 46.08 | 46.78 |
| 中山 | 87.82 | 87.87 | 87.92 | 88.00 | 88.07 | 88.12 | 88.20 | 88.28 |
| 东莞 | 88.46 | 88.60 | 88.67 | 88.75 | 88.81 | 88.82 | 89.14 | 89.86 |
| 惠州 | 61.84 | 62.19 | 63.90 | 66.00 | 67.00 | 68.15 | 69.05 | 69.55 |
| 全国 | 49.95 | 51.27 | 52.57 | 53.73 | 54.77 | 56.10 | 57.35 | 58.52 |

数据来源：内地城市数据来自广东省统计年鉴；全国、香港、澳门数据来自世界银行WDI数据库。

## 9. 第三产业就业人数显著上升

2010年，广州第三产业就业人数最多，占比超过50%，珠海也是第三产业就业人数最多，占比接近50%。除肇庆外，其他珠三角城市均是第二产业就业人数最多，其中，深圳、佛山、

中山、东莞第二产业就业人数所占比重均超过50%。肇庆则是第一产业就业人数最多，占比高达55.98%。到2017年，深圳第三产业就业人数所占比重超过第二产业就业人数所占比重，与广州一样，都是第三产业就业人数最多。肇庆第二产业就业人数、第三产业人数均有所增加，但第一产业就业人数所占比重依旧是最高的。其他珠三角城市第二产业就业人数最多，其中第二产业就业人数占比超过50%的城市依旧是佛山、中山、东莞。（见表7-16）

表7-16　粤港澳大湾区内地9个城市三次产业就业人数比例　　单位：%

| 城市 | 2010年 | | | 2017年 | | |
| --- | --- | --- | --- | --- | --- | --- |
| | 第一产业 | 第二产业 | 第三产业 | 第一产业 | 第二产业 | 第三产业 |
| 广州 | 8.30 | 38.48 | 53.22 | 7.19 | 33.24 | 59.57 |
| 深圳 | 0.05 | 51.49 | 48.46 | 0.17 | 44.45 | 55.38 |
| 珠海 | 6.10 | 44.52 | 49.38 | 5.48 | 48.76 | 45.75 |
| 佛山 | 5.96 | 59.45 | 34.58 | 4.91 | 56.72 | 38.37 |
| 江门 | 31.07 | 42.43 | 26.50 | 32.21 | 39.65 | 28.14 |
| 肇庆 | 55.98 | 23.10 | 20.92 | 48.18 | 25.77 | 26.05 |
| 中山 | 4.83 | 67.79 | 27.38 | 4.71 | 65.09 | 30.21 |
| 东莞 | 0.97 | 76.16 | 22.88 | 0.88 | 68.26 | 30.86 |
| 惠州 | 21.19 | 48.81 | 30.00 | 16.96 | 49.80 | 33.24 |
| 全国 | 36.70 | 28.70 | 34.60 | 26.98 | 28.11 | 44.91 |

数据来源：广东省统计年鉴和中国统计年鉴。

计算珠三角城市第二产业就业人数与第三产业就业人数的比值。整体来看，从2010年至2017年，珠三角9个城市中，除珠海市外，其余八个城市第二产业就业人数与第三产业就业人数的比值呈下降趋势，表明这些城市第三产业对人口就业的吸纳能力较强。就2017年数据来看，广州、深圳两大核心城市第三产业就业人数均超过第二产业就业人数，中山、东莞两市第

二产业就业人数 2 倍于第三产业就业人数，其他城市则在 1 倍左右。（见表 7-17）

表 7-17　珠三角城市第二产业与第三产业就业人数之比

| 城市 | 2010 年 | 2011 年 | 2012 年 | 2013 年 | 2014 年 | 2015 年 | 2016 年 | 2017 年 |
|---|---|---|---|---|---|---|---|---|
| 广州 | 0.72 | 0.71 | 0.70 | 0.61 | 0.64 | 0.62 | 0.59 | 0.56 |
| 深圳 | 1.06 | 1.00 | 0.94 | 0.95 | 0.92 | 0.87 | 0.82 | 0.80 |
| 珠海 | 0.90 | 0.90 | 0.98 | 1.18 | 1.17 | 1.17 | 1.12 | 1.07 |
| 佛山 | 1.72 | 1.73 | 1.70 | 1.65 | 1.62 | 1.55 | 1.53 | 1.48 |
| 江门 | 1.60 | 1.67 | 1.55 | 1.52 | 1.45 | 1.41 | 1.40 | 1.41 |
| 肇庆 | 1.10 | 1.12 | 1.10 | 1.08 | 1.08 | 1.06 | 1.00 | 0.99 |
| 中山 | 2.48 | 2.48 | 2.43 | 2.46 | 2.39 | 2.31 | 2.26 | 2.15 |
| 东莞 | 3.33 | 3.33 | 3.33 | 3.33 | 2.21 | 2.21 | 2.21 | 2.21 |
| 惠州 | 1.63 | 1.62 | 1.60 | 1.57 | 1.60 | 1.53 | 1.53 | 1.50 |
| 全国 | 0.83 | 0.83 | 0.84 | 0.78 | 0.74 | 0.69 | 0.66 | 0.63 |

数据来源：广东省统计年鉴和中国统计年鉴。

**10. 就业人口受教育程度以初高中为主**

横向来看，无论是广州、深圳两个核心城市，还是其他珠三角城市；无论是 2005 年、2010 年，还是 2015 年，就业人口中，接受过初中、高中教育的人口所占比重最大，比重接近 60%。（见表 7-18）

表 7-18　2005 年各城市分教育程度的就业人口比例　　　　单位：%

| 城市 | 未上过学 | 小学 | 初中 | 高中 | 大学专科 | 大学本科 | 研究生 |
|---|---|---|---|---|---|---|---|
| 广州 | 0.85 | 14.18 | 42.91 | 25.00 | 9.69 | 6.36 | 1.00 |
| 深圳 | 0.55 | 6.95 | 52.53 | 25.66 | 8.53 | 5.11 | 0.67 |
| 珠海 | 1.08 | 13.56 | 42.14 | 27.18 | 9.33 | 6.27 | 0.43 |
| 佛山 | 1.19 | 20.62 | 51.67 | 18.83 | 5.04 | 2.46 | 0.20 |

续表

| 城市 | 未上过学 | 小学 | 初中 | 高中 | 大学专科 | 大学本科 | 研究生 |
|---|---|---|---|---|---|---|---|
| 江门 | 0.88 | 24.24 | 50.77 | 18.50 | 3.84 | 1.69 | 0.06 |
| 肇庆 | 2.59 | 32.40 | 49.98 | 11.30 | 2.99 | 0.72 | 0.02 |
| 中山 | 0.97 | 19.20 | 54.87 | 19.50 | 3.82 | 1.59 | 0.06 |
| 东莞 | 0.72 | 11.53 | 63.78 | 20.00 | 3.26 | 0.69 | 0.03 |
| 惠州 | 1.47 | 20.82 | 57.91 | 14.61 | 3.96 | 1.18 | 0.05 |

数据来源：2005年广东省1%人口抽样调查资料。

但纵向来看，各城市就业人口中接受过大学专科及以上学历教育的人数所占比重逐年增加。到2015年，广州、珠海就业人口中接受过大学专科及以上学历教育人数所占比重超过30%，深圳则略低于30%，比重为26.05%，其他珠三角城市低于20%。（见表7-19、表7-20）

表7-19　　　　2010年各城市分教育程度的就业人口比例　　　单位：%

| 城市 | 未上过学 | 小学 | 初中 | 高中 | 大学专科 | 大学本科 | 研究生 |
|---|---|---|---|---|---|---|---|
| 广州 | 0.24 | 9.37 | 45.05 | 24.64 | 10.80 | 8.57 | 1.34 |
| 深圳 | 0.21 | 5.12 | 49.90 | 25.87 | 10.28 | 7.57 | 1.06 |
| 珠海 | 0.45 | 8.44 | 41.96 | 29.63 | 10.30 | 8.40 | 0.83 |
| 佛山 | 0.43 | 14.55 | 51.77 | 21.38 | 7.29 | 4.31 | 0.27 |
| 江门 | 0.50 | 17.32 | 51.72 | 22.47 | 5.25 | 2.64 | 0.11 |
| 肇庆 | 1.10 | 23.45 | 56.14 | 13.22 | 4.26 | 1.75 | 0.08 |
| 中山 | 0.35 | 13.26 | 54.03 | 23.35 | 5.89 | 2.94 | 0.18 |
| 东莞 | 0.24 | 8.50 | 61.85 | 21.85 | 5.29 | 2.15 | 0.13 |
| 惠州 | 0.55 | 14.34 | 58.95 | 17.31 | 5.81 | 2.88 | 0.16 |

数据来源：广东省2010年人口普查资料。

表 7-20　　2015 年各城市分教育程度的就业人口比例　　单位：%

| 城市 | 未上过学 | 小学 | 初中 | 高中 | 大学专科 | 大学本科 | 研究生 |
| --- | --- | --- | --- | --- | --- | --- | --- |
| 广州 | 0.34 | 7.81 | 36.78 | 20.83 | 17.07 | 15.05 | 2.11 |
| 深圳 | 0.33 | 5.76 | 46.02 | 21.83 | 13.12 | 11.46 | 1.47 |
| 珠海 | 0.73 | 9.09 | 38.08 | 21.28 | 16.06 | 13.82 | 0.95 |
| 佛山 | 0.67 | 15.44 | 49.33 | 16.27 | 11.06 | 6.78 | 0.44 |
| 江门 | 0.68 | 15.36 | 49.77 | 21.73 | 7.99 | 4.29 | 0.18 |
| 肇庆 | 1.20 | 18.71 | 59.05 | 13.58 | 5.03 | 2.39 | 0.03 |
| 中山 | 0.85 | 14.79 | 49.40 | 19.99 | 8.64 | 6.02 | 0.30 |
| 东莞 | 0.84 | 14.38 | 53.85 | 17.83 | 8.66 | 4.27 | 0.17 |
| 惠州 | 0.80 | 14.93 | 57.04 | 13.93 | 8.10 | 4.99 | 0.21 |

数据来源：2015 年广东省 1% 人口抽样调查资料（2015 年人口抽样调查中设立了中职一类，此处将其归为高中）。

## 三　广州在粤港澳大湾区中的人口定位

### （一）人口规模较大，聚集优势明显

截至 2018 年年底，广州市常住总人口 1490 万，位列粤港澳大湾区 11 个城市中第一，比第二位的深圳市多 200 万，约占粤港澳大湾区人口总数的 21%。广州市常住人口一直保持增长态势，2017 年和 2018 年广州市常住人口增量分别为 45 万人和 40 万人，并且近几年常住人口增量仅次于深圳，位居全国第二，人口增量远远超出其他粤港澳大湾区的城市。进一步分析广州市户籍人口情况。2017 年广州市户籍人口相较 2016 年增加了 27.38 万人，增加量仅次于深圳市（45.27 万人）。其中，户籍人口净迁入量为 13.35 万人，也是仅次于深圳市（32.84 万人）；户籍人口自然增长量为 14.03 万人，增长量位居粤港澳大湾区首位。总体而言，目前广州市人口规模较大，并且还在处于增长当中，说明广州对人口聚集吸引力较强，人口聚集优势比较明显。

## （二）人口相对密度不高，但内部各区域分布不均衡

目前，广州市的人口密度为2000人/平方公里，在粤港澳大湾区中处于中等，远低于香港、澳门，比周边的深圳、东莞、佛山等城市的人口密度也要低。尽管，广州市人口密度在粤港澳大湾区城市当中比较低，但是内部各区域分布却不均衡。传统的核心区，例如越秀、海珠、天河、荔湾等区域人口密度较大，分别达到35724人/平方公里、18611人/平方公里、18194人/平方公里和15645人/平方公里。广州市外围区和副中心常住人口所占比重较小，人口增长非常缓慢。总体来看，广州市人口密度还有提升的空间，尤其是外围区。根据《粤港澳大湾区发展规划纲要》，对广州的功能定位落脚点大多数都在外围区和南沙副中心。因此，可以促进人口向外围区和副中心迁移，促进人口均衡发展，提高人口密度。

## （三）劳动力人口比重较大，但处于人口红利窗口期

从整体上看，广州市劳动年龄人口占比超过全国平均水平。受外来流动人口的影响，广州市劳动人口的比例占据优势。广州市常住人口中15—64岁劳动人口的比例呈先上升后下降趋势，从2000年的77.47%上升至2010年的81.91%，但2015年劳动年龄人口比例为79.12%，与2010年相比下降了2.79个百分点。从另外一个口径来看，广州市户籍人口中18—60岁之间的人口比重，从2015年的65.16%下降到2017年的62.88%。但是2018年，广州市户籍人口中60岁及以上人口所占比重达到18.02%。随着人口老龄化形势越来越严峻，一些劳动年龄段的人口即将进入老龄化，加上劳动年龄段人口比重在逐步下降，因此广州市人口红利效应正在逐渐减弱，处于人口红利窗口期。与深圳、东莞、佛山、珠海、惠州等城市相比，广州市劳动力资源优势不大，未来劳动力稀缺程度相对比较严重。

# 第八章　建设全球城市背景下的广州人口战略及对策建议

借鉴全球城市的发展和管理经验，基于对广州未来人口整体发展情况和趋势的分析，本章提出广州中期人口战略和当前应对建议。

## 一　人口发展战略的文献综述

### （一）人口发展战略的内涵

战略是一定时期内指导全局工作的目标和原则，是制定具体政策和措施的依据。战略上的失误是根本的失误，如果战略制定失误，那么政策和操作层面上的任何努力都可能事倍功半甚至是南辕北辙。人口发展战略在一国的经济与社会的中具有举足轻重的地位，有必要首先从理论上厘清人口发展战略的内涵。

吴忠观[①]认为人口发展战略是由人口数量（主要指人口发展速度与规模）发展战略、人口素质（主要指人口身体素质和科学文化素质）发展战略和人口结构（具体指年龄结构、性别结构、地域分布结构、智力结构、家庭结构等）发展战略三大发展战略共同构成的统一整体，制定人口发展战略的目标就是力

---

① 吴忠观：《关于人口发展战略的几个问题》，《人口研究》1986年第10卷第2期。

争实现最优的人口数量、最优的人口素质以及最优的人口结构。王向明[1]、田雪原[2]、穆光宗[3]、于学军等[4]也认同这一定义。穆光宗[5]还着重分析了人口增长与人口发展两个概念的区别，他认为人口增长的含义仅仅包括人口数量或规模的增多或扩大，而人口发展的含义更深广些，不仅包括人口数量或规模的增多或扩大，还包括人口质量的改善和人口结构的优化，而且这三者并非孤立存在，一个成功的、全面的、科学的人口发展战略必须同时使人口数量、人口质量和人口结构的发展机制优化。穆光宗[6]对人口发展战略有了更进一步的思考，他在辨析"人口与发展"和"人口发展"两个不同术语时指出，"人口与发展"侧重于阐述人口对经济发展、社会发展、生态发展的影响，而"人口发展"是指人口数量变动与人口结构变动的多维过程，侧重于探究社会经济背景下人口自身的发展规律，在这里他将人口质量的变动也归结到人口结构变动中，认为人口质量的变化归根结底也是一种结构性的变化。

也有一些学者从其他角度定义人口发展战略。何承金[7]根据人口发展战略包含内容的完备程度，将人口发展战略划分为狭义的人口发展战略和广义的人口发展战略。具体而言，狭义的人口发展战略只包含战略依据、战略目标和战略步骤这三个基本方面，而广义的人口发展战略还包括战略的指导思想、战略

---

[1] 王向明：《人口发展战略与经济发展战略的结合和协调》，《人口研究》1983年第7卷第4期。

[2] 田雪原：《制定科学的人口发展战略》，《瞭望》2005年第23期。

[3] 穆光宗：《对我国人口发展战略的几点思考》，《人口学刊》1986年第5期。

[4] 于学军、王宁、王广州：《我国人口发展战略研究的现状、问题和建议》，《人口与计划生育》2003年第10期。

[5] 穆光宗：《对我国人口发展战略的几点思考》，《人口学刊》1986年第5期。

[6] 穆光宗：《我国人口发展战略的反思和抉择》，《社会科学论坛》（学术评论卷）2008年第6期。

[7] 何承金：《略论人口发展战略》，《四川大学学报》（哲学社会科学版）1986年第2期。

重点、战略的可行性、战略的成败标准、战略评估五项内容。邬沧萍[①]从人口发展战略与国家发展战略的关系的角度定义人口发展战略,他认为人口发展战略是国家发展战略的重要组成部分,在制定人口发展战略时,不能孤立地从人口本身出发,还需要与国家的发展战略相结合。吴瑞君[②]则从人口内部间的关系以及人口与外部的关系的角度将人口发展战略划分为人口协调发展战略和人口可持续发展战略,所谓人口协调发展战略是指人口发展与人口外部的经济、社会、资源环境的协调发展战略,也被称为安全发展战略;所谓人口可持续发展战略是指当代人口与后代人口的协调发展战略,也被称为积极发展战略。吕红平[③]认为人口发展战略包含三项内容,其中核心内容是人口发展战略目标,具体包括人口数量目标、质量目标、年龄结构目标、性别比例目标、空间分布目标等,另外两项内容分别是人口政策和社会配套支持政策,这两项内容的主要作用是保障人口发展战略目标顺利实现。

总而言之,人口发展战略是一个国家或者地区社会发展战略的重要组成部分,不仅包括人口数量发展战略,还包括人口结构发展战略;不是独立地关注人口数量发展战略和人口结构发展战略,而是有机地将人口数量发展战略和人口结构发展战略结合起来;不是孤立地专注于人口自身的发展规律,而是既考虑人口自身发展规律,又考虑社会、经济、资源以及环境的客观要求。

## (二)国内对人口发展战略的研究

国内学者在理论上对人口发展战略的研究主要围绕着研究

---

[①] 邬沧萍:《我国人口发展战略初探》,《人口研究》1985年第9卷第5期。
[②] 吴瑞君:《上海大都市圈人口发展战略研究》,博士学位论文,华东师范大学,2005年。
[③] 吕红平:《加强人口发展战略研究保障现代化强国人口环境》,《人口与计划生育》2018年第1期。

和制定人口发展战略的必要性、科学的人口发展战略所应具备的性质、确定人口发展战略的依据、研究人口发展战略的侧重点、研究人口发展战略的方法五个方面展开。

1. 研究和制定人口发展战略的必要性

1987年，中国人口学会和湖北省人口学会联合召开了中国人口发展战略理论讨论会，这次会议集中讨论了当时阶段下制定人口发展战略的必要性和可行性，并将实现人口零增长确定为21世纪中叶前我国所应该坚持的人口发展战略（王冰、宋严①）、于学军等②梳理了我国人口发展战略研究的现状与问题，他们认为长久以来，由于没有权威部门牵头、信息资源和人力资源没有得到有效的整合和利用、有关人口和计划生育的研究投入太少等问题，我国并没有一部比较翔实的人口发展战略，而且我国还存在将人口战略、人口政策和人口工作等概念混为一谈的问题。穆光宗③对我国的人口发展战略进行了反思，他认为我国过去的人口发展战略就是人口增量减少战略，以降低生育率、稳定低生育水平的方式减少人口数量，忽视人口素质的提高和人口结构的优化，这种少生就是一切、数量中心主义的人口控制战略造成了严重的人口安全问题。

2017年，党的十九大报告提出了中国发展新的历史方位——中国特色社会主义进入了新时代，新时代新形势下，人口发展也出现了很多新的重大问题和重大挑战，一批学者论证了在新时代下进一步加强人口发展战略研究的必要性。翟振武

---

① 王冰、宋严：《中国人口发展战略理论讨论会综述》，《人口研究》1987年第11卷第1期。

② 于学军、王宁、王广州：《我国人口发展战略研究的现状、问题和建议》，《人口与计划生育》2003年第10期。

③ 穆光宗：《我国人口发展战略的反思和抉择》，《社会科学论坛》（学术评论卷）2008年第6期。

和邹华康[①]从人口发展形势的新变化与人口问题的复杂性和长期性两个角度阐述了新时代下加强人口战略研究的原因。[②] 吕红平分析认为加强人口发展战略研究是实现富强民主文明和谐美丽社会主义现代化强国宏伟目标的必然要求，他认为科学的人口发展战略有助于形成良好的人口环境，而良好的人口环境为现代化强国目标的实现提供了支撑。贺丹[③]认为加强人口发展战略研究既是夺取新时代中国特色社会主义伟大胜利的必然要求，又是开启全面建设社会主义现代化国家新征程的现实需要。

2. 科学的人口发展战略所应具备的性质

邬沧萍[④]具体分析了人口发展战略中战略目标所必须具有的几个特点：第一，须具有全局性和整体性的特点，即在制定人口目标时，不能孤立地就人口论人口，需要采用系统工程学的方法全面考虑影响人口规律的各个因素；第二，战略目标须具有长远性的特点，这是由人口再生产周期较长的性质所决定的，制定战略目标时要妥善处理好当前人口发展与未来人口发展之间的关系；第三，人口战略目标须具体明确，不能是模棱两可的；第四，人口战略目标还必须具有可行性和灵活性，且灵活性必须服从战略要求和可行性。何承金[⑤]认为科学的人口发展战略应当具备以下几个基本性质：第一，客观性和科学性，这要求在制定人口发展战略时，既要尊重人口发展的客观规律，又要注重战略的可行性；第二，整体性和相对独立性，这要求在制定人口发展战略时，既要考虑到人口发展与经济、政治、法

---

① 翟振武、邹华康：《把握人口新动态 加强人口发展战略研究》，《人口研究》2018 年第 42 卷第 2 期。

② 吕红平：《加强人口发展战略研究保障现代化强国人口环境》，《人口与计划生育》2018 年第 1 期。

③ 贺丹：《加强人口发展战略研究迎接新时代大国人口变局》，《人口与计划生育》2017 年第 11 期。

④ 邬沧萍：《我国人口发展战略初探》，《人口研究》1985 年第 9 卷第 5 期。

⑤ 何承金：《略论人口发展战略》，《四川大学学报》（哲学社会科学版）1986 年第 2 期。

律、社会、文化和自然等因素的关系，又要考虑到人口自身的发展规律；第三，多层次性与协调性，多层次性是指人口发展战略包含有全国层面的战略、省级层面的战略、县级层面的战略，协调性是指人口发展战略要与经济社会、资源环境相关战略相协调；第四，长期性与阶段性，长期来看，人口发展战略不能朝令夕改，须具有一定的稳定性，但由于人口发展战略是由不同阶段组成的，在不同的阶段，可以且应该具有不同的要求；第五，权威性与群众性，一方面人口发展战略是涉及人口发展全局的目标、方针和原则，因此必须具有权威性，另一方面人口发展战略是要靠全体人民共同实现的，因此也必须具有群众性。

3. 确定人口发展战略的依据

制定人口发展战略时，不仅要考虑人口发展自身的规律，还要考虑到社会、经济、环境和资源的客观需要。王向明[1]讨论了人口发展战略与经济发展战略的关系，他认为这二者是密切联系、互相制约的，都必须以国情为共同依据，以"两种生产"理论为共同指导思想，并具体落实在计划和政策之中。邬沧萍[2]将影响确定人口发展战略的客观因素归纳为四个方面：首要因素为人口因素，具体包括人口数量、人口质量和人口结构；其他因素包括社会因素、经济与技术因素、资源环境因素。吴忠观[3]就制定人口发展战略的指导思想展开分析，明确指出马克思主义中的两种生产理论和最优人口思想是制定人口发展战略的指导思想。

随着时间的推移，过去一些行之有效的调控政策和措施所

---

[1] 王向明：《人口发展战略与经济发展战略的结合和协调》，《人口研究》1983年第7卷第4期。

[2] 邬沧萍：《我国人口发展战略初探》，《人口研究》1985年第9卷第5期。

[3] 吴忠观：《关于人口发展战略的几个问题》，《人口研究》1986年第10卷第2期。

能发挥的效力不断递减。由于人口发展规律具有周期长、不可逆的特点，因此，于学军等[1]特别强调在制定人口发展战略时，要顺应时代要求，尊重自然规律和社会发展规律，认真审视人口形势。翟振武和邹华康[2]也提出人口形势及其发展变化趋势是制定人口发展战略的基础性依据。

4. 研究人口发展战略的方法

乔晓春[3]提出必须从不同角度研究分析人口发展战略，第一，定性研究与定量研究相结合，这是因为定性研究是定量研究的基础，定量研究是定性研究的具体化；第二，动态研究与静态研究相结合，人口发展战略目标往往是以某一时点的某些数量指标表现的，人口战略目标的确定关乎现在及未来的人口发展，因此静态人口状况的确定离不开对动态过程的研究；第三，宏观研究与微观研究相结合，人口发展战略的实现离不开具体的政策与措施，因此除了研究怎样制定合适的发展目标外，还要研究实现发展目标的具体途径；第四，城市研究与农村研究相结合，由于我国城乡差距较大，如果不加以区分城市和乡村而进行研究，可能会与实际情况产生较大的偏差；第五，将长期人口发展目标与短期人口规划相结合。

随着现代信息通信技术的广泛应用和普及，贺丹[4]认为应该以创新的思维和务实的态度全面加强人口发展战略研究，比如大力建设人口数据资源平台，增强研究者对人口趋势判断的准确性和人口预测的精度；将大数据分析挖掘技术、R 语言、随

---

[1] 于学军、王宁、王广州：《我国人口发展战略研究的现状、问题和建议》，《人口与计划生育》2003 年第 10 期。

[2] 翟振武、邹华康：《把握人口新动态　加强人口发展战略研究》，《人口研究》2018 年第 42 卷第 2 期。

[3] 乔晓春：《对我国人口发展战略研究方法的探讨》，《人口研究》1986 年第 10 卷第 6 期。

[4] 贺丹：《加强人口发展战略研究迎接新时代大国人口变局》，《人口与计划生育》2017 年第 11 期。

机预测方法、人工智能等新技术新方法应用于人口研究中。吕红平[1]基于人口发展战略与其他经济社会发展战略的关系，提出在推进人口发展战略时一方面要加强人口发展战略研究的组织领导工作，另一方面也要鼓励多学科、多领域合作研究。

5. 当前研究人口发展战略所应关注的侧重点

党的十九大报告将健康中国升华为国家战略，具体包括促进生育政策和相关经济社会政策配套衔接，加强人口发展战略研究，积极应对人口老龄化等内容，这为学者研究人口发展战略提供了指引。贺丹[2]认为人口发展战略研究的基础研究应当包括两方面的内容：一是对人口自身发展各要素的关系及变动规律的研究，二是对人口与外部环境互动关系的研究。翟振武和邹华康[3]对人口发展战略部分研究内容提出了五点思考：第一，应对人口长期均衡发展战略中的均衡的含义进行深入细致的研究；第二，当前，我国人口的健康素质和科学文化素质不高，因此在未来的人口发展战略研究中，应该进一步探索提升我国人口素质的有效路径；第三，应该加强对人口老龄化问题的研究，一方面要对老龄化的进程、特点、经济社会影响做出准确判断，另一方面也要探索正确应对老龄化的政策和措施；第四，可以从加快户籍制度改革和缩小地区发展差距的角度研究流动人口城市融合问题，关注人口地区布局问题；第五，应加强对人口学基础理论的研究，争取用我国原创的人口学基础理论解释我国的人口现象。刘家强等[4]基于两种生产理论和可持续发展

---

[1] 吕红平：《加强人口发展战略研究保障现代化强国人口环境》，《人口与计划生育》2018年第1期。

[2] 贺丹：《加强人口发展战略研究迎接新时代大国人口变局》，《人口与计划生育》2017年第11期。

[3] 翟振武、邹华康：《把握人口新动态　加强人口发展战略研究》，《人口研究》2018年第42卷第2期。

[4] 刘家强、刘昌宇、唐代盛：《论21世纪中国人口发展与人口研究》，《人口研究》2018年第42卷第1期。

理论，指出了 21 世纪我国人口发展体系的一些基础性问题，包括生育政策调整与人口长期均衡发展、新型城镇化道路选择与流动人口发展、劳动力供给结构演化与第二次人口红利获取、老龄社会进程提速与老年资源开发、家庭结构变迁与家庭发展能力塑造五大问题。

**（三）城市人口发展战略相关文献述评**

他山之石，可以攻玉。学者们在主要城市人口发展战略的研究方面做了弥足珍贵的研究和贡献。有的学者是从城市整体研究人口发展战略的，也有学者专门针对人口发展战略中的某个具体问题进行研究。

1. 新加坡：与产业结构相适应的人口发展战略

新加坡在短短 50 多年的时间里从一个默默无闻、贫穷落后的殖民地跃升为继纽约、伦敦、香港之后的第四大国际金融中心，这一经济奇迹的创造与其产业结构的转型紧密相关。自独立以来，新加坡的产业结构经过了三次转变，第一次转变是从单一的转口贸易经济体转向以劳动密集型产业为主的经济体，第二次转变是从以劳动密集型产业为主的经济体转向以资本和技术密集型制造业为主的经济体，第三次转变是从以资本和技术密集型制造业为主的经济体转向以高新技术产业和知识密集型产业为主的经济体。新加坡产业结构的顺利转型升级，与其制定的人口发展战略息息相关。

李红联[1]认为新加坡人口发展战略的成功之处在于其能够准确把握人口发展战略的稳定性与灵活性之间度的关系，使得人口政策能够顺应新加坡经济与社会发展的需要。新加坡在实现应对人口老龄化和人口优化方面所做的努力尤其值得发展中国家借鉴和学习。为了提升新加坡人口的科学文化素质，新加坡

---

[1] 李红联：《国际化理念下的深圳人口政策——香港与新加坡人口政策的启示》，《特区实践与理论》2008 年第 4 期。

政府一方面鼓励具有高等教育文化程度的育龄夫妇多生孩子，另一方面限制低文化水平的育龄夫妇少生孩子[①]，几十年来，该优化人口的政策已经初见成效，为新加坡发展成为知识型经济体系和世界级城市提供了人力支撑。在应对老龄化方面，新加坡构建了一套以家庭保障为基础，以自我保障为主，以社会保障为辅的行之有效的养老体系[②]。

李敏[③]详细介绍了新加坡人口发展战略是如何助推产业结构转型的，具体而言，新加坡在以下三个方面采取了适应产业结构调整的措施：其一，建立健全劳动力教育和培训制度，为产业结构合理发展储备高技能劳动力；其二，采取大幅度提高工资而非直接干预的措施，控制低端劳动力的流入，进而迫使企业提升生产效率，加快转型升级；其三，鼓励高素质专业人员到新加坡工作和定居。

2. 香港：为知识型经济体系建设服务的人口发展战略

2003年3月，香港政府发布了《人口政策专责小组报告书》，九年后，也即2012年，香港政府又发布了《人口政策督导委员会2012进度报告》。从这两份专门分析香港人口问题和人口政策的报告书中，可以窥见香港在人口发展战略方面的安排。李红联[④]通过分析2003年报告，认为香港在制定人口发展战略时，具有以下几个优点：第一，注重人口政策的灵活性，不会简单地在人口数量和人口结构上设定一个死板的目标，而是根据人口的变化状况、社会的需要等综合灵活地制定相应的人口政策；第二，注重人口政策的修改与调整，在2003年的报

---

① 武翠兰：《新加坡人口政策给我们的启示》，《理论学刊》2001年第1期。
② 李红联：《国际化理念下的深圳人口政策——香港与新加坡人口政策的启示》，《特区实践与理论》2008年第4期。
③ 李敏：《国际大都市人口发展战略对中国的启示——以广州市为例》，《西北人口》2011年第5期。
④ 李红联：《国际化理念下的深圳人口政策——香港与新加坡人口政策的启示》，《特区实践与理论》2008年第4期。

告中，香港政府建议对人口政策进行定期的检讨和审视，这有助于形成科学的人口政策。

同新加坡一样，香港也致力于成为知识型经济体系和世界级城市，2012年报告所反映的人口发展战略也是为这一目标服务的。据王鹏[1]分析，2012年报告中提出了多条政策建议以提升香港人口的整体素质：在教育方面，要增加教育支出，增建教育设施，要更加合理地规划学校；在吸纳人才方面，要根据社会的需要制订符合经济发展的人才计划，要从薪酬待遇、税务政策、健康医疗、安居就业等方面综合提升香港的人才吸引力，要通过"社区计划"促进外来人员的社会融合。

3. 伦敦：与资源、环境相匹配的人口发展战略

伦敦很早便开始制定了人口发展战略，1940年就提出了疏散城市中心区的人口和工业的倡议。历史上，由于粗放式的经济发展方式，伦敦在快速实现工业化、吸引大量劳动力涌入的同时却未能提供相匹配的资源和设施，引发了严重的"城市病"，因而伦敦在制定人口发展战略时，特别重视人口与资源、环境的协调发展[2]。

李敏[3]认为伦敦以资源承载为依托的人口发展战略体现在以下几个方面：第一，推动人口在地域上的均衡分布。伦敦人口在东部地区和西部地区的分布极不均衡，西部地区人口集中，交通拥挤，土地和自然资源紧张，而东部地区恰恰相反。为了改善人口分布，2004年，伦敦发布了新的城市空间规划，着重推动东部地区的开发建设。第二，提高自然资源的利用率。在自然资源既定的情况下，为满足不断增长的人口的需求，提高

---

[1] 王鹏：《香港人口政策新变化及其启示》，《南方论刊》2014年第11期。
[2] 涂云海：《国际大都市人口发展的经验及其启示——以新加坡、伦敦、东京和纽约为例》，《政策瞭望》2018年第5期。
[3] 李敏：《国际大都市人口发展战略对中国的启示——以广州市为例》，《西北人口》2011年第5期。

自然资源的利用率自是应有之义。伦敦在水资源、土地资源、生物资源等多个方面都采取了相应的保护措施。在保护水资源方面，伦敦积极发展和推行节水措施，增强水资源的循环利用，不断提高运水管道的制作标准，并积极维修管道，努力减少因管道造成的水资源浪费的现象。在土地使用方面，伦敦一方面积极开发棕地，扩大可利用土地的面积，另一面限制城市向外扩张，集约使用城内空间。在保护生物资源方面，为保护生物多样性，伦敦政府规定新开发活动必须有利于生物生存与栖息。第三，关心人居环境。伦敦将改善社区居民生活质量也纳入到人口发展战略中来。为了提供更充足的开放空间供社区居民使用，伦敦政府鼓励更加紧凑和集中的土地开发方式。除关心一般社区居民的生活环境外，伦敦政府还特别关心残疾人以及少数民族等弱势群体的生活需要，确保各个阶层的居民均有机会使用公共设施和享用公共服务。

4. 东京：以疏解城市中心人口为目标的人口发展战略

东京作为世界上人口密度最高的城市之一，其人口发展战略的核心在于如何疏解城市中心人口。

第二次世界大战后，受益于欧美产业转移，日本的工业化水平迅速提升，大量劳动力从农业和手工业中释放出来，涌入到城市中。加之战后"婴儿潮"现象，东京人口迅速增长。据统计，20世纪50年代至70年代，东京每年人口的净流入量高达25万人，导致土地面积仅占全国总面积3.5%的东京，人口却占全国总人口的28%[1]。人口急剧增长导致城市土地地价上涨、房价上涨、生活成本提高、企业用工成本增加，东京政府开始通过科学规划，引导人口流向。

刘波[2]分析认为东京主要从三个方面疏解中心城区人口。第

---

[1] 张惠强、李璐：《东京和首尔人口调控管理经验借鉴》，《宏观经济管理》2018年第8期。

[2] 刘波：《伦敦城市人口调控的经验及启示》，《理论学习》2012年第5期。

## 第八章　建设全球城市背景下的广州人口战略及对策建议

一，构建"中心区—副都心—周边新城—邻县中心"多中心多圈层的城市格局。自 20 世纪 50 年代起，东京政府就着手制定规划以分散中心城市功能，相继制定了《首都圈整备法》《近畿圈整备法》《中部圈开发整备法》《东京都长期规划——以 21 世纪为目标》《第二次东京都长期规划》和《第三次东京都长期规划》，确立了以涩谷、池袋、新宿等为副都心，以港北、多摩、千叶、筑波等为周边新城的城市格局，这些副都心、周边新城的建设承接了城市中心区的部分产业和功能，对城市中心人口压力的舒缓起到了一定的作用。第二，通过调整产业布局分流中心区人口。东京政府制定了《首都建设法》《工业控制法》，严格限制中心区工业设施的建设和扩张，迫使重化工企业和劳动密集型企业向郊区甚至海外搬迁，鼓励资本和技术密集型企业集聚和发展。第三，支援地方，减轻人口向东京集聚的压力。一方面东京政府积极向其他地方输送人口，帮助其他地方政府创造就业机会和岗位，另一方面严格限制东京地区大学的扩建和增设，并通过支援其他地方大学的做法改变人口的流动方向。

李敏[①]认为东京政府除重组城市结构，建设城市副都心，疏散城市功能外，还通过加强交通基础设施建设促进人口的分流。发达的交通有利于城市中心和郊区的联系，也有助于多中心多圈层城市格局的形成，东京建立起了以轨道交通为主的城市交通体系，对处理高密度人口城市地区问题发挥着十分巨大的作用。

张惠强和李璐[②]着重分析了东京在控制人口流向时采用的市场竞争手段与行政管理手段相结合的做法，他们指出，东京政

---

[①] 李敏：《国际大都市人口发展战略对中国的启示——以广州市为例》，《西北人口》2011 年第 5 期。

[②] 张惠强、李璐：《东京和首尔人口调控管理经验借鉴》，《宏观经济管理》2018 年第 8 期。

府一方面提高城市中心区的生活成本，增加人群迁移成本，利用市场竞争机制对人群筛选，确保了流入人群的质量；另一方面，在户籍管理上，东京政府对在当地确定住所的居民发放"住民票"，也即登载个人基本信息的居住卡，凡拥有"住民票"的居民均可以无差别地享受教育、医疗、公共服务等社会福利，政府也可以根据"住民票"对居民进行管理，有效维持了大城市的管理秩序。

5. 纽约：与城市产业结构、资源状况和公共服务相匹配的人口发展战略

纽约的人口发展战略与新加坡相似，其被制定的目的是要使人口的数量、质量、空间布局与城市的产业结构、资源状况、公共服务相匹配。

19 世纪，得益于得天独厚的地理位置、充足的劳动力和雄厚的资本，纽约成为美国的商业贸易中心和制造业中心。但第二次世界大战后，随着产业结构的转型升级，纽约的制造业日渐式微，其光辉历史一去不复返。20 世纪 60 年代至 80 年代，纽约制造业就业人数减少了近 54 万人[1]。为适应产业结构转型的需要，纽约通过完善教育培训制度和修改移民法吸引高端移民的方式来提升人口素质[2]。一方面，纽约政府在促进产业转型升级时，除采用减免税额、增加补贴等财政政策外，还制定了适应市场需求的教育培训政策，通过政府和市场的双重作用为产业转型升级提供人力支撑。另一方面，纽约还根据新修订的移民法案在世界范围内引进适合自己产业发展需要的人才，这些人才的输入对纽约从传统制造业中心转向商务服务中心产生了极大的推动作用。此外，纽约还利用其发达的高等教育在全

---

[1] 刘锐、秦向东：《纽约产业发展的历史路径对上海启示》，《安徽农业科学》2007 年第 4 期。

[2] 李敏：《国际大都市人口发展战略对中国的启示——以广州市为例》，《西北人口》2011 年第 5 期。

球范围内吸引大量学生和专家学者来纽约学习和工作，虽不一定"为我所有"，但可以"为我所用"。

为均衡人口空间分布和适应人口增长的需要，纽约对土地重新进行了规划以提高土地的利用效率。具体而言，纽约政府采取了以下措施：第一，重新开发因人口外迁而废弃的小区，建造商用大楼，吸引小型企业入驻；第二，大规模开发棕地、城市闲置或空置的滨水区和院校医院等市政设施，扩大可使用土地的面积；第三，大力发展交通基础设施，刺激人口向公共交通覆盖的区域分布；第四，完善高科技园区的基础设施，吸引大学、研究机构和高科技企业入驻，为适应经济结构变化做准备。

20世纪70年代至80年代中叶，由于市中心交通拥堵、空气污染等问题严重，纽约人口大量迁往郊外，对纽约的经济活动产生了很大的影响。为稳定人口规模，纽约进一步完善了公共服务，在能源、土地、空气、水、交通运输等诸多方面均制订了相关的行动计划。在社区建设方面，纽约为社区匹配了足够的公园和开放性空间，并且将公园等开放性空间建造于居民"十分钟步行圈"内。在交通运输方面，为了节省居民的通勤时间和通勤成本，纽约构建了多层次多元化的公共交通体系，有力地改善了城市空气质量和缓解了城市拥堵现象。在保护自然资源方面，纽约也采取了治理土地污染、提升水质、改善供水网络等多项措施。

### （四）人口因素对经济增长的影响

经济增长是指一个国家或者一个地区潜在生产能力的提高，其表现为社会财富的增加、产出和服务的增长。从统计意义上讲，经济增长表现为国内生产总值（GDP）或人均国内生产总值（人均GDP）的持续提高。20世纪60年代初，基于美国的历史统计资料，国际著名经济学家丹尼森将影响经济增长的因素划分为两大类：生产要素投入数量和生产要素生产率。人口要素中人口规模、劳动力数量等将影响生产要素投入数量，人口要素中人口年龄结构、人口素质、人口在生产部门间的配置状况等将影响生产要素生产率。实际上，经济学家和人口学家在很早的时候就开始研究人口对经济增长的影响机制了。

1. 人口转变理论

人口转变理论是对人口变化规律的刻画。人口作为影响经济增长的关键要素之一，有其自身的发展演变规律，在不同的发展阶段，人口表现出不同的数量和结构特征，而这些特征是经济运行的重要基础，会对经济增长产生显著影响。因此，在探究人口对经济增长的影响之前，有必要先认清人口自身的变化规律。

人口转变理论是以1909年法国人口学家兰德里（Adolph Landry）对欧洲人口由高出生率、高死亡率转变为低出生率、低死亡率变迁过程的描述为根据，后经美国人口学家汤普森（Warren Thompson）、布莱克（C P Blacker）补充加工，最终由美国人口学家诺特斯坦（Frank Notestein）在1945年引进"转变"一词而逐步发展完善。所谓人口转变是指人口再生产类型先由高出生率、高死亡率、低自然增长率阶段发展至高出生率、低死亡率、高自然增长率阶段，再由高出生率、低死亡率、高自然增长率过渡至低出生率、低死亡率、低自然增长率阶段的过程。

如图8-1所示，人口转变理论认为由于经济水平的提升，生活条件的好转，医疗水平的提高，死亡率会先下降；而出生率更多地受制于社会文化心理，其下降滞后于死亡率的下降。诺特斯坦进一步根据工业化发展阶段将人口转变过程划分为四个阶段。在这四个阶段中，出生率、死亡率、自然增长率的状态、变化速度以及人口的年龄构成各有特点。第一阶段是前工业化阶段，出生率维持在高水平状态,波动较小,死亡率也处于高水平状态,但略有起伏波动,人口自然增长率增长极慢甚至为0;第二阶段是工业化初步发展阶段,死亡率开始下降,且下降速度逐渐加快,而出生率基本保持不变,二者间的差距逐渐加大,与此相伴的是人口自然增长率快速上升;第三阶段是工业化进一步发展阶段,随着前一阶段出生人口的长大成年,本阶段劳动年龄人口迅速增多,从而使本阶段的死亡率的下降速度开始减慢,与此同时,出生率有了明显的下降,且其下降速度渐渐超过死亡率的下降速度,那么这一阶段的人口自然增长率会先增加至最高水平,然后开始减小;第四阶段是完全工业化阶段,也即完成了"城市工业社会"转变和实现现代化的阶段,死亡率保持稳定的低水平状态,出生率也处于低水平状态,但略有起伏波动,人口自然增长率很低,甚至降到0或者0以下,伴随着第二、三阶段生育高峰期出生人口陆续步入老年,整个社会也进入了老龄化社会。上述转变过程中,人口年龄结构依次呈现为高少儿人口比、高劳动年龄人口比和高老年人口比。(见表8-1)

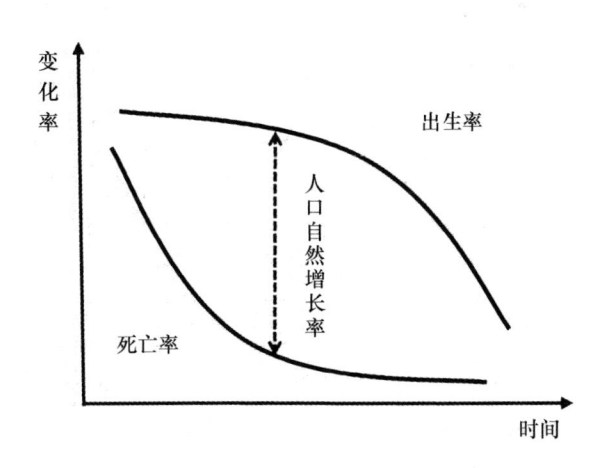

图8-1 人口转变过程示意图

数据来源:笔者自制。

表8-1　　　　　　　　　　人口转变过程的四个阶段

|  | 死亡率 | 出生率 | 自然增长率 |
| --- | --- | --- | --- |
| 第一阶段 | 高 | 高 | 低 |
| 第二阶段 | 下降且较快 | 基本不变 | 上升且较快 |
| 第三阶段 | 下降且较慢 | 下降，先慢后快 | 先升后降 |
| 第四阶段 | 低 | 低 | 低 |

数据来源：笔者自制。

图8-2展现了1978年至2017年广州市户籍人口出生率、死亡率和自然增长率的变化过程。由图8-2可以发现，从1978年至2017年，广州市户籍人口死亡率保持稳定低水平状态，而户籍人口出生率大体上先下降后上升，户籍人口自然增长率的变化与户籍人口出生率的变化相一致。这构成了广州未来经济运行的人口基础。

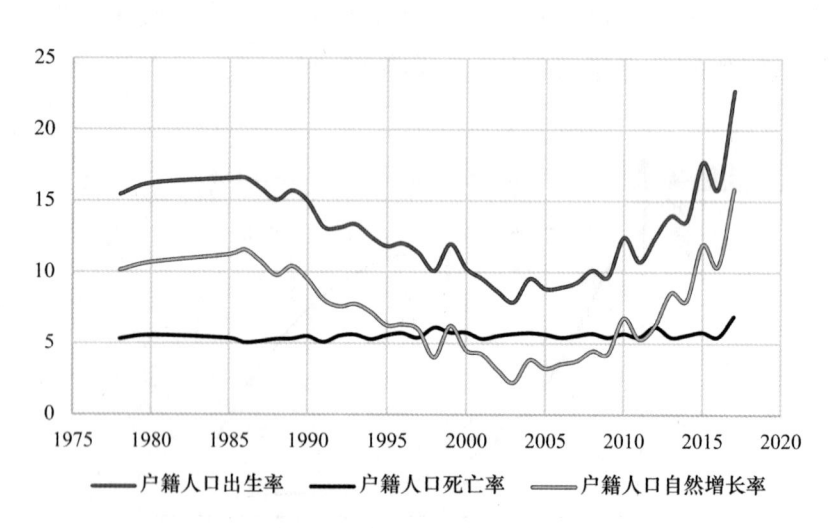

图8-2　广州市户籍人口转变

数据来源：广州市历年统计年鉴。

2. 人口对经济增长的影响机制

重商主义者认为财富来源于对外贸易，只有多卖少买获得更多金银货币才会引起财富增加，而一国人口数量越多，对外贸易越占有优势，因此，重商主义者认为人口是国家富强的重要源泉之一。古典经济学家将研究从贸易领域转向生产领域，威廉·配第（William Petty）认为人的劳动是财富生产的必要条件之一，只有保有一定数量的人口，才有利于生产技术水平和劳动生产率的提升。亚当·斯密（Adam Smith）在威廉·配第的基础上，进一步指明劳动生产率的提高来自于社会分工，也即劳动力的专业化。大卫·李嘉图（David Ricardo）探讨了资本与劳动之间的相互替代关系，认为机器的大量使用可能会造成劳动力的相对过剩。

1929 年至 1933 年，全球陷入经济大萧条，凯恩斯（John Maynard Keynes）等人提出有效需求不足理论，认为人口增长的缩减会引致投资需求不足，从而引发经济危机。此后的经济增长理论将人口视为影响经济增长的内生变量进行探讨。在索洛（Robert M. Solow）的新古典经济增长模型中，由于资本边际报酬递减规律的存在，资本积累所引起的经济增长是有限的，只有外生的技术进步或者劳动力增加才会实现持续的经济增长，而且只有技术进步才会带来人均意义上的经济增长。由于新古典经济增长模型将技术进步设定为外生变量，没有揭示技术进步发生的内在机制，以罗默（Paul M. Romer）和卢卡斯（Robert E. Lucas）为代表的经济学家提出了以技术进步为核心的新经济增长理论。该理论突出强调人力资本对经济增长的作用。他们认为经济增长会引起物质资本和人力资本的积累，物资资本和人力资本的积累将推动技术进步，技术进步导致的生产效率提升可以抵消资本边际报酬递减的趋势，进而促进经济进一步增长。舒尔茨（Theodore W. Schultz）认为人力资本是存在于劳动者身体之中的具有经济价值的知识、技能和健康状况等质量因素的总和，人力资本相较物质资本有更快的增长速度，在经济增长中人力资本的作用要大于物质资本的作用。

除讨论人口数量、人口素质与经济增长的关系外，也有一部分经济学家从人口年龄结构与储蓄率的关系的角度分析人口与经济增长的关系。根据索洛增长模型，更高的储蓄率将会带来更大的经济增长潜力，而储蓄率与一国的人口年龄结构紧密相关。莫迪里安尼（Franco Modigliani）和布兰博格（Richard Brumberg）的生命周期消费理论认为由于消费边际效用递减规律的存在，人们会在较长的时间范围内分配收入以达到在整个生命周期内消费效用的最大化，换句话说，人们会在是今天消费还是明天消费中进行选择来实现一生效用的最大化。由于刚刚参加工作，年轻人初入职场时的收入不是很高，这一时期其收入可能会少于消费。壮年人和中年人工作经验丰富，收入较高，这一时期其不仅可以偿还年轻时的负债，而且还可以为以后的养老积攒储蓄。老年人由于没有工作，收入水平下降，在这一时期其消费会再次超过收入，形成所谓的负储蓄状态。按照生命周期消费理论，如果一个国家或地区壮年人口和中年人口占总人口比例上升，整个社会的边际消费倾向将会下降，社会净储蓄将会增加；反之，如果一个国家或地区年轻人口和老年人口占总人口比例上升，那么整个社会的边际消费倾向将会上升，社会净储蓄将会减少。根据人口转变理论，在人口转变过程的第三阶段劳动年龄人口所占总人口的比例大幅上升，整个社会的总抚养比（既包含少儿抚养比，也包含老人抚养比）显著降低，这一方面会因劳动力数量增多而抵消资本边际报酬递减的趋势，另一方面也会增加社会的总储蓄，从而推动经济快速增长。

根据生命周期消费理论，当一个国家步入老龄化社会后，社会总储蓄将会下降，但近些年来，部分学者对此提出了质疑。保罗·舒尔茨[①]通过观察1952年至1992年间16个亚洲国家和

---

① 保罗·舒尔茨：《人口结构和储蓄：亚洲的经验证据及其对中国的意义》，《经济学》（季刊）2005年第4卷第3期。

地区，发现当期储蓄与年龄构成之间并不存在重大的依赖关系，他对此的解释是，父母会在抚养孩子和储蓄之间权衡取舍，通过减少抚养孩子和增加储蓄抵消人口老龄化国家的储蓄缺口。李和梅森[1]提出了"第二次人口红利"的概念，他们认为随着平均预期寿命的延长，老年时期的消费需求也会增加，为了满足老年时期的消费需求而增加的储蓄将会推动经济增长。

上述分析都是从时间维度研究人口与经济增长的关系的，刘易斯（William A. Lewis）则在空间维度上，研究了人口迁移对经济增长的影响。无论是新古典经济理论还是新经济增长理论，它们分析的前提假设都是资源已经得到了有效配置。但事实上，由于各类扭曲的存在，资源常常存在错配的现象，即资源往往没有按照最优效率进行配置。为了更好地理解这一点，我们可以借助生产可能性曲线。生产可能性曲线表示在一定的技术和资源条件下，社会所能提供的产品和服务的最大数量的所有可能组合。新古典经济增长理论和新经济增长理论认为经济始终是在生产可能性曲线的边界上运行的，因此，在资源条件确定的情况下，只有技术进步才能实现生产可能性曲线的外推。但事实上，由于存在资源错配，实际的生产点往往位于生产可能性曲线的内部。如果纠正导致资源错配的扭曲，使资源配置优化，让生产点从曲线内部转移到曲线边界上，那么就能实现既定资源和技术下产出的增加，也即实现经济增长。刘易斯所提出的二元经济模型探讨的就是劳动力在农业部门与现代工业部门之间的优化配置对经济增长的影响。

在刘易斯的二元经济模型中，农业部门和现代工业部门中的劳动力在劳动边际生产率上存有差距，从而导致在工资上产生差异，最终引发劳动力在两个部门间的流动。刘易斯的二元

---

[1] Ronald Lee, Andrew Mason, Timothy Miller, "Saving, Wealth and the Transition from Transfers to Individual Responsibility: The Cases of Taiwan and the United States", *Scandinavian Journal of Economics*, Vol. 105, No. 3, 2003.

经济模型将经济发展阶段划分为两个阶段。第一阶段是劳动力无限供给阶段，此阶段农业部门的劳动力过剩，其劳动力供给曲线为水平直线，剩余劳动边际生产力为零，劳动力的工资取决于生活资料的价值。此时，现代工业部门以农业部门的工资水平就可以吸引这些过剩的劳动力，这为经济增长提供了持续的动力。第二阶段是劳动力短缺阶段，当农业部门过剩劳动力被现代工业部门完全吸收后，农业部门的劳动力供给曲线开始往右上角倾斜，劳动力的工资取决于劳动的边际生产力。随着劳动力继续从农业部门流出，农业部门的劳动边际生产力继续提高；随着劳动力继续流入现代工业部门，现代工业部门的劳动边际生产力开始下降，两部门的工资水平也随着劳动边际生产力的变化而变化，且变化方向与劳动边际生产力的变化方向相同。直到两个部门的劳动边际生产力相持平时，不再发生劳动力的移转。

综合上述理论，人口数量、人口素质（表现为人力资本）、人口年龄结构、人口在不同生产部门间的配置状况都是经济增长的影响因素。结合人口转变理论，在人口转变的过程中，这些影响因素也在为人口自身发展规律所改变。

第一，在人口转变过程的第二阶段，也即工业化发展初期阶段，由于生活条件的改善、医疗技术的进步，死亡率开始快速下降，但出生率基本保持不变，由此带来人口的生育高峰，到进入第三阶段，即工业化进一步发展阶段，这一阶段生育高峰期出生的人口长大成年，社会的劳动年龄人口大幅度增加，为经济发展提供了充沛的劳动力供给。

第二，劳动供给数量不仅与人口的绝对数量相关，也与劳动参与率相关。随着生育率的下降和家庭规模缩小化，越来越多的妇女走向工作岗位，提高了整个社会的劳动参与率。另外，劳动参与率受人口年龄结构影响较大。一般而言，老年人的劳动参与率比较低，因此当人口转变至第四阶段的时候，社会可能会因为人口老龄化现象严重而出现劳动力短缺的问题。

第三，劳动力的工作时间、工作效率与劳动力的健康状况相关，而劳动力的健康状况与人口的年龄结构相关。尽管劳动力的数量相同，但由于劳动力可以接受的工作时间以及劳动力的健康状况不同，对应的资本边际产量递减曲线也会不同，从而带来不同的产出水平。

第四，人口转变过程中，死亡率快速下降后保持低水平状态，延长了人们对寿命的预期，而寿命预期的改变将会影响人们的行为选择。一方面，预期寿命越长，人力资本积累的预期回报也就越高，因此，人们更加重视子女的教育和自身素质的提升。另一方面，随着生育率的降低，每个家庭所拥有的孩子数量减少，但孩子们所能得到的资源就会变多，更加有利于人力资本的积累。总而言之，在预期寿命延长和生育率降低的情况下，整个社会的人力资本将会得到提升，进而促进整个社会生产力的提高。

## 二 广州人口发展现状及形势对建设全球城市的 SWOT 分析

### （一）优势

一是广州的人口规模已达到全球城市的基本要求。城市是规模经济的最重要体现。专业化协作生产是生产力发展的根本，而专业化的基础来自于规模经济。规模经济体现三大效应。第一个效应为"分享"，人口越密集，分享基础设施投资的企业和人就越多，城市规模越大，城市固定投入的人均成本越低。第二个效应为"劳动力市场匹配"，劳动力市场的专业化只有在规模经济达到一定阶段时才能进一步细化。人口越集聚的城市，专业类型越齐全。第三个效应为"学习效应"，劳动力专业化后进一步产生学习效应，低技能的人才可进一步向高技能劳动力学习，形成"人力资本外部性"，推动经济结构的转型升级。规模经济的"分享""劳动力市场匹配"和"学习效应"推动城市升级和进一步发展。2017年年末，广州市常住人口为1449.84万人，总人口1841万，其中，非户籍人口943.54万，户籍人口897.87万，常住人口城市化率达到86.14%，户籍人口城市化率79.69%，不管是人口规模还是城市化水平，广州均居全国主要城市前列。2017年广州常住人口净增45.5万，增量在全国位居第二，其中出生人口大幅增加，户籍人口出生20.1万人，人口机械增长迁入部分为18.06万人。广州巨大的人口规模和人口聚集趋势，说明人口总量优势明显。广州常住人口在数量上远高于纽约、伦敦、中国香港和新加坡，并在2016年总人口数超过东京，2017年广州人口规模已经达到1449.84万人，如在外界条件不发生变化的情况下，2035年人口总量上可达到1900万，足以与任何全球城市匹敌。

二是广州相比于国内其他大城市年龄优势比较明显。与北京、上海相比，广州的人口老龄化程度较轻。从户籍人口中60岁以上老龄人口比重来看，2014年北京就已经达到22.3%，南京为19.96%，杭州为20.3%，而上海则高达28%，到2015年更是突破30.2%。而广州2017年也仅为18%，相比于其他城市，广州具有较轻的老龄化压力。非户籍人口中劳动年龄阶段人口比重超过93%，为广州提供了充足劳动力，同时减轻了人口老龄化的影响。因此，从短期来看，由于非户籍人口的人口红利依然存在，短期内人口结构优势还比较明显。这为广州迅速积累社会财富，调整人口结构，应对人口老龄化预留了较为充足的时间。

三是广州在人口服务管理方面在全国做出样板。2014年，正局级的广州市来穗人员服务管理局正式成立，作为政府组成部门，专门为流动人口提供服务管理。近年来，广州市流动人口的服务管理战略从"管理"升级到"服务"、从"差异化对待"升级到"全面融合"。特别是近年来，出招频繁。为有序推动来穗人员市民化，目前广州市通过居住证为载体，以积分制为手段，阶梯式享受入户、随迁子女入学、申请保障房，为流动人口提供均等化的公共服务。特别是2016年广州市政府审议通过的《广州市来穗人员融合行动计划（2016—2020年）》，计划在未来的五年里，全面加速推动来穗人员在经济、政治、文化、体育等领域全方位融入广州社会，2016年已经开始试点探索创建来穗人员共治议事会、来穗人员党支部等。相比于上海，不得不说广州市姿态更亲和，发展战略更具超前眼光，也更符合长远发展目标。多年来，在《中国城市政府公共服务能力排行榜》中广州排名第一。

四是宜居性和包容性已经成为并将继续成为广州人口发展的重要法宝。广州的人口宜居性堪称中国典范。多年来广州基本能够将房价控制在合理的水平上，在北上广深四大一线城市中最具优势。房价的合理水平为流动人员保持了长期稳定发展的可能和上升通道。租房市场也呈现多元化态势，价格从几百元到上万元不等，不同人群均能找到属于自己的容身之所，流动人员甚至能入住公租房。在公共服务方面，因基础行业服务人员的合理比例，保证了广州在公共服务方面也具有不可比拟的优势，生活便利性在全国首屈一指。广州市的宜居性特点，造就人口集聚的长期吸引力。《国务院关于广州市城市总体规划的批复》中将"和谐宜居"定位为广州的发展目标之一，具有战略眼光和长远意义。包容开放的文化软实力为这座城市增添了不少魅力。从历史到现代，广州在岭南地区乃至海外丝绸之路中的中央交通枢纽地位，造就千年商都的历史传统，塑造了兼容并收的岭南文化和海洋文化双重优点，以包容、多元、开放、敢为天下先为特征的"广府文化"源远流长、深受欢迎，并传承至今。上千年来，不同层次、不同年龄、甚至不同国籍的人在广州都能找到属于自己的位置和文化角落，广州在饮食、建筑、语言等上均保留了自己多元化的传统和特色，广州的文化软实力为这座古老而朝气蓬勃的现代化大都市增添了许多文化底蕴和特色。

### （二）劣势

一是广州在全国和区域中的人口集聚度优势不明显。从人口规模来说，目前广州虽然是华南的中心城市，人口规模为全国第三，但纵观伦敦等全球城市的经验，其成长为全球城市必然要先成为区域中心，并且集聚到一定规模再发展成为全球城市。东京、伦敦、纽约的人口集聚度较高，人口规模均占全国人口规模的2.5%以上，而广州目前仅为1%。再分析目前广州所处的地理位置，四小时飞行圈内，在全球城市的序列中，已经有东京、中国香港、新加坡等成熟的全球城市，也受到了深圳等新兴城市的挑战，对广州的集聚潜力造成威胁。

二是广州的高学历人口、人才偏少，不足以支撑广州迈向全球城市。从广州与北京、上海等其他城市的人口素质对比来看，高学历人才偏少，从业人员素质整体偏低，传统商贸业和中低端服务的就业人才最多，人口的总体受教育水平与产业结构升级转型的要求相去甚远。因此广州在留住本土高校毕业生、开发国有企业人才资源和本土科研院所等方面仍需加大工作力度。

三是广州的人口产业结构特征与全球城市发展不匹配。纽约等世界城市的FIRE部门从业人员占总就业人口的比重最低的也超过了5%，最高的可达19.8%（香港2010年）。特别是金融业就业人口的比例，是衡量全球城市的重要指标。虽然广州市2014年FIRE部门就业人口比重达到了一个历史高峰点（4.84%），但这一时期FIRE部门的就业增长又主要来自于房地产业从业人员的增加，随着房地产热度降低，2014—2016年期间FIRE部门就业比重出现明显下降走势。此外，制造业是吸纳人口增长的重要渠道，而当前广州的制造业就业比重下降速度快于部分全球城市早期制造业的转型，服务业比重上升趋势明显，2010年以来增速高于以前水平。FIRE部门就业比重增速近年来减缓，但与全球城市发展初期的差距逐渐缩小。总体来说，主要是广州目前人口的数量和质量未能满足全球城市对人口产业结构的需求，生产性服务业发展的滞后会使得产业转型升级的进程减缓，从而在全球城市建设的道路上形成一定的阻力。

（三）机遇

一是广州正式迈向全球城市第一梯队的序列。因近年来中国的崛起并在全球化中占领了一席之地，国内外的学者均观测到了广州在全球城市序列中位置的上升，从20世纪80年代全球城市排名中籍籍无名的城市，到近三年广州正式进入了第一梯队即一线弱（α级别，第四梯队），广州开始拥有迈向全球城市的话语权。

二是目前广州正处于产业转型升级的关键和优势阶段。产业从制造业大发展迈向生产性服务业大发展的升级转型阶段是每个全球城市成长的必经阶段。为衡量产业结构的调整对2035年人口变化是否有影响，我们在模型中将第二产业固定资产占比逐年匀速上调，到2035年比2015年上升5.71%，第三产业固定资产投资比例相应下降，设置为"重工业方案"；在模型中将第二产业固定资产占比逐年匀速下调，到2035年比2015年下降5.71%，第三产业固定资产投资比例相应下降，设置为"重服务业方案"，仿真发现两种方案的人口数量变化不大。到2035年，相对基准方案，两种方案的人口变化幅度在1%左右，人口数仅相差20万。这也就意味着，当前是产业升级转型的关键阶段，从短期来看，产业结构调整会对人口总量的变化有影响，可能会带来人口的衰减，但从中长期来看，第三产业的发展并不会造成人口的减少。这也是在纽约、伦敦、东京等全球城市发展中验证了的事实。

三是全球化进程加深，人口流动的开放性和国际化日益提升。从伦敦和纽约的经验来看，随着其成为成熟的全球城市，必将带来人口流动向开放性、国际性方向发展，特别是大量的国际移民，稀释了因国内人口老龄化和劳动力不足的负面影响。美国、日本、澳大利亚、新加坡、中国香港等发达国家和地区的经验表明，移民人才是国家和地区实现创新创业的很重要的一股力量。在过去的几十年里，国际人才流动的主要方向是从发展中国家向发达国家流动，而随着发展中国家在世界城市体系中地位的提高，各种制度的不断完善和规范，国际化城市的数量和地位日益提升，与发展中国家差距逐渐缩小，发展机会不断增加，人才往发展中国家不断流动的趋势越来越明显。这从近年来留学生回国比例越来越多上也得到佐证。而作为改革开放的前沿城市，尤其是广交会在世界的影响力和国际商贸城市地位的提升，广州短期的跨国人口流动一直比较活跃。但是，长期居留的外国人口所占总人口比重较低，留学生、高技能专业人口所占比重更低，国际人口和人才对广州发展的红利几乎为零。随着《关于加强外国人永久居留服务管理的意见》《中共中央、国务院关于深化体制机制改革加快实施创新驱动发展战略的若干意见》《关于促进中国（广东）自由贸易试验区人才发展的意见》等政策的落地实施，广东正在研究制定外国人才到粤工作服务与管理办法，未来对于外国人才政策将会进一步开放。目前广州已经成为外国人才在中国的主要目的城市之一，特别是近几年广州非法移民不断增加。说明，未来广州跨国人口和人才流动将进一步活跃，尤其是长期居留的跨国人口比例进一步上升，留学生和高技能人才也将空前增多。

四是广州全球城市的建设进程将会提升其城市影响力。全球城市的建设促进产业结构的优化升级、吸引更多全球企业入驻，这将给城市人口发展带来战略机遇期，增加人口总量，新增人口带来充沛的人力资源,稀释人口老龄化的负面影响,促进人口结构优化。首先,跨国公司增多,提供了新的就业岗位,拉动了就业,尤其是对全球人才的吸引。其次,产业结构的优化升级和大量以生产性服务业为重点的现代服务业例如信息、金融、商务、人力资源等行业将会迎来快速发展期,为大量人口前来创新创业带来机遇。再次,全球城市建设极大提高广州的国际影响力,提升国内外人口资源吸引力。最后,全球城市交通便利化和交通枢纽建设,使人口集散更加频繁,为广州筛选城市发展所需求的人口资源开辟了广阔的市场。

五是广州社会结构转型,创新驱动发展激发了人口活力。在新一轮科技革命和发达国家"再工业化"战略的双重驱动下,新一轮国际分工正逐渐显现。在供给侧结构性改革政策的促进下,我国经济开启了新旧动力转换的大幕,这推动了广州产业转型升级,产业转型升级又推动了整体经济社会的转型。生产模式、商业模式、服务模式的创新,将会带动消费方式、人口流动、就业方式的发展,创新驱动发展倒逼人才竞争、劳动的产业分布和区域分布转移,劳动力在产业分布、行业分布、区域分布上更加趋向合理,充分激发了人口资源的活力,促进人力资本的提升。反过来,在创新型人才、领军人才、技能型人才的带动下,经济社会将朝着公平、开放、竞争方向发展,对文化创新、管理创新和技术创新具有直接的推动作用,大幅提高生产效率,有效节约管理成本和交易成本,从而有利于广州的经济从传统的低附加值产业向高附加值产业转型升级。

六是中央和广东省人口发展战略的明确为广州人口发展指明了方向。习近平新时代中国特色社会主义思想是我国人口发展战略制定的根本指导,明确了中国特色社会主义事业总体布局是"五位一体"、战略布局是"四个全面"。党的十八大以来我国确立了以促进人口均衡发展为主线,立足战略统筹,强化人口发展的战略地位和基础作用,坚持计划生育基本国策等人口发展方向。① 党的十九大报告提出，要促进生育政策和相关经济社会政策配套衔接，加强人口发展战略研究。因此，适应人口和经济社会发展新形势，促进人口长期均衡发展是未来我国人口发展战略的重要方向。《国家人口发展规划（2016—2030年）》和《广东省人口发展规划（2017—2030年）》分别制定和实施，科学分析当前全国和广东省面临的人口发展形势，同时也为广州人口发展战略决策明确了方向，规划出了发展蓝图。《广州市城市总体规划（2017—2035年）》对广州的定位是引领型全球城市，再加上"一带一路"倡议和粤港澳大湾区建设，这些定位都为广州人口发展进一步明确了方向。此外，本届政府越来越重视城市人口管理和服务水平的提高，"以人为本"成为人口发展的主旋律。

**（四）挑战**

一是人口规模继续集聚难度加大的挑战。根据全球城市的人口特征，全球城市须在全国或区域的人口首位度方面占有优势。目前，广州占全国的人口比重仅1%左右，远小于伦敦、东京，即使是国土面积相差无几的美国纽约，人口比重也达到2.65%。在我们的预测方案中，即使是人口规模最高的"高教育方案"，人口规模也仅2350万人。到2035年，假设广州总人口要达到全国人口数量2%的比重，广州人口需要达到约2800万人。在目前城市化趋缓和其他城市人口竞争的压力下，广州需要通过政策、产业等方式集聚更多的人口，是未来建设全球城市的重要挑战之一。

二是半城市化带来的人口规模的不稳定性。从伦敦、纽约和东京的人口发展经验来看，虽然也有10%的人口处于流动状态，但因其产业业态的因素，加上西方国家的人口管理服务模

---

① 《2030年中国人口将有哪些变化 官方回应关键六问》，http：//www.guancha.cn/society/2017_01_26_391458_s.sh。

式，其他人口一旦就业，相对来说比较稳定。从常住人口来看，广州已经具有足够与全球城市匹配的人口规模，但我国因为户籍管理政策的不同，因户籍等政策的限制，人口流动的自由性不足，人口的集聚程度远远低于经济集中程度。也就是说，因"半城市化"的特点，广州的常住人口中，有一半的数量（流动人口）并未成为广州的稳定性居民，他们可能随时因为各种原因往其他城市迁移，这对广州迈向顶级全球城市过程中的产业升级转型造成了威胁。

三是区域间和区域内部对人口资源争夺的竞争性加剧。随着区域发展差距缩小，中西部与沿海城市之间人口争夺日趋加剧。随着中西部城市经济社会发展与沿海地区区域差异缩小，就业吸纳能力逐步增强，加上内地城市优惠政策纷纷出台，四川、安徽、湖南、湖北等省份农民工输出大省人口回流明显，新增农村劳动力也大多实现了本地就业转移，对沿海城市人口增长构成潜在的威胁。第二，发达地区优势相当，人口吸引竞争势均力敌。京津冀、长三角和珠三角三大经济圈均是我国城市化水平和经济发展水平最高的地区，也是目前人口聚集程度最高的主要区域，而且三个地区的经济社会发展水平势均力敌。在劳动力减少、人口老龄化、生育水平下降背景下，为了谋求更好发展，区域内各大城市纷纷出台优惠政策吸引人口资源。第三，珠三角内部各城市之间人口竞争加剧。曾几何时，珠三角地区享受着大量外来人口流入带来的廉价劳动力，但近年来却开始面临着"用工荒"和技能型人才短缺的阵痛。2015年开始，全国流动人口总量呈持续递减态势，虽然我国农民工规模仍在扩大，但是增速下降，对比京津冀、长三角和珠三角这三个区域，只有珠三角地区务工的农民工增长为负增长。2017年开始，东莞、珠海、中山、佛山、江门均相继出台了放宽落户限制的政策，争夺的对象不仅包括学历型、研究型人才，也包括技能型人才和普通劳动者。最近三年，粤港澳大湾区中人口流入最多的城市是深圳，其次则是广州，珠海、佛山、东莞的吸引力也在增强。从省内来看，2017年广州的人口首位度（广州和深圳的人口对比）仅1.16，甚至较2010年首位度呈强烈的下降态势，下降了0.7。

四是广州面临的时代性、不可逆转的人口老龄化危机和社会压力加大将对劳动生产率和创新力的提高带来挑战。受我国长期以来的人口政策的影响，在短、中期内老龄化社会即将来临，劳动力短缺的人口结构恶化趋势将不可逆转，对单一城市来说，通过调节户籍人口的生育意愿调整人口结构困难重重。对迈向全球城市过程中所需的劳动生产率提高的要求造成挑战。且因低欲望社会萌芽，人们形成稳定家庭，生儿育女的意愿下降。社会抚养比的进一步提高将会加大未来人们的社会压力。未来年轻人口和人才不足可能对城市创新和城市活力带来一定的负面影响。人口红利的消失对城市经济社会发展和迈向全球城市带来严峻挑战。

五是向顶级全球城市迈进过程中必经的转型发展对人口资源需求提出更高要求。2017年广州市实现地区生产总值2.15万亿元，成为继上海、北京和深圳之后，内地第四个GDP突破两万亿元的城市。随着产业转型升级，部分落后产能被淘汰，处于相对优势的劳动力密集型产业将向外转移，在新旧动能转换期间，产业转型升级需求推动着人口结构的升级，经济社会转型发展对于现有人口结构不匹配问题更加突出。广州的劳动年龄阶段人口学历偏低，高中及以下学历超过65%。传统商贸业和中低端服务从业人口最多，而从事金融、商务、生物医药和信息技术等高端行业的就业人口比例较低，劳动力的受教育结构与产业高级化发展不相适应。广州市高校多、大学毕业生多，但留穗比例不高。当前广州市人才资源缺乏，高学历、高层次人才占总人口的比例较少，远落后于北上杭深等其他同类的大城市。

六是逆全球化的风潮为广州建设全球城市带来障碍。最近几年，全球范围内的逆全球化势力有所抬头。在发展中地区，局部地区仍旧烽烟四起、摩擦不断,部分南美国家的政局出现动荡,委内瑞拉的货币危机和政治危机反映出"新殖民主义";在发达地区,英国脱欧无疑给世界经济区域一体化以当头一棒,中美贸易摩擦对全球股市、对外投资和贸易造成巨大波动,世界经济增长的不稳定性因素骤增。当今世界正处于大发展、大变革、大调整的重大战略窗口期,竞争与合作仍是世界发展的主旋律,一定程度的逆全球化无法改变经济全球化的浩浩之势。如何引领、管理好经济全球化,既是国家的重大课题,也是广州建设全球城市过程中必然要面临的挑战。

## 三 建设全球城市背景下广州人口发展阶段和需求分析

从广州当前的人口发展阶段分析,广州正处于人口往城市的集聚速度趋缓的城市化阶段。

从人口数量上来判断,人口总量将逐渐趋于稳定,如广州要达到接近伦敦、纽约和东京的人口集聚程度,在2035年,应相比现有人口数量翻1倍,至少达到2800万的人口规模。

第一,稳定、开放的迁移人口对全球城市的发展起积极作用,从城市化发展阶段来看,中国正处于城市化进程进入下一阶段的复杂时期。一是从土地城市化向人口城市化、从半城市化向完全城市化的阶段发展。二是未来逆城市化的可能。根据全球城市人口发展经验,广州将要面临的是逆大城市化,年轻人口逃离一线城市回归二三线城市,人口向广州集聚的趋势放缓甚至消失,而此时为避免城市人口的流失,规避城市空心化出现的可能性,放宽城市的进入门槛,对人口的服务和管理成为关键。

第二,建设全球城市的需求对人口的创新和劳动力素质的提高需求非常强烈。广州目前产业结构正在转型升级前期,第三产业占GDP比重快速增加,现代服务业尤其是生产性服务业的发展使广州慢慢向全球城市靠拢。但广州 FIRE 部门的就业与全球城市尚有很大差距。随着广州经济的发展，依赖低成本开发市场、获得资本积累的优势会逐渐消失，而教育、科技等投入将会极大地提升人力资本的存量。目前广州正处于全球城市发展过程中的制造业发展并转型的"去工业化"阶段，能否成为第一序列的全球城市，制造业的转型升级和高端生产性服务业的发展是关键。而从人口方面来看，如何打破低人力资本的人口与低效率传统产业之间的低水平循环体系，推动产业结构升级，为产业转型发展后的生产性服务业提供具有创新能力的优质人才和人口资源，是广州建设全球城市面临的现实问题。而这些均依赖于整体人口素质的提高和人口结构的优化。

第三，人口、人才红利的积累和可持续化将成为影响广州是否能够实现成功转型并迈向全球城市的关键。城市经济的发展，本质上就是人口规模和质量在劳动生产力上的反映。当前是城市转型升级和未来发展的关键点。人口从中期来看，根据广州目前面临的全国性和区域性人口老龄化和劳动力年龄结构老化、劳动力后备不足的挑战。伴随着刘易斯拐点的到来，劳动力无限供给的时代正在结束。特别是伴随着积累人口、人才的红利在广州人口发展战略中尤其重要。

## 四 建设全球城市背景下广州人口发展战略目标和战略思想

### （一）战略目标

1. 延续人口总量势能优势，奠定与广州全球城市建设相匹配的人口基础，促进人口总量和结构始终处于优势地位

根据系统动力学模型的预测，到 2035 年广州市常住人口达到 1942 万，总人口达到 2500 万，到 2050 年常住人口达到 2458

万，总人口达到3000万左右。达到这一人口总量目标，与北京、上海、深圳等同类全球城市相比，具有一定的人口总量优势。同时在人口总量增长的过程中，不断优化调整人口的年龄结构和区域分布。提升少年儿童和劳动年龄阶段人口在总人口中的比重，减轻养老负担压力。引导城市新增人口向郊区转移，确保郊区常住人口增长速度超过全市常住人口增长速度。使得人口结构更加合理，人口各项指标处于优势，广州与其他全球城市相比人口总量和结构处于优势地位。

2. 促进人口内部各要素优化，构建长期均衡的人口发展格局，满足广州全球城市建设的各类人口资源需求

广州全球城市建设的人口发展目标是，常住人口中拥有大专及以上学历占较大比重，劳动年龄人口都掌握一定专业技能，低端产业的就业人口大幅减少，实现专业技能人才和管理人才的高端化、国际化、创新力。形成与现代产业体系、信息化、科技创新、国际金融、立体综合交通、国际交往等各方面需求相匹配的劳动力结构和人才资源。

3. 构建人口发展的环境，激发竞争、创新发展活力，实现人口与经济社会良性互动，协调发展

人口有利于促进经济社会发展，同时经济社会发展又能够满足人口需求，人口与经济社会之间的关系是良性循环，相互促进、协调发展。

（二）战略思想

1. 坚持人口发展的全局性地位、战略性高度

人口问题始终是人类社会共同面对的全局性、战略性和基础性问题。人口的趋势性变化，将对经济社会发展产生全面、深刻、长远的影响。实现人口发展目标，必须从经济社会全局性地位和广州中长期发展战略高度去谋划人口工作。因此，要强化人口发展对全局的统揽地位，将人口发展各项指标放到长

期性战略的高度，同时也要强化人口的基础作用，重视人口问题的全局性影响。

2. 认清人口的资源属性与城市发展目标主体属性

充分认识到人口既是一种宝贵的资源，是生产者；同时也是消费者，清楚认识到城市发展的最终目的就是提升和满足市民的各项需求，城市发展目标就是要提升市民的获得感、幸福感、满足感。坚持以人为本、以人民为中心的发展思想。

3. 坚持公平正义、开放包容的人口发展思想

营造公平正义、开放包容的人口发展环境，激发人口竞争、创新发展的活力，时刻保持城市人口的创新创造的活力，服务于全球城市建设这个目标。激发人口创新发展的活力，做到人尽其才，才尽其能。

## 五　建设全球城市背景下广州人口发展战略举措及对策建议

围绕当前广州在建设全球城市背景下所处的城市转型升级的阶段，针对广州到2035年全球城市目标和当前两个不同的时间序列，我们认为，广州应面向未来，从尽可能地开发人口与人才红利资源出发，提出以下战略思路及建议。

### （一）建设全球城市背景下广州人口发展的战略

1. 制定符合全球城市特征的人口和城市空间规划

在人口规模方面，尽可能多地吸引人口。城市发展最终目的是为了人口，城市未来竞争的核心是人口，城市发展的一切基础是人口，城市发展和人口发展是相互促进，共同提升的正相关关系。面向2035年，制定符合全球城市集聚度能力和规模特征的人口发展规划。扩大规划视角，面向珠三角、全国乃至东南亚地区，提高城市集聚度和首位度。

在人口结构方面，面对广州未来的人口结构风险，年轻人口是城市创新力和活力、实现产业升级的关键核心。针对全球城市的产业结构特征，广州分时序地提高人口素质，提高人口在 FIRE 部门的就业比例，形成产业发展升级与人口结构同步升级的人口发展战略。

在空间方面，空间局部及其调整将影响和制约广州建设全球城市的战略。就目前广州全球城市建设和人口产业布局的调整来看，中心城市的密度还有待进一步提高，打造符合全球城市特征的高端化、国际化全球生产性服务产业中心。且全球城市无一例外是通过建设卫星城市或城市副中心的方式，来分散中心城市人口压力，合理规划各分区的功能定位，通过快速交通连接和公共服务配套建设，形成人口和城市空间功能规划的协调与统一。

2. 推进符合全球城市特征的产业人口协调升级战略

当前广州处于工业化发展的中后期阶段，面临产业转型需求的压力，这些都要依靠人口的支撑。对人口的调整，既要考虑人口数量、规模和分布，也要把调控的社会影响降到最低。要考虑人口与经济转型、资源环境的协调发展。要充分依靠市场的力量，在保证城市开放度和活力的基础上，依靠人口的调控，推进全球城市升级的步伐和质量。

一是立即抢夺流动人口特别是年轻人口。当前对于广州建设全球城市来说，广州市应当机立断布局吸引人口的发展战略，将吸引人口作为当前一项非常重要且紧迫的战略任务，用 2—5 年的时间，吸引一定规模的人口和一定数量的年轻人口，优化人口结构，打牢城市发展的核心和基础。人口发展可以通过"内生调优"即鼓励生育和"外生调优"即人口迁入等方式实现。发达国家的教训证明，仅仅依靠单一的人口调优方式（例如，鼓励当地人口生育的内生调优）均以失败告终。目前随着户籍人口一孩生育率大幅下降，全面二孩政策的效果即将衰减，仅仅依靠户籍人口生育将无法调节人口结构问题。基于广州市劳动力供给依赖于非户籍人口的流入以及非户籍人口以劳动年龄段为主的基本事实，必须构建以外生为主、兼顾内生、将外生转化为内生的人口发展新思路。"外生调优"为主就是敞开大门吸引人口，吸引大量的青壮年人口流入为城市发展提供充足的劳动力。但不能依赖于抢人才等短期"硬调优"举措。在"外生调优"的同时，要重视长期的内生"软调优"，通过营造开放、公平、包容、竞争的环境为各层次人口在广州市的发展提供机遇，形成内生动力，提升人口素质和发掘人才资源，将外生转化为内生。"以外为主、兼顾内生"的人口发展新思路，将促进人口结构年轻化，提供充足劳动力和人才资源，提升城市活力，形成与城市产业结构相适应的人口结构。

二是依靠市场的力量建立符合全球城市特点的人口与产业同步发展战略。只有人口就业与产业结构相适应，才能完成且巩固产业转型后的成果，推进城市经济的发展，促进城市在全球经济的影响力和控制力，发挥对全球资源的协调支配功能，进入到全球城市的行列。从对城市产业结构的角度出发，建立符合全球城市产业结构特征的人口支撑战略，坚持"市场调节，政府主导，行业规范"，促使企业走向符合全球城市发展特征的转型升级之路；特别要通过政策引导，增进高端产业如金融保险、国际贸易、现代物流、信息服务、创意产业等支柱产业的人才培养，逐渐弱化房地产在人员就业中的比例。依靠南沙自贸区建设，建立国际化的对外贸易、仓储、加工、国际融入等专业领域人才的培养；增加外籍人口的比例，打造人口的国际化和专业化。

3. 建立开放型、国际化、共享化的人口资源开发和素质提升战略

全球城市在全球的城市体系中具有强竞争力与其拥有高素质的人口资源和人力资源息息相关。这也是目前广州人口结构

存在的短板。应着手通过制定分类的面向全民、职业人士、学生的素质教育提升战略，通过提高素质增加全人口的劳动生产率；除全民素质外，还应面向高技能人才，积极提倡终身学习，为符合全球化产业结构特征的人口制定技能提升发展战略；推动就业培训系统大发展，根据国家职业资格标准，培训和开发相应的劳动力；构建科学化、便利化的人才管理体制和机制，为相应区域人力资本的共享营造良好的社会氛围；针对全球城市国际化的特点，建立现代化的人口资源流动与共享机制，促进区域人才资源共享的效率；培育和发展完善的国际人才市场，吸引国外优秀人才，促进国内和国际人才资源的共享与合作；推动人才中介服务体系的多元化，形成政府、市场、人才多方共赢的人力资源服务格局。

4. 着手积极储备未来人口资源应对未来人口发展危机

一是正视人口危机和挑战的紧迫性和重要性。广州市目前的人口发展面临着三重严峻挑战，决定了人口问题的紧迫性和重要性。首先是紧迫性，未来广州市将直面一个整体年轻人口、劳动力人口断崖式减少的发展环境，随着城市劳动力、大学毕业生供给增量的萎缩和人口老龄化的加剧，这一困境还将继续加剧，在短期内无法逆转且难以调节。面对危机，"种一棵树，最好的时间是十年前，其次是现在"，目前依然还处于人口红利尾期和窗口期，对一个城市来说，当前可能是未来三十年内的最好、最关键的"抢人"阶段。其次是重要性，各级决策部门应达成共识，正视广州市人口发展面临的挑战，重视人口作为城市发展的根本动力的重要性。一旦错失这一时机，城市发展动力不足，将可能在今后的城市竞争中处于劣势，且难以在短期内逆转，陷入全面衰退阶段。

二是要积极应对人口老龄化。当前广州市的常住人口老龄化程度远低于纽约、伦敦和东京三大全球城市，但户籍人口老龄化严重。因此对广州而言，可借鉴的全球城市经验中，促进和改善医疗和养老环境是提高社会养老质量的首要任务，推动养老方式和养老金多样化发展是主要途径，延迟退休年龄促进老年人口再就业是内在需求，吸引年轻人口机械式调优是必然趋势。同时，开发"银发人口红利"的经验值得借鉴。在当前法定退休年龄下，新中国成立以后第一次和第二次人口出生高峰期（1949—1957年、1962—1970年）出生的人口是当前和未来十年退休人口的主体，但这一批老年人以低龄、高文化素质是主要优势。老年人的人力资源在经验积累、生产实践和消费升级方面，具有其群体的特点和不可替代的重要作用，充分利用可继续为社会经济带来收益。

三是制定积极的生育政策，鼓励生育。在鼓励生育方面，亚洲的全球城市东京、新加坡和香港与广州所处的社会环境和思想背景相类似，但东京和新加坡尽管投入了大量资金和政策优惠来鼓励生育，但成效微弱。从这些全球城市鼓励生育政策来看，基本都是以失败告终或者收效甚微。但是对于广州来说，可以在国家生育政策大框架之下，借鉴一些鼓励生育配套的做法。例如提高妇女的职业地位，保障职场的平等权益，释放女性的生育压力，提高生育意愿。同时，以实施男性带薪产假和抚育假，延长女性产假，实施女性带薪抚育假，提供家庭补贴、子女教育补贴等形式减轻家庭的生育养育成本。

四是应对劳动力短缺。劳动力的短缺问题从长期来看，需要通过鼓励生育形成内生劳动力源泉，纽约、伦敦和东京的经验显示，然而对于广州建设全球城市而言，当前可采纳且最为有效的应对方法主要有三：开发"银发人口红利"，建立专门针对退休人口的劳动力二次开发市场服务，整合闲散银发劳动力资源，延长老年人口就业生涯减缓劳动力数量的下降；开发"人口增量红利"，吸引增量人口进入广州，吸纳外来劳动力人口维持社会经济对劳动力的需要；此外，对人口资源的增加，还应放到虚拟劳动力市场、海外劳动力市场上来。应为全国、东南亚、全球、珠三角的劳动力提供一个网络接口，扩大上海人口资源的蓄水池，缓解未来人口资源不足的问题。

5. 通过良好的公共服务与管理吸引稳定的人口资源

全球城市的经验表明，是否享受良好的公共服务是影响人口特别是高素质人口集聚的重要原因。在目前的城市化阶段，稳定的就业人口对城市转型升级尤为重要。城市如何吸引稳定的人口，是未来的战略重点。

在未来全球城市的发展中，政府必须在制度上进一步保证流动人口充分融入城市，通过教育、平等就业机会、社会保障和福利等的释放，优化人口服务管理模式，留住人口。应通过一元化的管理制度和人性化的服务对国内流动人口形成隐形性管理，既能形成高效的流动人口管理模式，又能增加外来人口的归属感，为城市的发展和繁荣做出贡献。对国内人口迁入简化过去烦琐的流程和复杂的人群划分可提高人口管理效率。而为外来人口保障最基本的服务和福利政策才是时下应选择的方向。

6. 从人口和人才两方面开发未来人口新红利

城市整体经济发展离不开人口的作用。传统的观点认为，人口红利是指一个国家劳动年龄人口占总人口比重较大、人口抚养比较低，因而储蓄率较高，从而促进高投资，保持较高增长率。过去的人口红利主要依靠资本的积累、劳动力的数量增加和抚养比的下降。各要素资源的重新配置推动了经济的发展。资本积累虽然体现为物质资本的积累，但也与人口因素密切相关：较低的人口抚养比为高储蓄、高积累、高投资提供了必要条件；劳动力的充足延缓了资本报酬递减规律的出现，提高了资本投入的回报率。因此，衡量人口红利往往从"劳动年龄人口数量"和"人口抚养比"两方面来观测。但是，纯粹从人口数量的视角来看待人口红利是不全面的。抚养系数的下降、劳动数量的上升、资本的积累、技术进步和资源配置结构的优化都是经济增长的重要源泉。在当前劳动力数量增长趋缓、总抚养比上升的整体态势下，必须依靠人口与资源的优化配置，包括人力资本开发、人口资源优化配置和技术进步，从而推动人口二次红利开发利用，达到经济增长的目的，这些都要依靠改革的力量。可从以下五个方面着手：

一是开发"人口增量红利"。对广州来说，目前依然还处于人口红利尾期和窗口期，当前可能是未来三十年内的最好、最关键的"抢人"阶段。吸引"额外的"大批人口流入比引进人才显得更为迫切。建议：应当机立断布局五年内的人口引进战略，吸引增量人口进入广州，打牢城市发展的核心和基础；降低就业门槛，在短期内应重点考虑就业安置人口多的行业，迅速吸引一批劳动力来穗就业。

二是开发"人口素质红利"。传统的人口红利是粗放型的人口数量型红利，人口对经济发展的促进作用，除了表现在人口数量上，更体现在人口质量上。当人口质量和经济发展相匹配时，就会成为经济发展的推动器，反之则会成为经济发展的绊脚石。广州近年来异地来穗务工人员以高中以下学历劳动者占比最多，占71.3%，本科及以上学历12.2%，主要从事制造业、批发和零售业等，人口素质低于北京、上海。同时，广州具有丰富的年轻后备人才库。在全国来看，无论是大学数量，还是大学质量，广州市都名列前茅。但从毕业生留穗就业情况来看，广州市地区留穗就业毕业生占比由2014年的49.96%下降到49.75%，呈轻微下降趋势，特别是重点大学毕业生的外流现象更为明显。而上海大学生留沪比例达到70%，北京留京比例为60%。广州的人口素质开发潜力巨大。建议：迅速将职业教育培训作为广州的重要战略来抓，通过推动人力资源的素质升级，开发人口新红利。建议：整合、归并一批分散在各部门下属的中职学校、培训学校，以改善办学条件、扩大办学规模、校企合作等方式，促进向技术培训、城市通识教育、商贸、体育、文艺等专业化方向发展，满足各层次、多元化的教育需求；

争取在三年内提供一批针对年轻的来穗人员的免费培训教育；建立专门针对在穗大学毕业生的留穗服务工作机制，提高在穗毕业生的留穗比例，三年内达到70%。

三是开发"人口产业结构红利"。经济的发展伴随着产业结构的发展。一般来说，资源配置的改进和技术进步，推动了产业向第三产业转移，提高了劳动生产率，劳动力的产业结构也相应变化，激发了新的人口红利。建议：建立与广州产业转型升级需求相匹配的人力资源科学结构，重点侧重于增强劳动力人力资源边际效率层面，不断加大财政转移支付对质优型、资源型、技能型、科技型、学习型与知识型的人力资本的边际报酬，推动人口产业结构转型，促进"人才红利"的产生。

四是开发"人口城镇化红利"。当前我国城市化和人口流动的动力主要是工业化，农民工已经离开乡村到城市就业与生活，但他们在公共服务、就业、教育、医疗等许多方面并未与城市居民享受同等的待遇，在城市没有选举权和被选举权等政治权利，这种"半城市化""土地城市化，但人口未城镇化""不完全城市化"的现象阻碍了剩余劳动力继续向城市转移、真正融入城市社会并为城市经济转型升级提供动力。应开发"人口城镇化红利"，促进剩余劳动力继续向城市转移和市民化，从而为城市社会经济提供二次红利。建议：积极发展服务业，推进"以人为核心"的人口城镇化，推动户籍制度的改革、居住证制度改革，使"户口"问题不再成为人口城镇化的障碍；多渠道探索建设保障性安居住房，扩大无房年轻人享受保障性安居住房的比例。加大住房公积金的缴存力度，扩大公积金覆盖和使用范围，将已经稳定就业并居住一定的年限的流动人口个人和家庭，纳入住房公积金体系，鼓励住房公积金用于购买或租赁自住住房。盘活公用资源，有序解决农民工的随迁子女教育问题，使有能力在城镇稳定就业和生活的常住人口实现有序市民化，推进城镇基本公共服务常住人口全覆盖。

五是开发"银发人口红利"。事实上，在人口新常态下，老年人口比例将逐渐增大，但其预期寿命和健康寿命逐渐延长将成为事实。相对于传统观念，人口年龄结构的定义也应相应调整。一方面，随着经济社会需求的升级，老年人口的消费和服务需求将可继续服务于经济社会建设任务。老年人的人力资源在经验积累、生产实践和消费升级方面，具有其群体的特点和不可替代的重要作用，充分利用可继续为社会经济带来收益。另一方面，对"养老金融、文娱扩展、医疗保健"等"银发市场"的开发，能进一步促进产业结构的转型升级，推动第三产业的发展。建议：在南方人才市场等专业人口机构，建立专门针对退休老人劳动力的二次开发市场服务，整合闲散银发劳动力资源；以市场为主导，盘活现有的养老、医疗、休闲等资源，进一步整合闲置土地和厂房，充分利用公共活动场所，建设公办的普惠性养老机构，满足大众养老的需求；降低养老产业和养老服务进入门槛，出台金融扶持政策和优惠税收政策，鼓励有资质的国内外服务机构介入开展养老服务、壮大养老产业、培育专业人才，打造高中端的养老服务产业，形成与公办养老互为补充的养老服务；开辟养老新产业，建设医养小镇，探索"互联网+养老"新模式。发挥基层自治组织引导和社会组织在社区养老、居家养老的专业服务优势，扩大政府购买服务的力度，培育可复制、可推广的养老服务模式，满足基本养老服务需求。

### （二）建设全球化背景下近期广州人口发展的对策建议

针对广州市面临的人口挑战，广州市应打破门槛、创新手段，立刻全面着手制定面向未来的人口发展战略和对策，重点在于进行人口特别是年轻人储备。主要建议如下：

1. 适时优化积分制指标体系，大幅增加积分入户名额

广州市近年来积分入户名额、符合条件的入户申请人都在逐年增长，但是入户名额增加速度远不如符合条件的申请人增

长速度，导致入户成功率降低而难度不断增加。2017年成为广州市实行积分入户以来竞争最激烈的一年，2.2万符合条件申请人竞争6000个入户名额（成功率27.3%），对医保的缴费年限延长到了130个月以上（见图8-3）。深圳2010—2013年就有总数超过10万外来工积分落户，2017年为外来工分配了1万个积分入户名额，入户申请成功率40%。上海在2012—2015年的四年时间里共有2.6万流动人口落户，年均6500人。同比之下，历年来广州市积分入户名额较少，且入户难度远远大于深圳和上海。

| | 2014年 | 2015年 | 2016年 | 2017年 | 2018年 |
|---|---|---|---|---|---|
| 入户名额（人） | 3000 | 4500 | 6000 | 6000 | 7000 |
| 入户名额占符合入户条件申请人比重 | 56% | 59% | 55% | 27% | 14% |
| 符合入户条件申请人增长速度 | 0% | 41% | 45% | 100% | 127% |
| 入户名额增长速度 | 0% | 50% | 33% | 0% | 17% |

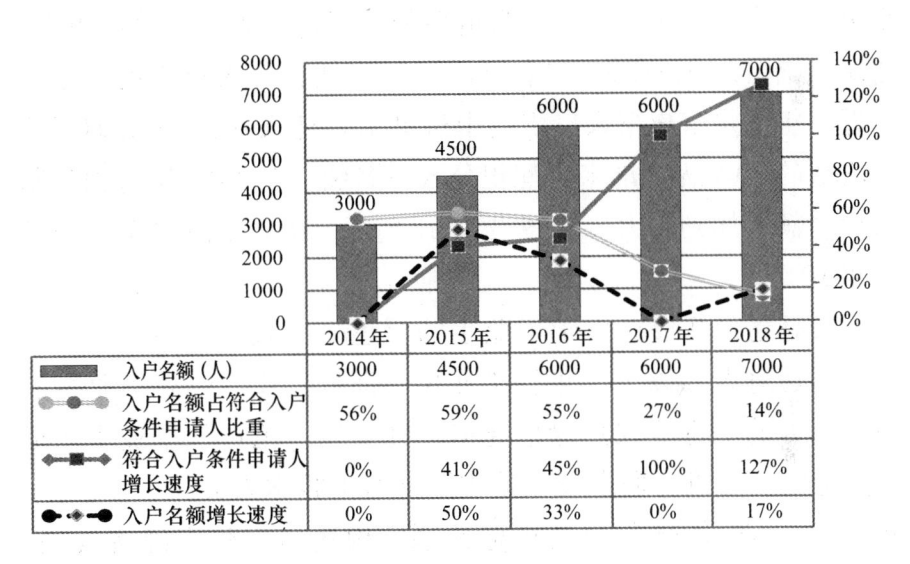

图8-3 2014—2018年广州市积分入户情况[1]

注：2018年数据为广州市已下达计划数。

数据来源：由广州市来穗局提供。

---

[1] 缺少2013年符合条件的入户申请人数，因此2014年符合入户条件申请人增长速度数据无从计算。2018年符合入户条件申请人增长的速度是预测值，因此入户名额占符合入户条件申请人比重也是预测值，由于2018年7月1日正式开始实施新的积分制申请，随迁子女入学、申请公共租赁住房等都与积分制挂钩，再加上积攒多年的未能入户的申请人，因此2018年申请积分制的人数和申请入户的人数预计会有大幅增长，估计申请积分入户的来穗人员将在2017年基础上再翻1.2倍达到5万人左右。

2015—2017年广州市户籍人口增量中机械增长迁入部分分别为11.28万、11.87万、18.06万。2017年，广州市机械增长迁入的18.06万人中，人才引进入户加上家庭团聚入户人口数占迁入人口总数的89.6%（人才引进入户10.2万人，占54%；家庭团聚入户6.19万人，占35.6%），而积分入户仅仅为6000人，占3.32%。积分入户名额与流动人口对广州市经济社会发展的贡献严重不匹配。建议：

一是大幅度逐年提高积分入户指标。考虑到目前广州市面临的人口挑战、经济社会发展对流动人口的依赖程度，应当将吸引年轻人口比引进人才更为迫切的共识贯彻到入户政策当中，建议大幅增加积分制入户名额，大幅降低积分入户难度。建议以近三年广州市户籍人口增量中机械增长迁入部分（41.21万）平均数的30%为标准来分配积分入户名额，在2018年将积分制入户名额增加到4万，2019增加到5万，在五年内逐年增加到每年10万。

二是立刻开放对大学毕业生的绿色一键式入户通道。建议立刻开通对大专以上的年轻毕业生、部分行业的中职毕业生的不设门槛的一键式入户绿色通道，进学校"抢占"毕业生。根据产业需要，进中职学校"抢占"年轻的技术人员。

三是适时优化积分制指标体系，构建与广州市经济发展、城市规划、产业结构相匹配的公平、开放、高效的入户的政策体系。根据国家和广东省推进户籍制度改革和非户籍人口在城市落户的相关文件精神，尽快修改《关于加强我市人口调控和服务管理工作的意见》（穗府〔2014〕10号）及配套的《广州市户口迁入管理办法》《广州市来穗人员积分制服务管理规定》及实施细则。不断优化积分指标体系，尽量优先向年轻人口倾斜，吸引大量年轻人口流入，充分激发年轻人口的创新性和城市活力。不断简化积分申报程序，缩短申办流程，实现来穗人员积分申报、入户申请与审批的常态化。

2. 整合和充分挖掘社会教育资源，最大限度满足各层次、多元化的教育需求

子女教育是年轻人口普遍最为关心、最迫切需要解决的公共服务需求。因此，最大限度地保障各类人群的子女教育需求是践行以人为本，提升市民文化素养和吸引新增流动人口的关键。

一是整合现有的社会教育资源、降低办学门槛，通过改善办学条件，规范管理，提高补贴尤其是对私立幼儿园和企业开办幼儿园、私立中小学的办学补贴，培育一批高水平的社会教育机构，形成与公办教育之间的补充。有效挖掘社会办教育的潜力，促进有限的资源发挥最大的社会效益。

二是加大对中小学义务教育阶段补贴力度，探索将学前教育纳入义务教育计划，逐年提高教育补贴占 GDP 比重。

三是加大对年轻的来穗人员的免费培训力度。整合、归并一批分散在各部门下属的中职学校、培训学校，以改善办学条件、扩大办学规模、校企合作等方式，促进向技术培训、城市通识教育、商贸、体育、文艺等专业化方向发展，满足各层次、多元化的教育需求。争取在三年内提供一批针对年轻的来穗人员的免费培训教育。

3. 大力建设保障性住房，不断满足年轻人安居需求

将住得好作为广州市全面建成小康社会、释放改革开放红利、推动全球城市建设的重要目标。

一是多渠道探索建设保障性安居住房，扩大无房年轻人享受保障性安居住房的比例。鼓励用工企业为职工提供符合卫生和安全条件的居住场所，鼓励开发区、工业园区、产业园区管理委员会或产业用地单位建设职工公寓。

二是允许村集体利用闲置建设用地，建设若干居住小区，向流动人口出租。通过旧城改造等方式盘活土地资源，加大共有产权住房的建设力度，不断满足年轻人居住改善的需求。

三是加大住房公积金的缴存力度，扩大公积金覆盖和使用范

围,将已经稳定就业并居住一定的年限的流动人口个人和家庭,纳入住房公积金体系,鼓励住房公积金用于购买或租赁自住住房。

4. 提升新增劳动力技能水平,激发创新创造活力

提升新增劳动力技能水平是优化提升人口素质,构建推动经济高质量发展体制机制、建设现代化经济体系的重要举措。同时,可以发挥年轻人创新性,激发城市的活力,逐步将人口红利转化为人口新红利。

成立职业培训领导小组,将培训与资格评定和就业挂钩,推动职业技能考核鉴定的多元化发展。将企事业单位新增员工入职培训经费纳入政府和企业预算支出,设立培训创业政府基金,建立多元投入的方式,用于流动人口培训、培训机构建设、创业发展,以及新生代流动人口融入城市生活的能力建设。

完善以市场为导向,与广州市产业结构相适应的职业技能培训体系和包括免费职介、培训补贴、技能鉴定补贴等为主的培训政策,进行分类、分层职业引导和技能提升培训,满足各层次、多类别的劳动者技能提升需求,同时激发创新创造活力。

5. 构建多层次、多元化、专业化的立体养老服务体系

结合广州市老龄人口规模大、人口老龄化速度快、市场经济活跃的形势和特点,从金融、土地、产业、财税、人力、社区建设等方面入手构建多层次、多元化、专业化的立体养老服务体系。

以市场为主导,盘活现有的养老、医疗、休闲等资源,进一步整合闲置土地和厂房,充分利用公共活动场所,建设公办的普惠性养老机构,满足大众养老的需求。

降低养老产业和养老服务进入门槛,出台金融扶持政策和优惠税收政策,鼓励有资质的国内外服务机构介入开展养老服务、壮大养老产业、培育专业人才,打造高中端的养老服务产业,形成与公办养老互为补充的养老服务。

开辟养老新产业,建设医养小镇,探索"互联网+养老"新模式。发挥基层自治组织引导和社会组织在社区养老、居家

养老方面的专业服务优势，扩大政府购买服务的力度，培育可复制、可推广的养老服务模式，满足基本养老服务需求。

6. 落户政策向外围区倾斜，促进人口合理流动和产城融合发展

根据《广州市城市总体规划（2017—2035 年）》草案对全市城乡空间网络体系"主城区—副中心—外围城区"的划分标准，当前广州市常住人口主要分布在主城区，而外围区和副中心常住人口一直较少并且新增常住人口较少，不能很好支撑外围区未来的产业布局和城市功能提升，为解决广州市未来发展劳动力不足、人口分布不均衡问题，在当前广州最新的人口调控和服务管理政策（1＋1＋3）之下设计进一步拓宽城市外围区落户政策，提升广州市和广州外围区在落户政策上相对优势，吸引更多的高技能人才和年轻人口，满足未来城市功能布局和产业发展需求，促进人口合理流动、产城融合发展和城镇化发展。

广州市常住人口分布主要集中于主城区，外围区对人口吸引力不足，外围区人口总量和增量相对较小。

广州市主城区人口分布过于集中，外围区人口分布相对稀少。根据表 8-2 所示，从人口规模来看，截至 2018 年年底，广州市常住人口总量为 1490.44 万，比 2017 年新增人口约 40 万。其中，常住人口数量最多、所占比重最大的前 4 个行政区分别是白云区、天河区、海珠区和番禺区。常住人口数量最少、所占比重最小的后 4 个行政区分别是花都区、荔湾区、南沙区和从化区。

表 8-2　2018 年年底广州市及各区常住人口和城镇化率

| 行政区 | 常住人口（万） | 所占比重（%） | 人口密度（人/平方公里） | 城镇化率（%） |
| --- | --- | --- | --- | --- |
| 荔湾区 | 97.00 | 6.51 | 15645 | 100.00 |
| 越秀区 | 117.89 | 7.91 | 35724 | 100.00 |
| 海珠区 | 169.36 | 11.36 | 18611 | 100.00 |

续表

| 行政区 | 常住人口（万） | 所占比重（%） | 人口密度（人/平方公里） | 城镇化率（%） |
|---|---|---|---|---|
| 天河区 | 174.66 | 11.72 | 18194 | 100.00 |
| 白云区 | 271.43 | 18.21 | 3410 | 81.02 |
| 黄埔区 | 111.41 | 7.47 | 2302 | 91.65 |
| 番禺区 | 177.70 | 11.92 | 3353 | 89.13 |
| 花都区 | 109.26 | 7.33 | 1128 | 68.80 |
| 南沙区 | 75.17 | 5.04 | 959 | 72.79 |
| 从化区 | 64.71 | 4.34 | 328 | 45.08 |
| 增城区 | 121.85 | 8.18 | 754 | 73.10 |
| 全市 | 1490.44 | 100 | 2004 | 86.38 |

注：白云区太和镇、钟落潭镇行政区面积为450平方公里，占白云区行政区面积的56.5%；原萝岗区面积为393平方公里，占黄埔区行政区面积的81.2%。

数据来源：2018年《广州市统计年鉴》。

从人口密度来看，全市平均人口密度是2004人/平方公里，其中人口密度最大的是越秀区，达到35724人/平方公里，其次是海珠区、天河区和荔湾区。而花都区、南沙区、从化区、增城区的人口密度最小，约为全市平均水平的一半。如果再细分，白云区的太和镇和钟落潭镇行政区面积较大，人口密度也较小，原萝岗区人口密度也较小。从城镇化发展水平来看，外围区和副中心城镇化率较低，城镇化发展人口增量空间较大。

近年来广州市外围区和副中心常住人口所占比重较小，人口增长非常缓慢。根据表8-3，从常住人口所占比重来看，主城区当中除天河区以外，其余3个区常住人口所占比重有所下降，外围区的白云区、黄埔区、番禺区、南沙区常住人口所占比重略有上升，增加的人口主要仍然集中在白云区北二环高速公路以南地区、黄埔区九龙镇以南地区及番禺区广明高速以北地区等主城区；而花都区、从化区常住人口所占比重还略有下降，增城区基本保持不变。说明全市常住人口有向外围区转移的趋势，但是应当进一步加大政策引导力度。

表 8-3　主城区、外围区和副中心行政区占全市常住总人口比重　　单位：%

| 年份<br>行政区 | 2012 | 2013 | 2014 | 2015 | 2016 | 2017 | 2018 | |
|---|---|---|---|---|---|---|---|---|
| 荔湾区 | 6.96 | 6.88 | 6.81 | 6.83 | 6.59 | 6.55 | 6.51 | 主城区 |
| 越秀区 | 8.95 | 8.83 | 8.76 | 8.57 | 8.27 | 8.03 | 7.91 | |
| 海珠区 | 12.27 | 12.25 | 12.23 | 11.95 | 11.66 | 11.47 | 11.36 | |
| 天河区 | 11.27 | 11.48 | 11.51 | 11.45 | 11.61 | 11.71 | 11.72 | |
| 白云区 | 17.54 | 17.53 | 17.50 | 17.80 | 17.39 | 17.74 | 18.21 | 外围区和副中心 |
| 黄埔区 | 6.63 | 6.67 | 6.73 | 6.66 | 7.71 | 7.52 | 7.47 | |
| 番禺区 | 11.20 | 11.21 | 11.22 | 11.44 | 11.69 | 11.86 | 11.92 | |
| 花都区 | 7.45 | 7.46 | 7.45 | 7.52 | 7.51 | 7.42 | 7.33 | |
| 南沙区 | 4.85 | 4.84 | 4.86 | 4.86 | 4.89 | 5.00 | 5.04 | |
| 从化区 | 4.71 | 4.72 | 4.74 | 4.63 | 4.52 | 4.43 | 4.34 | |
| 增城区 | 8.17 | 8.14 | 8.18 | 8.30 | 8.16 | 8.27 | 8.18 | |

注：由于无法获取白云、黄埔、番禺 3 个区主城区部分即白云区北二环高速公路以南地区、黄埔区九龙镇以南地区及番禺区广明高速以北地区的镇街人口数，因此本表将这个三个区统一作为外围区分析。

数据来源：历年《广州市统计年鉴》。

根据表 8-4，从人口增量来看，广州市主城区除了天河区以外，其余 3 个区的常住人口增量一直在增加；而外围区当中除了白云区以外，其余行政区都经历了先增后降的过程，尤其是 2018 年下降比较明显。说明，外围区对新增人口吸引力不足，未来人口增长并不占优势。

表8-4　　　　主城区、外围区和副中心行政区常住人口增量　　　　单位：万人

| 年份<br>行政区 | 2013 | 2014 | 2015 | 2016 | 2017 | 2018 | |
|---|---|---|---|---|---|---|---|
| 荔湾区 | -0.39 | 0.22 | 3.03 | 0.33 | 2.5 | 2.00 | 主城区 |
| 越秀区 | -0.86 | 0.56 | 1.03 | 0.43 | 0.27 | 1.51 | |
| 海珠区 | 0.76 | 1.64 | 1.39 | 2.42 | 2.52 | 3.05 | |
| 天河区 | 3.77 | 2.18 | 3.96 | 8.53 | 6.69 | 4.87 | |
| 白云区 | 1.37 | 2.32 | 11.45 | 3.85 | 13.05 | 14.19 | 外围区和副中心 |
| 黄埔区 | 1.14 | 1.73 | 1.84 | 18.41 | 0.84 | 2.31 | |
| 番禺区 | 1.11 | 1.89 | 7.66 | 9.70 | 7.82 | 5.77 | |
| 花都区 | 0.84 | 1.03 | 4.07 | 3.91 | 2.06 | 1.71 | |
| 南沙区 | 0.18 | 1.02 | 2.05 | 3.16 | 3.76 | 2.67 | |
| 从化区 | 0.61 | 0.99 | 0.52 | 1.00 | 0.68 | 0.50 | |
| 增城区 | 0.26 | 1.79 | 5.06 | 2.50 | 5.30 | 2.02 | |

注：由于无法获取白云、黄埔、番禺3个区主城区部分即白云区北二环高速公路以南地区、黄埔区九龙镇以南地区及番禺区广明高速以北地区的镇街人口数，因此本表将这个三个区统一作为外围区分析。

数据来源：笔者根据历年《广州市统计年鉴》常住人口数据计算所得。

从城市发展布局和国家、省市落户政策来看，目前广州市落户政策有向外围区倾斜的必要性和可行性。

一是从广州未来的城市功能布局来看，有必要对外围区和副中心的落户政策进行倾斜。中共中央、国务院印发的《粤港澳大湾区发展规划纲要》对广州的功能定位落脚点大多数都在外围区和南沙副中心，例如广州南沙粤港澳全面合作示范区是未来粤港澳合作发展平台，中新广州知识城、南沙庆盛科技创新产业基地是未来粤港澳大湾区高水平科技创新载体和平台，广州新机场作为未来粤港澳大湾区的交通枢纽承担重要的功能。根据《粤港澳大湾区发展规划纲要》广州外围区和副中心是未来广州科技制高点和经济增长引擎，需要聚集相当数量的年轻

人口，尤其是高技能人才和产业工人。《广州市价值创新园区建设三年行动方案（2018—2020年）》（穗府办函〔2018〕105号）中规划的十个价值创新园区大部分都位于外围区，该方案重点突出"产城融合"，强调了"城"的功能，对园区的城市功能提出更高要求，而城市需要足够的人口才能作为支撑。

二是根据国家对超大城市落户政策限制，对于广州只有外围区和副中心才能有落户空间。《关于印发推动1亿非户籍人口在城市落户方案的通知》（国办发〔2016〕72号）、《广东省推动非户籍人口在城市落户实施方案的通知》（粤府办〔2017〕24号）、《关于培育发展现代化都市圈的指导意见》（发改规划〔2019〕328号）等文件当中对广州等超大城市落户进行限制，但是对超大城市的郊区却有一定的政策倾斜。例如"国办发〔2016〕72号"文中提出，对于超大城市和特大城市要区分城市的主城区、郊区、新区等区域，分类制定落户政策，重点解决符合条件的普通劳动者落户问题。"粤府办〔2017〕24号"文件中提出对于广州、深圳等超大城市要区分城市主城区、郊区、新区等区域，重点解决符合条件的普通劳动者落户问题。该文件同时提出对于户籍人口与非户籍人口比重低于1∶1的城市，要进一步放宽外来人口落户指标控制，加快提高户籍人口城镇化率。《广州市人民政府关于加强我市人口调控和服务管理工作的意见》（穗府〔2018〕14号）当中提出"引导中心城区人口向外围城区疏解，形成产城融合、职住平衡的人口空间布局"。

基于上述分析，针对广州落户政策向外围区倾斜，提出如下建议。

一是放宽应届大专毕业生在外围区和副中心落户。将与外围区和副中心单位签订三方就业协议的应届大专毕业生认定为专业技能人才，可以不受名额限制直接在外围区和副中心落户，但是限定一定年限不能向主城区迁移。

二是放宽外围区和副中心的集体户口管理，增强服务功能。

放宽外围区和副中心设立集体户的条件,鼓励产业园区和一定规模的企业设立集体户口,安排专门人员负责为集体户口办理户籍相关服务管理工作,划拨专项经费解决集体户口单位户籍管理经费不足问题。

三是积分入户政策向外围区和副中心倾斜。对来穗人员积分入户政策进行调整,将每年的积分入户名额向外围区和副中心倾斜或将原有增城区和从化区加分倾斜政策扩大到所有外围区和副中心。对于工作地和拟落户地均在外围区和副中心的来穗人员,可以提高加分指标当中的分值。

# 附 件

附件表1　　主要代表人物对全球城市的分级

| 时间 | 姓名 | 分级和主要观点 ||||
|---|---|---|---|---|---|
| 1966年 | 彼得·霍尔（Peter Hall） | 世界城市主要代表有伦敦、巴黎、兰斯塔德、莱茵河地区、莫斯科、纽约、东京 ||||
| 1986年 | 约翰·弗里德曼（John Friedmann） | 世界城市在空间组织上存在三个不同的亚体系，分别是以东京、新加坡为代表的亚洲体系，以纽约、芝加哥、洛杉矶为代表的美洲体系，以及以伦敦、巴黎和莱茵河沿岸城市为代表的西欧体系 ||||
| 1991年 | 萨斯基娅·萨森（Saskia Sassen） | 服务业的国际化程度、集中度和强度作为判别一个城市是否属于全球城市的重要标尺，纽约、伦敦、东京这三个顶级的全球城市是典型代表 ||||
| 1995年 | 约翰·弗里德曼（John Friedmann） | 全球金融节点城市：伦敦、纽约、东京 | 跨国节点城市：迈阿密、洛杉矶、法兰克福、阿姆斯特丹、新加坡 | 国家节点城市：巴黎、苏黎世、马德里、墨西哥城、圣保罗、首尔、悉尼 | 地区节点城市：大阪、旧金山、西雅图、休斯敦、芝加哥、波士顿、温哥华、多伦多、蒙特利尔、香港、米兰、里昂、巴塞罗那、慕尼黑、莱茵河地区 |
| 2005年 | 彼得·霍尔（Peter Hall） | 第一等级：纽约、伦敦、巴黎、东京、中国香港 | 第二等级：柏林、罗马、大阪、洛杉矶、悉尼等 | 第三等级：北京、上海 | |

附件表2　　　　　　国内其他主要城市引才政策对比

| | | 落户 | 奖励 | 教育 | 医疗 |
|---|---|---|---|---|---|
| 国内其他主要城市引才政策对比 | 北京 | 严控人口规模，引进高层次人才条件要求较高 | 获聘"北京市特聘专家"的海外人才，可获得50万元至100万元的奖励 | 在海外人才聚集区域及其他科技创新产业聚集区域配置优质学校 | 畅通高层次人才就医"绿色通道"，提供一定比例的商业医保补贴支持 |
| | 上海 | 北大清华毕业生可直接落户上海，13个科技领域的人才及其家属可直接落户 | 各区给出的最高补贴是200万元 | 保障配偶子女相关待遇，扩大国际化教育资源供给，研究试点社会力量举办外籍人员子女学校 | 完善养老医疗保险待遇，在医疗和教育方面，优化海外人才医疗环境，支持市场主体建立第三方国际医疗保险结算平台 |
| | 深圳 | 积分落户时学历无要求 | 杰出人才可选择600万元的奖励补贴，也可选择面积200平方米左右免租10年的住房，最高购房补贴1000万元 | 将人才的社会贡献纳入子女入学积分权重。高层次人才的非本市户籍子女在本市就读义务教育阶段和高中阶段学校，享受本市户籍学生待遇 | 杰出人才享受一级保健待遇，国家级领军人才、地方级领军人才和除杰出人才外的其他海外A类人才、B类人才可享受二级保健待遇，后备级人才和海外C类人才可享受三级保健待遇 |
| | 武汉 | 毕业3年内的普通高校大学生，凭毕业证即可申请登记为武汉常住户口；毕业超过3年的大学生，只要在武汉有合法稳定住所，与就业单位签订就业合同，缴纳社会保险，就可申请落户武汉 | 设立"武汉杰出人才奖"最高奖励可达50万元。大学毕业生留汉工作收入不低于全国主要中心城市平均水平，指导性最低年薪标准为：专科生4万元、本科生5万元、硕士6万元、博士8万元 | 各区教育局为高层次子女入学开辟"绿色通道"，例如对两类人才，将派专人协调其子女办入学手续。对于中途插班就读的，随到随办 | 湖北省委保健委办公室、省人才小组联合签发专为在鄂"千人计划"专家、省"百人计划"专家，在定点医院享受优先医疗服务的专用医疗证 |

续表

| | 落户 | 奖励 | 教育 | 医疗 |
|---|---|---|---|---|
| 杭州 | 45周岁以下，具有全日制大学本科，在杭州市区落实工作单位的，可办理本人户口进杭，其中硕士以上学历的可享受先落户后就业的政策 | A类人才一人一议的方式解决住房。B、C、D类人才分别给予100万元、80万元、60万元的购房补贴。E类人才提供人才租赁房或1200元/月的租房补贴。中级（含）以上职称，或高级（含）以上，或本科及以上学历且毕业未满7年（具有硕士及以上学历不受毕业年限限制）的创新创业人才，统一纳入市公共租赁住房保障 | 外籍高层次人才子女，可去外籍人员子女学校及幼儿园，或普通中小学及幼儿园就读。高层次人才、创新创业人才的中国籍子女，享受本市居民子女同等待遇，凭有关材料到户籍地或父母工作地办理入（转）学手续，依相对就近原则，安排到公办义务教育学校或幼儿园就读；要求转入或报考我市各类高中，具有与本市居民子女同等资格。A、B、C类人才子女在市区就读，统筹协调，妥善安排 | A类人才参照享受杭州市一级医疗保健待遇。B、C类人才参照享受杭州市二级医疗保健待遇。D类人才参照享受杭州市三级医疗保健待遇 |
| 南京 | 满足"研究生学历""本科学历年龄40周岁以下""中级职称以上""高级工（三级）资格以上"4个条件之一即可入户 | A、B、C类高层次人才，可选择共有产权房、人才公寓、购房补贴和租赁补贴中的一种安居方式。毕业生可申领3年住房租赁补贴，其中学士（含高级工及以上）每人每月600元，硕士每人每月800元，博士每人每月1000元。符合条件的可申购共有产权房 | A、B、C类高层次人才，其非本市户籍子女，就读义务教育阶段学校，由居住地所在区纳入政策照顾对象，安排区内公办学校入学，享受免费义务教育待遇。引入国际学校等教育机构，满足海外高层次人才子女入学需求 | 海外高层次人才相对集中的区域，配备接入国际医疗结算体系的国际化医院，满足海外高层次人才健康需求 |

续表

|  | 落户 | 奖励 | 教育 | 医疗 |
|---|---|---|---|---|
| 西安 | 全国在校大学生仅凭学生证和身份证即可在线落户 | 高层次人才不受市内限购政策限制；"特殊人才"研究制定购房优惠20%的具体条件和配套支持政策 | A类人才子女可在全市范围内一次性选择任一义务教育学校就读。在中招录取中，A类人才子女在普高线基础上下降10分录取，B、C类人才子女在同等条件下优先录取 | 每年为高层次人才提供1次医疗保健检查 |
| 成都 | 45周岁以下拥有本科及以上毕业证的大学生即可落户 | 国际顶尖人才（团队）来蓉创新创业的，给予最高1亿元的综合资助 | 针对不同类的人才，分层分类提供子女入园入学便利 | 为高层次人才购买商业医疗保险 |

# 参考文献

J. V. Beaverstock, P. J. Taylor and R. G. Smith, "A Roster of World Cities", *Cities*, Vol. 16, No. 6, 1999.

John Friedmann, "The World City Hypothesis", *Development and Chang*, 1986.

Paul L. Knox and Peter J. Taylor, *World Cities in a World-System*, Cambridge: Cambridge University Press, 1995.

Peter Hall, *The World Cities*, London: Weidenfeld and Nicolson, 1966.

Ronald Lee, Andrew Mason, Timothy Miller, "Saving, Wealth and the Transition from Transfers to Individual Responsibility: The Cases of Taiwan and the United States", *Scandinavian Journal of Economics*, Vol. 105, No. 3, 2003.

S. Sassen, *Cities in a World Economy*, Pine Forge Press, 1994.

保罗·舒尔茨:《人口结构和储蓄:亚洲的经验证据及其对中国的意义》,《经济学》(季刊) 2005年第4卷第3期。

陈东平:《深圳市人口结构分析报告 (2016)》,社会科学文献出版社2016年版。

陈建华:《全球城市的空间二元化机理研究》,《社会科学》2018年第5期。

都阳、屈小博:《城市产业发展、就业需求与人口流动:中国与国际经验》,《现代城市研究》2013年第3期。

冯蕾：《看国外怎么养老》，《新华月报》2014年。

何承金：《略论人口发展战略》，《四川大学学报》（哲学社会科学版）1986年第2期。

贺丹：《加强人口发展战略研究迎接新时代大国人口变局》，《人口与计划生育》2017年第11期。

胡杰成：《我国人口老龄化现状、趋势与建议》，《中国经贸导刊》2017年第12期。

黄国琴：《新加坡养老金制度改革述评》，《中国劳动》2018年第3期。

黄卫平：《全球化与中国政治体制改革》，《马克思主义与现实》1998年第4期。

金元浦：《北京：走向世界城市：北京建设世界城市发展战略研究》，科学技术出版社2010年版。

李光、王文华：《中国人口老龄化问题研究》，《西部皮革》2016年第38卷第20期。

李红联：《国际化理念下的深圳人口政策——香港与新加坡人口政策的启示》，《特区实践与理论》2008年第4期。

李敏：《国际大都市人口发展战略对中国的启示——以广州市为例》，《西北人口》2011年第5期。

林珲、张鸿生、林殷怡等：《基于城市不透水面——人口关联的粤港澳大湾区人口密度时空分异规律与特征》，《地理科学进展》2018年第37卷第12期。

刘波：《伦敦城市人口调控的经验及启示》，《理论学习》2012年第5期。

刘家强、刘昌宇、唐代盛：《论21世纪中国人口发展与人口研究》，《人口研究》2018年第42卷第1期。

刘锐、秦向东：《纽约产业发展的历史路径对上海启示》，《安徽农业科学》2007年第4期。

刘渝琳、李宜航：《延迟退休年龄是否会带来二次人口红利？》，

《人口与发展》2017 年第 5 期。

陆玭、汤茂林、唐丽芳等：《世界城市区域网络中的我国巨型城市区域》，《现代城市研究》2010 年第 25 卷第 9 期。

吕红平：《加强人口发展战略研究保障现代化强国人口环境》，《人口与计划生育》2018 年第 1 期。

闵洲民：《人口增加，劳动力却减少 香港如何缓解"蓝领荒"》，《沪港经济》2015 年第 6 期。

穆光宗：《我国人口新形势及应对建议》，《中国党政干部论坛》2018 年第 6 期。

穆光宗：《对我国人口发展战略的几点思考》，《人口研究》1987 年第 1 期。

穆光宗：《我国人口发展战略的反思和抉择》，《社会科学论坛》（学术评论卷）2008 年第 6 期。

乔晓春：《对我国人口发展战略研究方法的探讨》，《人口研究》1986 年第 10 卷第 6 期。

邱灵、方创琳：《生产性服务业空间集聚与城市发展研究》，《经济地理》2012 年第 32 卷第 11 期。

裘丽岚：《国内外城市群研究的理论与实践》，《城市观察》2011 年第 5 期。

苏念、黄耿志、薛德升：《广州世界城市地位及发展战略分析研究地理学核心问题与主线——中国地理学会 2011 年学术年会暨中国科学院新疆生态与地理研究所建所五十年庆典》。

孙不熟：《香港的麻烦是制造业空心化》，《长江日报》2016 年 4 月 7 日第 4 版。

田雪原：《制定科学的人口发展战略》，《瞭望》2005 年第 23 期。

汤兆云：《建国初期对"两种生产"人口理论的误读及其后果》，《江苏大学学报》（社会科学版）2008 年第 3 期。

涂云海：《国际大都市人口发展的经验及其启示——以新加坡、

伦敦、东京和纽约为例》，《政策瞭望》2018 年第 5 期。

王冰、宋严：《中国人口发展战略理论讨论会综述》，《人口研究》1987 年第 11 卷第 1 期。

王玲、张红、苗润莲：《英国的老龄化问题及应对措施》，《管理观察》2015 年第 24 期。

王鸿诗：《广州市流动人口管理相关政策法规的变迁》，《广东广播电视大学学报》2008 年第 42 卷第 3 期。

王鹏：《香港人口政策新变化及其启示》，《南方论刊》2014 年第 11 期。

王世福、张弘、刘铮：《粤港澳大湾区时代广州走向全球城市的思考》，《城市观察》2018 年第 3 期。

王向明：《人口发展战略与经济发展战略的结合和协调》，《人口研究》1983 年第 7 卷第 4 期。

邬沧萍：《我国人口发展战略初探》，《人口研究》1985 年第 9 卷第 5 期。

吴瑞君：《上海大都市圈人口发展战略研究》，博士学位论文，华东师范大学，2005 年。

吴忠观：《关于人口发展战略的几个问题》，《人口研究》1986 年第 10 卷第 2 期。

武翠兰：《新加坡人口政策给我们的启示》，《理论学刊》2001 年第 1 期。

武廷海、唐燕、张城国：《世界城市的规划目标体系与战略路径》，《北京规划建设》2012 年第 4 期。

夏丽萍：《世界城市外国移民管理研究》，世界知识出版社 2015 年版。

谢奕秋：《"世界将看到一个作为全球城市的广州"——专访亚奥理事会主席艾哈迈德亲王》，《南风窗》2010 年第 23 期。

阎志强：《广州青年人口婚姻与生育状况的变化特点——基于 2015 年 1% 人口抽样调查数据的分析》，《西北人口》2018 年第 4 期。

姚梦影：《我国推行"柔性退休"政策的利弊和建议分析》，《现代经济信息》2017 年第 4 期。

于学军、王宁、王广州：《我国人口发展战略研究的现状、问题和建议》，《人口与计划生育》2003 年第 10 期。

翟振武、邹华康：《把握人口新动态　加强人口发展战略研究》，《人口研究》2018 年第 42 卷第 2 期。

张惠强、李璐：《东京和首尔人口调控管理经验借鉴》，《宏观经济管理》2018 年第 8 期。

周海旺、杨雄、卢汉龙：《上海社会发展报告（2017）》，社会科学文献出版社 2017 年版。

周振华：《崛起中的全球城市》，上海人民出版社 2008 年版。